高等职业院校国家技能型紧缺人才培养培训工程规划教材·汽车运用与维修专业

车载网络系统原理与检修

（第2版）

于万海　主　编

刘建华 孙秀倩　副主编

電子工業出版社

Publishing House of Electronics Industry

北京·BEIJING

内 容 简 介

本书为高等职业教育教材，全书分为五章：汽车电子控制单元原理与检修、车载网络系统综述、CAN总线传输系统原理与检修、LIN总线传输系统原理与检修和MOST总线传输系统原理与检修。本书阐述了汽车电子控制单元的组成、原理、匹配和检修，车载网络的基础知识，CAN、LIN、MOST三种主流网络传输系统的工作原理、特点和应用实例。重点介绍了车载网络故障的诊断与排除方法和检测仪器的使用和分析方法。书中采用大量的图形、比喻以及各种车型的故障案例，使其内容更加通俗易懂。

本书可作为高职高专院校汽车相关专业课程的教材，同时也可以作为广大汽车维修工的自学教程。

图书在版编目（CIP）数据

车载网络系统原理与检修 / 于万海主编. —2版. —北京：电子工业出版社，2014.3
高等职业院校国家技能型紧缺人才培养培训工程规划教材·汽车运用与维修专业
ISBN 978-7-121-22262-7

Ⅰ. ①车… Ⅱ. ①于… Ⅲ. ①汽车－计算机网络－维修－高等职业教育－教材 Ⅳ. ①U472.41

中国版本图书馆CIP数据核字（2013）第317875号

策划编辑：程超群
责任编辑：郝黎明
印　　刷：涿州市京南印刷厂
装　　订：涿州市京南印刷厂
出版发行：电子工业出版社
　　　　　北京市海淀区万寿路173信箱　邮编　100036
开　　本：787×1 092　1/16　印张：11.25　字数：288千字
印　　次：2014年3月第1次印刷
定　　价：26.00元

前　言

目前，中国的汽车工业正以前所未有的速度迅速发展。汽车技术在环保、节能、安全三大前沿领域的科研成果，极大地提高了汽车产品的科技含量。各国汽车厂商为了在世界汽车市场上保持优势地位，都不惜以巨大的投入进行汽车的研发工作，同时又竞相将最新的科研技术应用在汽车上，以保持其技术上的领先性。

随着汽车工业的发展，现代汽车上使用了大量的电子控制系统，这些电子控制系统的核心部件是电子控制单元（ECU），而这些电子控制单元的核心是单片机，它负责信号的采集、运算和控制输出。掌握汽车电子控制单元的组成、原理、匹配和检修方法有利于提高汽车故障诊断水平。

许多中高档轿车上采用了十几个甚至几十个电控单元，每一个电控单元连接着多个传感器和执行器，各控制单元间也需要进行信息交换，如果每项信息都通过各自独立的数据线进行传输，这样会导致电控单元针脚数增加，整个电控系统的线束和插接件也会增加，最终导致故障率增加。为了简化线路，提高各电控单元之间的通信速度，降低故障频率，车载网络传输系统应运而生。车载网络成为汽车电子控制领域的热点，CAN、LIN、MOST 等网络传输协议已成为现代汽车网络传输的关键技术。

CAN 总线具有实用性强、传输距离较远、抗电磁干扰能力强，在汽车动力传动系统和车身舒适系统中获得广泛应用。但随着汽车电子控制系统装备的不断扩充，CAN 总线已不能满足厂家基于成本和技术等要求，出现了面向低端系统的传输网络（如 LIN 总线）和面向媒体信息传输的网络标准（如 MOST 总线）等其他网络技术，车载网络得到了进一步细分。

从上可以看出，车载网络正在被广泛地应用到汽车中，车载网络系统故障会导致汽车电控单元不能相互通信。汽车车载网络系统故障有其自身的特点，基于网络的控制逻辑复杂且隐蔽，需要不断积累控制逻辑并借助诊断仪进行诊断。随着电子技术在汽车上的不断普及，汽车维修技术已从传统的机械修理转变为现代电子诊断技术与机械修理相结合的修理方式。对于汽车维修技术人员来说，掌握车载网络传输技术有利于提高汽车维修技术水平。

本书旨在将典型的电子控制单元和车载网络的工作原理、故障诊断与排除方法以及检测仪器的使用和分析方法介绍给读者，让更多的维修技术人员掌握检修电子控制单元和车载网络系统的方法。本书通过典型车型实例分析，使读者能够举一反三、触类旁通，切实掌握故障检修的思路、方法和步骤。

本书的编写以内容和结构的先进性和实用性为原则，内容翔实、图文并茂、通俗易懂。可作为高职高专院校汽车相关专业的教材，也可供汽车维修技术人员、汽车生产和科研人员阅读参考。

本书由邢台职业技术学院于万海担任主编，石家庄铁道大学刘建华和邢台职业技术学院孙秀倩担任副主编，参加编写工作的还有邢台职业技术学院李晓伟、陶炳全、曾宪均、张华、吉庆山等老师。

本书在编写过程中，参考了国内外同行的著作和汽车厂家的技术资料，在此，谨向所有的作者和厂家表示衷心的感谢。由于编者水平有限以及时间仓促，书中难免有错误或不当之处，敬请广大读者批评指正。

编　者

目　　录

第一章　汽车电子控制单元原理与检修

第一节　汽车电子控制单元组成

一、汽车电子控制技术的发展历程

20 世纪中期，微电子技术迅猛发展，给汽车工业的发展带来了蓬勃的生机，可以说汽车电子控制技术的发展是由电子学的发展而带动起来的。

50 年代到 70 年代末：主要是发展独立性的零部件，利用电子装置改善部分机械部件的性能。1948 年晶体管问世；1955 年，晶体管收音机开始在汽车上使用；1960 年，硅二极管整流式交流发电机取代了直流发电机；1963 年，美国公司采用 IC 调节器，并在汽车上安装晶体管电压调节器和晶体管点火装置，并逐步实现其集成化；1970 年，变速器的电子控制装置在汽车上投入使用。

70 年代末到 80 年代中期：主要是发展一些独立系统，汽车电子控制技术开始形成，大规模集成电路得到广泛应用。1973 年，美国通用汽车公司采用 IC 点火装置并逐渐普及；1976 年，美国克莱斯勒公司首先研制出由模拟计算机控制对发动机点火时刻进行控制的电子点火系统；1977 年，美国通用公司开始采用数字式点火时刻控制系统；1980 年，开发了使用卡尔曼空气流量计的单点喷射式电子控制燃油喷射装置，之后电喷技术逐渐成熟，并开始大规模使用。

80 年代中期到 90 年代末：主要是开发各种车辆整体的电子控制系统，以微处理器为核心的微机控制系统在汽车上开始大规模的使用，其技术逐渐成熟完善，并向智能化发展，进入汽车电子化的时代。

2000 年以后：汽车电子控制系统进入智能化和网络化时代。汽车产品大量采用人工智能技术，并利用网络技术进行信息的传递与交换，汽车更加自动化、智能化。

随着汽车电子控制技术的飞速发展，汽车电子设备的成本占汽车总成本的比重约来越大，其具体应用见表 1-1。

表 1-1　汽车电子控制系统

系 统 类 别	电 子 装 置
动力控制系统	电子点火系统，电子控制燃油喷射系统，废气再循环控制系统，电子控制强制怠速系统，排放控制等
安全与底盘电子系统	自动变速器，防滑差速器，动力转向，四轮转向，制动防抱死，驱动防滑，巡航控制，悬架控制，自动安全带、安全气囊，雷达防撞，倒车报警器，防盗系统等
车身电子系统	电动车窗、电动门锁、电动后视镜、电动天线、自动空调、座位调节系统等
信息与通信系统	电子声音复制，声控操作，音响，车内计算机，车载电话，交通控制信息系统，电子仪表显示，局域网技术等

电子技术在汽车发动机及整车上的广泛应用，使得汽车在各种工况下始终处于最佳的工作状态，各项性能指标都获得较大改善，例如燃油消耗降低，动力性提高，排气污染减少，并大大提高汽车工作可靠性、安全性和乘员舒适性。电子技术可使汽车、道路、环境和乘员之间形成一个完整的系统网络，这是采用任何机械的办法无法达到的。

二、电控系统组成

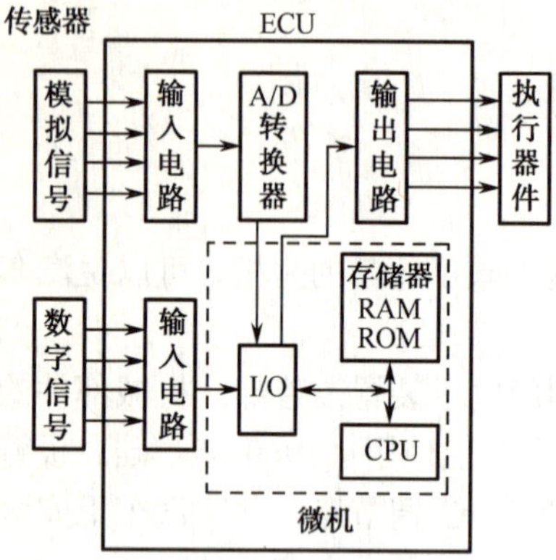

图 1-1　汽油机电控单元结构图

目前汽油机的电控系统一般包括三大部分：信号传感装置、电子控制单元（ECU）和执行机构，如图 1-1 所示。

若把汽车电子控制系统的工作过程比作人的活动，那么信号传感装置就相当于人的感知器官，感受外界的相关信息，电子控制单元（ECU）相当于人的大脑，接收信号传感装置收集到的各种信息，分析处理之后向执行机构发出控制命令，执行机构就相当于人的手足，做出具体的反应动作。

显然，在整个系统中，电子控制单元 ECU 是核心部分，它具有一定的智力功能，是完成系统工作、实现系统功能的关键。

三、ECU 的基本功能

汽车电控系统的控制装置称为电控单元（ECU），是一种电子综合控制装置。汽车电控单元的具体名称并不统一，不同的汽车生产厂家采用不同的名称，即使是同一生产厂家，由于生产年代不同，控制的内容不同，其名称也可能不一样。如美国通用汽车公司称汽车电控单元为 ECM（电子控制组件），而美国福特汽车公司起初称汽车电控单元为 MCU（微处理机控制装置），以后又称为 EEC（发动机电子控制装置）。电控单元的中枢是微处理器。

ECU 的作用是按其内部储存的程序，对汽车电控系统各传感器输入的信号数据进行运算、处理、分析、判断，然后输出控制指令，驱动有关执行器动作，达到快速、准确、自动控制汽车的目的。主要表现在以下几个方面：

① 接收传感器等其他装置输入的信息，给传感器提供参考电压（2V、5V、9V 或 12V）。

② 处理、存储、计算和分析信息数据及故障信息。

③ 根据输入的有关信息求出输出值（指令信号），并且将它与标准值对比，进行故障判断。

④ 把弱信号（指令信号）变为强信号（控制信号）。

⑤ 当电控系统出现故障时，输出故障信息。

⑥ 实行学习控制（自我修正输出值）。

现代发动机电控系统中，由于使用了 ECU，信号处理的速度和存储信息的容量都大大提高，因此，可以实现多功能的高精度的集中控制；ECU 不仅用来进行燃油喷射控制，同时还用来进行点火控制、怠速控制、排放控制、进气控制、增压控制、故障自诊断、失效保护和后备系统启用等。

四、ECU 的硬件基本构成

ECU 主要由输入电路、微处理器、输出电路以及电源电路、备用电路等硬件电路组成，参见图 1-1。

1．电源电路

电源电路是 ECU 一个必不可少的部分，如图 1-2 所示。

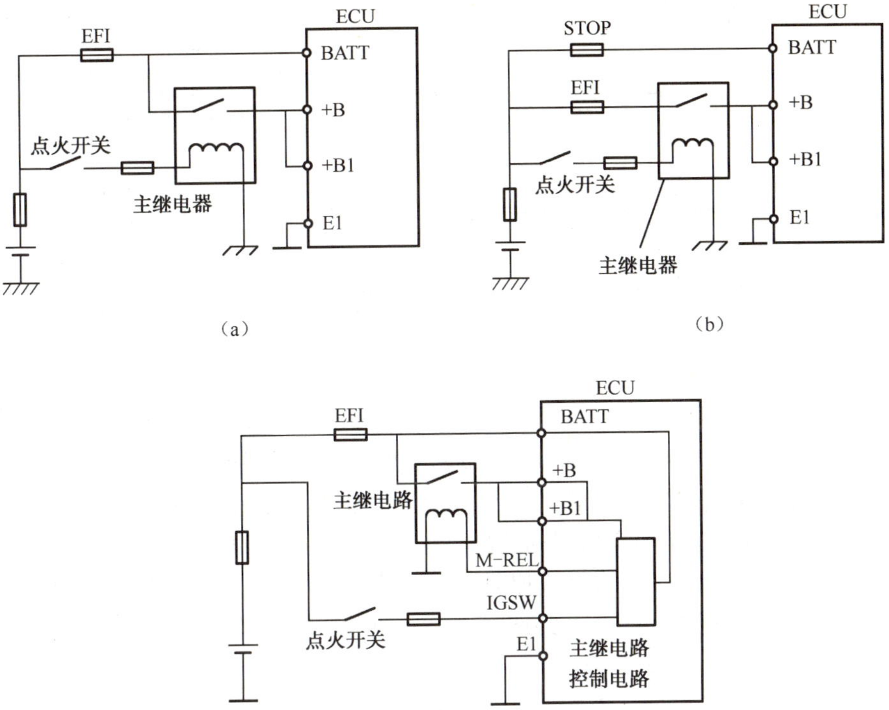

(c)

图 1-2　电源电路

(a) 不带 STOP 熔丝、未装步进电动机的电源电路；(b) 带 STOP 熔丝、未装步进电动机的电源电路；(c) 装有步进电动机的电源电路

其中，图 1-2（a）图与（b）所示为未装步进电动机的 ECU 电源控制电路。ECU 的电源有两路，一路来自点火开关控制的主继电器，它是 ECU 的主电源。打开点火开关后，主继电器触点闭合，电源送入 ECU 内部处理电路，使 ECU 进入工作状态；关闭点火开关后，主继电器触点断开，ECU 的工作电源被切断从而停止工作。另一路直接来自蓄电池，它是 ECU 记忆电路部分的电源。在点火开关关闭，发动机熄火后，该电路仍然保持蓄电池电压，使 ECU 的故障自诊断电路所测得的故障码及其他有关数据可长期保存在 ECU 的存储器内，为故障检修提供依据，该电路称为 ECU 备用电源电路。

图 1-2（c）所示为装有步进电动机的 ECU 电源控制电路，图中主继电器由微机控制，以便在点火开关断开时，ECU 能继续接通主继电器约 2s 的时间，使步进电动机回到初始位置，这样就可以保证步进电动机有一个固定的初始位置。

2．输入电路

输入电路的功用是实现外部传感器与微处理器之间的信息传递。即对传感器输入的信号进行预处理，使输入信号变成微处理器可以接收的信号。传感器输入的信号一般有两类：模拟信号和数字信号，需要分别由相应的电路对它们进行处理。

（1）模拟量输入通道

空气流量传感器、水温传感器、进气温度传感器、线性输出式节气门位置传感器等，向

ECU 提供的就是模拟信号（幅值随时间连续变化的信号），它们经过放大、滤波、A/D 转换等处理后才能被微处理器所接受。模拟量输入通道的任务是把传感器输出的模拟量转换成数字量输入微处理器，它的一般组成框图如图 1-3 所示，由信号处理装置、多路选择开关、采样保持器和 A/D 转换器等组成。

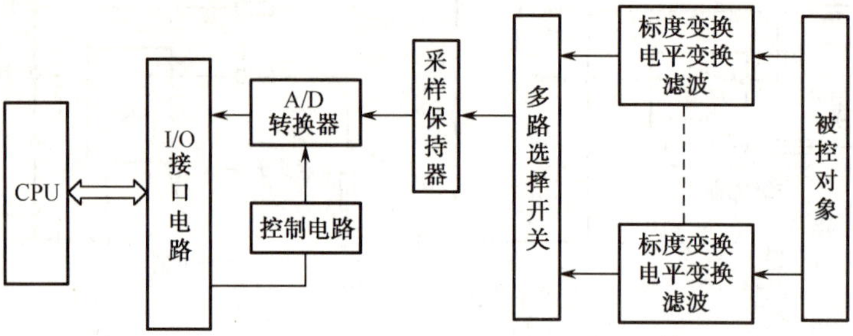

图 1-3　模拟量输入通道组成框图

信号处理装置包括标度变换、电平变换和信号滤波等。传感器测得的物理量经标度变换变成电压信号，但其值很小，通常为 0～40mV，而 A/D 转换器所能处理的电压范围为 5V、10V、±5V 等，故必须进行电平转换再输给 A/D 转换器。电平转换的任务是使传感器输出的电压满量程和 A/D 转换电压的满量程相匹配，这样可提高模拟信号测量系统的精度。

当多路模拟量输入时，不必每个模拟量输入都匹配一个 A/D 转换器，可共用一个 A/D 转换器。这时输入通道中要增加一个多路选择开关，使得每一路模拟量输入轮流和 A/D 转换器接通，经 A/D 转换后送入微处理器。

A/D 转换需要一定的时间，对随时间变化较快的模拟信号来说就会产生转换误差。为解决这个问题，方法就是在 A/D 转换器前加采样保持电路，以较小的采样时间对快速变化的信号进行采样，采样后保持电压，并以此电压进行 A/D 转换。

（2）数字量输入通道

在汽车电控系统中，传感器采集的还有数字信号，比如来自转速传感器的转速信号与上止点参考信号等。它们都是脉冲信号，它们经过放大、整形之后可直接通过 I/O 接口送入微处理器。例如，磁感应式转速传感器的输出信号随转速变化而变化，因此在发动机转速很低时，电压信号就会很弱，这就需要将信号放大，并且要变成完整的矩形波。因此，要设置放大电路和脉冲信号整形电路。

另外，数字量输入通道要解决电平转换和抗干扰等问题。微处理器只能接受 TTL 电平，所以送入的数字量只有转换成 TTL 电平才能送给计算机。为了使计算机获得正确的信息，必须使外电路中的干扰和计算机相隔离。图 1-4 即为常用的电平转换及光电隔离电路。

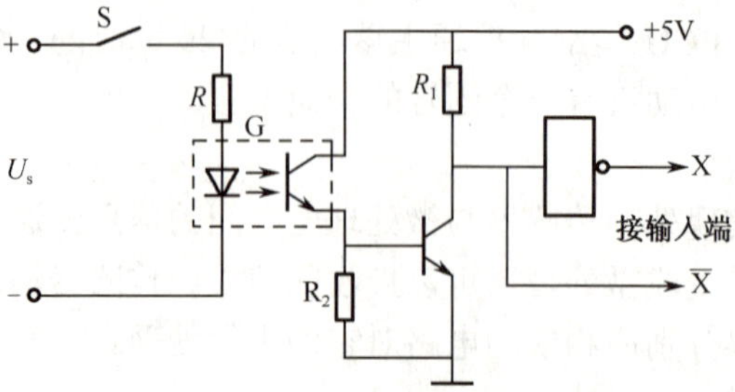

图 1-4　电平转换及光电隔离电路

3. 微处理器

微处理器是汽车电控系统的中枢。它的功能是把各种传感器送来的信号进行运算处理，并把处理结果（如燃油喷射指令信号、点火指令信号等）送至输出电路，从而控制执行器的工作。微处理器主要由中央处理器 CPU、存储器 RAM/ROM、输入/输出（I/O）接口和总线等组成。

（1）中央处理器 CPU

中央处理器是微处理器的核心部件，它的功能是执行程序，完成数据处理任务，并对存储器和 I/O 接口发出指令。

它由运算器和控制器组成。运算器的作用是信息加工处理，主要是完成各种算数运算、逻辑运算及移位操作等。控制器是微处理器的指挥中心，它的功能是按照人们预先设定的操作步骤，控制逻辑运算单元、输入/输出接口以及存储器等部件步调一致地自动工作。

（2）存储器

存储器是信息存放和运行程序的场所。主要功能是存储程序和数据。车用计算机所用的存储器按功能划分可分为只读存储器（ROM）和随机存储器（RAM）。

ROM 是只能读出的专用存储器，其存储内容一次写入后就不能改变，但可以调出使用。ROM 存储器的内容是永久性的，即使切断电源，其存储的内容也不会丢失，通电后又可立即使用。因此，ROM 适用于存储固定程序和数据，即存放各种永久性的程序和永久性、半永久性的数据，如电子控制汽油喷射系统中的一系列控制程序、喷油特性脉谱以及其他特性数据等。

RAM 的主要功用是存储微处理器操作时的可变数据，如各种输入、输出数据和计算过程中产生的中间数据等，并且可以根据需要随时调出或改变（改写）其中的数据。RAM 的作用是暂时存储信息，当电源切断时，所有存入 RAM 的数据会全部消失。为了能较长期地保存某些数据，如故障码、空燃比学习修正值等，防止点火开关关断时因电源被切断而造成数据丢失，RAM 一般都通过专用的后备电路与蓄电池直接连接。这样可以使它不受点火开关的控制，只有当专用电源后备电路断开或蓄电池上的电源线被拔掉时，存入 RAM 的数据才会消失。

（3）I/O 接口

I/O 接口是 CPU 与输入装置（传感器）、输出装置（执行器）间进行信息交换的通道。输入和输出装置一般都要通过 I/O 接口才能与微处理器相连。

（4）总线

总线是传递信息的公共通道。在微处理器中，中央处理器、存储器与 I/O 接口是通过总线连接起来的，它们之间的信息交换均要通过总线进行。

4. 输出电路

输出电路是微处理器与执行器之间建立联系的一个装置。它的功能是将微处理器发出的指令信号转变成控制信号，以驱动执行器工作。

执行机构需要的控制信号也是既有模拟量，又有数字量，因而输出通道也分为模拟量输出通道和数字量输出通道。

（1）模拟量输出通道

模拟量输出通道的任务是把计算机的离散数字量输出变成连续的模拟量输出，以控制执行机构，如图 1-5 所示。

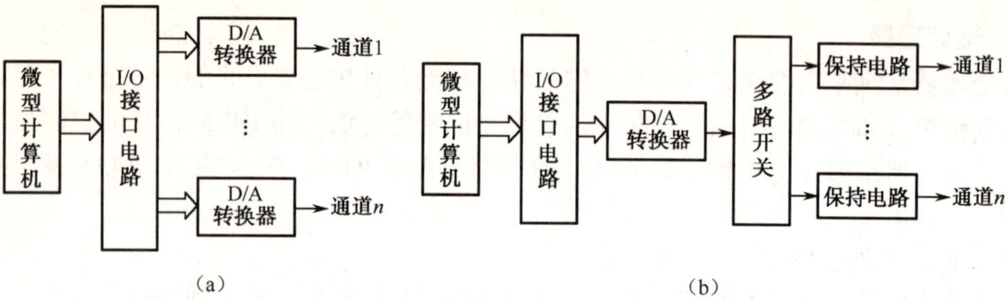

图 1-5　模拟量输出通道

（a）一个通道使用一个 D/A 转换器；（b）多个通道共用一个 D/A 转换器

计算机控制系统是按照采样周期工作的，在整个采样周期内计算机输出的控制信号不能中断，以保持连续控制，故模拟量输出通道除了有 D/A 转换器外，还必须有保持器，通常采用零阶保持器。零阶保持器把前一时刻的采样值恒定不变地保持到下一个采样时刻。当下一个采样时刻到来时，又转换成新的采样值继续保持。图 1-5（a）为一个通道使用一个 D/A 转换器，所以转换速度快，工作可靠，但成本高。图 1-5（b）为多个通道共用一个 D/A 转换器，各通道有多路开关分时切换，故其转换速度低，可靠性差，适用于通道数量多且转换速度要求不高的场合。

（2）数字量输出通道

数字量输出通道的任务是将微控制器 I/O 接口输出的数字量转换成执行机构（如继电器、电磁阀、步进电动机等）需要的信号。

数字量输出通道有三种形式：

① 由微控制器 I/O 口直接控制执行机构；

② 通过半导体开关管控制执行机构；

③ 通过继电器控制执行机构。

例如，图 1-6 为喷油器控制的电路。由于微处理器输出的指令信号是低电压、小电流的数字信号，不能直接驱动执行器工作，所以需要输出电路将该信号转换成可以驱动执行器工作的控制信号。该电路中，微处理器输出信号控制晶体管导通和截止，从而为喷油器提供具有一定宽度的脉冲驱动信号。

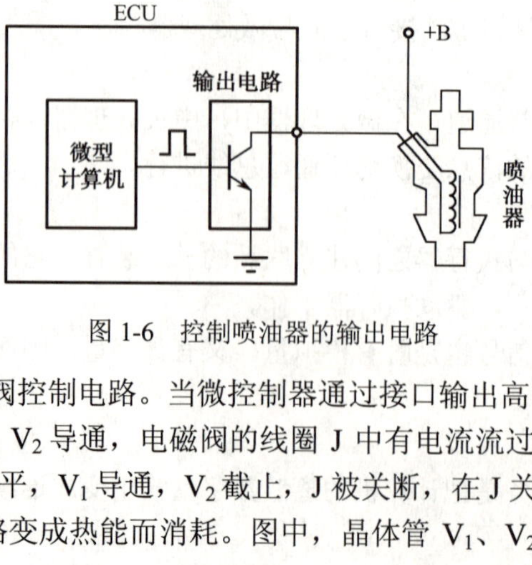

图 1-6　控制喷油器的输出电路

图 1-7 为常用的电磁阀控制电路。当微控制器通过接口输出高电平时，光电耦合器 G 输出为低电平，使 V_1 截止，V_2 导通，电磁阀的线圈 J 中有电流流过；当微控制器输出为低电平时，光耦 G 输出为高电平，V_1 导通，V_2 截止，J 被关断，在 J 关断的瞬间，存储在 J 中的能量由 J 与 D 构成的回路变成热能而消耗。图中，晶体管 V_1、V_2 实现功率放大，并联在 J

两端的二极管 D 用来释放当线圈断电时产生的反向电压，这种冲击电压对线路的干扰由光电耦合器 G 隔离，防止干扰微控制器正常工作。

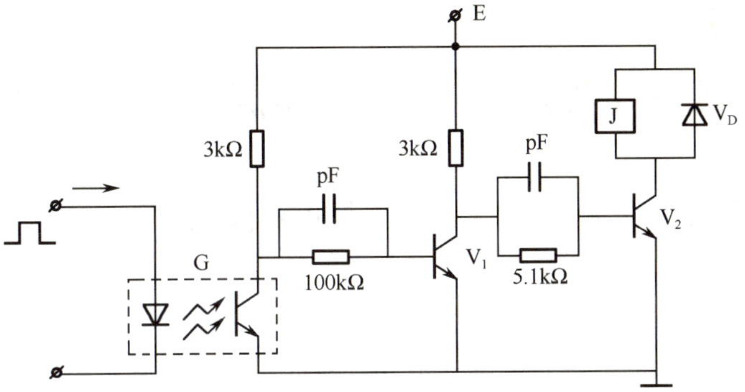

图 1-7　电磁阀控制电路

图 1-8 为三相步进电动机的控制电路图。从接口芯片 8355A 的 A 口送出方向信号和脉冲信号，输出的脉冲信号经过光电隔离电路进入环形分配器。每输入一个脉冲信号，环形分配器改变一次输出状态，从而依次接通步进电动机的各相绕组，使电动机运转。在图中，脉冲信号还被送入一个加法计数器的输入端，进行位置累加计数，其结果通过 8355A 的 B 口输入，用于位置监视和步进电动机的加减速控制。

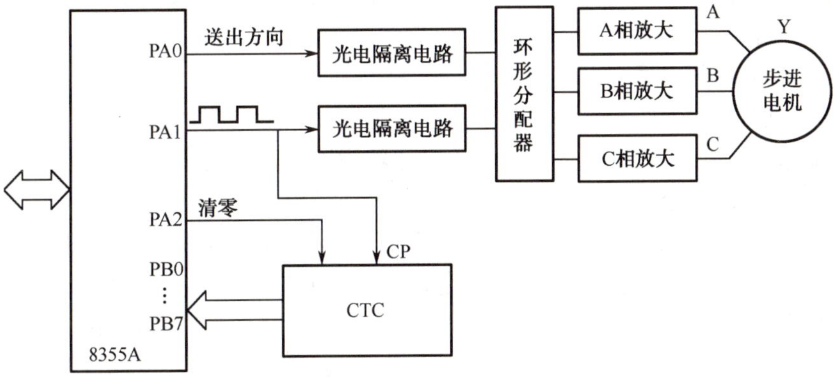

图 1-8　三相步进电动机的控制示意图

五、ECU 的软件结构

ECU 的软件主要分为程序和数据两部分。

1．程序部分

汽车 ECU 的程序部分一般都是采用汇编语言编写的，为了编程、调试、修改和使用方便，一般采用模块化结构，通常有以下几个部分：

① 软件与 ECU 的匹配部分；

② 软件的控制功能部分；

③ 安全保险功能部分；

④ 自检及环境测试所需的诊断和通信部分。

2．数据部分

数据部分可分为固定数据和校正数据两类。

① 固定数据与系统的固定特性相关，如控制系统中执行元件的数量等。

② 校正数据与系统可变特性相关，如汽车发动机和变速器的各种特性即为校正数据，校正数据必须根据控制系统用于具体车型进行设定。

第二节　汽车电子控制单元的故障检测

一、汽车电子控制单元的故障特点及万用表检测

1．汽车电子控制单元故障特点

在动手检修计算机之前，要先对计算机的控制电路（即外电路）进行检查，排除电路中的故障。因为如果在外电路存在故障的情况下，易造成对计算机进行误修，即使修好了或是换用一块新计算机板，还会因外电路的故障而再次损坏计算机。

外电路故障排除后，如果确定是计算机损坏，可对计算机板进行检修。据统计，有 90％被损坏的计算机都是可以修复的。实际工作中汽车电子控制单元常见故障如下：

（1）计算机电源部分故障

这种故障一般是因为就车充电时，因充电动机电压调整过高，或极性接反，或充电的同时打开点火开关，甚至启动发动机，或发动机在运转过程中，电池接头松脱造成发电机直接给计算机板供电等原因造成的。这种情况一般会烧坏大功率稳压二极管等元件，只需更换即可，比较容易修复。

（2）输入/输出部分故障

这种故障一般是因放大电路元件烧毁，有时是电路板上线路烧断造成的。

例如：某修理厂在对一台美国雪佛兰轿车翻新烤漆后，发现发动机不能启动，且如果打开点火开关时间一长，汽油会从排气管、油底壳等处溢出来。

打开点火开关后，发现 6 只喷油器全部处于全开状态，汽油直接从喷油器流入汽缸，流满后溢出，检查外电路并未发现问题，可以断定是计算机中的输出控制有故障。打开计算机盒检查发现对喷油器的控制信号进行放大的一只大功率三极管已经击穿短路，造成了喷油器通电即处于常开状态。更换一只相同型号的三极管并清理更换发动机油后，发动机即可正常运转。

这里需要注意：很多电喷车辆经过烤漆后，再启动时经常会出现各种故障，这是因为经过烤漆后在汽车内部，特别是电路设备内部积聚了高温和热量，且这些热量从内部深处散发出来比较缓慢，而电气设备在高温状态下极易发生故障。因此在烤漆后不要立即将车开出来，而应经过充分的冷却后方可启动，如果时间紧需要腾出烤漆房，可以用人力将车推出来，待其充分冷却后，再行启动。

（3）存储器部分故障

前面讲到存储器共有 4 种，如可清除可编程存储器（EPROM 或 EEPROM）出现问题，可进行更换。先找一只已知良好的带有程序内容的存储器芯片，然后用一只同型号的空白芯片，通过编程器，从原片中复制程序，再写入到空白芯片中去，从而复制出新的芯片，再将新的芯片装入计算机即可。

这里要注意的是；一般汽车厂家都规定最多只能复制 3～7 次，次数超过后就不能再使用了，也有的厂家通过加密手段使芯片一次也不能复制。对于大众系列的汽车，可用原厂仪器 V.A.G1551 对计算机进行程序更换，或对空白芯片进行程序写入。

（4）特殊故障

被水浸过的车辆，计算机板往往会被腐蚀，造成元件引脚断路、粘连或元件损坏，因此要逐一检查修复或更换元件。例如：某修理厂接修一辆凯迪拉克轿车，故障现象是：发动机正常运转时如果开闭前照灯或其他电气设备就会出现排气管放炮现象，严重时可将排气管炸裂。经检查发现外电路并无问题，怀疑计算机有故障。打开计算机盒仔细检测，发现有一处接地线因腐蚀断路，此接接地正是氧传感器的信号屏蔽线通过计算机内部接地的位置，接接地断路使屏蔽失效，而造成氧传感器信号受到其他电器的干扰，用锡焊接通后，即恢复正常。

2．用电压法检测汽车计算机

用电压法检测即是用万用表的电压挡对 ECU 内关键点的电压进行实时测量，以找出故障部位。这些关键点主要是各集成电路的供应电源、线路中连接蓄电池的主电源、受点火开关控制的电源、内部经过集成稳压器或调整三极管输出的稳压电源。一般来讲，电路中的数字电路、微处理器等均工作在 5V 的工作电压下，12V 的蓄电池电压是无法直接加到这些元件的电源引脚上的，必须由稳压电路为其工作提供合适的工作电压。稳压电路在降低电压的同时可滤掉脉冲类干扰信号，以避免对数字电路的工作带来影响。

对于这些关键电路的电源来讲，工作期间电压是固定不变的，但是最好的测量方法是在静态下（车辆开启点火开关但未启动）。采用数字万用表对 ECU 内的集成电路的供电进行检查，当相关电源电路工作失常时，往往会影响一大片的元器件，导致其不能工作。采用此种方法只需要使用万用表，不需要其他专用仪器，因而简便易行。

3．用电阻法检测汽车计算机

电阻检测法是利用万用表的欧姆挡，通过检测线路的通与断、阻值的大与小，以及通过对元器件的检测，来判别故障原因和故障部位。此种方法主要用于元器件和铜箔线路的检测。

① 对于元器件的检测，除了常规的电阻、二极管、三极管等外，一些集成电路也可以采用此种方法进行检测。对于集成电路来讲，如引脚功能结构相同、外电路结构相似，那么正常情况下，其接地电阻是十分接近的，因此可以使用数字万用表对其进行正、反向（调换表笔方面）的测量，然后将测量值进行比较，找出故障点。这种测试方法对于一些找不到芯片资料，而元件外部连线结构形式相同的集成电路来说是一个很好的测量方法。

② 铜箔线路开裂、因腐蚀而造成断路也是经常发生的故障。开裂可能是因为受外力的影响而造成的，而 ECU 进水是造成铜箔腐蚀断路的主要原因。很多车辆的 ECU/ECM/PCM 安装于驾驶室的地板下或侧面，踏脚板的旁边，在一些特殊情况下，ECU/ECM/PCM 内很容易进水，如不及时处理，铜箔在水气的作用下逐渐腐蚀，直至故障完全显现。

在分辨铜箔线路是否断路时，可使用万用表 $R\times1$ 挡。若一条铜箔线路很长，弯弯曲曲，为了证实它的两端焊点是相连的，可对其两端点进行电阻值的测量，如阻值为零说明是同一条线路。

二、汽车电控系统的故障自诊断

1．OBD 系统的作用及意义

OBD 是车载自诊断系统，是 On Board Diagnostics 的简称。它是指排放控制用车载诊断系统，它具有识别可能存在故障区域的功能，并以故障代码的方式将该信息存储在电控单元存储器内。当系统或部件出现故障时，故障指示灯（MI）就会点亮，同时动力总成控制模块（PCM）就会将故障信息储存在存储器中，连接诊断工具就可以读取故障码，维修人员根据故障码的提示，就能方便快捷地找出故障所在，在最短的时间内完成车辆的维修。

随着世界各国汽车保有量的不断增加及全球环保意识的加强，汽车污染物排放正受到前所未有的关注，有关排放法规也越来越严格。在用车检测与维护（I/M）程序在汽车工业发达国家早已实施，这不但降低了在用车的排放水平，同时对汽车排放控制系统也提出了更高的要求，车载自诊断系统应运而生。OBD 系统有很多优点，例如：能够改善车辆的排放性能，快速对车辆的排放性能进行诊断，更能改善车辆的维修服务，能够提示驾驶员注意故障警告，避免车辆的进一步损坏。

OBD 的出现带给维修人员、国家和地区环保部门、车主和车辆制造厂极大方便的同时，也对他们提出了更高的要求。

对于维修人员来说，OBD 系统可以提供简单、快捷和有效的方式诊断车辆的问题来辅助维护和修理车辆。在问题还未扩大以前及时进行修理，再者 OBD 向维修人员提供了更精确、更及时的故障信息，提高了工作效率。因此，维修人员的知识和技能要求有进一步的提高。

对于国家和地区环保部门来说，OBD 系统在环境保护方面做出了很大的贡献。通过向技术人员提供及时、准确的排放信息，帮助车主更有效地保养他们的车辆，减少了空气污染，达到国家空气质量标准。

对于车主来说，安装了 OBD 可以节省时间和金钱，当车上的故障指示灯点亮时，提示驾驶员有故障，应进行检查，在小问题变成大问题以前，及时进行修理，可以节约维修费用。在维修站进行修理时，安装了 OBD 使得维修人员更快地发现问题所在，节省了时间。车主在发现故障指示灯点亮时，要尽快到维修部门进行修理，不要对故障指示灯视而不见，使得故障扩大，最终造成排放超标。

2．OBD 的发展史

OBD 最早起源于美国八十年代，美国加州环保局 1985 年立法，1988 年开始实施，称为 OBD- I。各大主要汽车制造企业的 OBD 系统因其发动机管理系统不同而各不相同，各自采用自行设计的诊断座及自定义的故障码，每一种车系都有自己一套检测专用工具，这给维修检测带来很大的不便。初期的 OBD 对本身数据无法自检，使得维修后的汽车常达不到原厂的技术要求。

20 世纪 90 年代一种比 OBD 更先进的 OBD- II 产生了，它实行标准的检测程序，不必使用专用的特殊工具。1994 年美国汽车工程师协会（SAE）制定了一套标准规范，要求各汽车制造企业按照 OBD- II 的标准提供统一的诊断模式，做到只要有一台仪器就可通过统一的插座对各种汽车进行检测。为此各大汽车制造企业改变了电控系统的许多方面，在 90 年代末期，进入北美市场的汽车都按照新标准设置车载诊断系统。按照新标准，汽车上的相关连接器、位置、代码都实行标准化，不再各行其是。都有一个通用的标准诊断测试连接器，简称 DLC。DLC 位于仪表盘的下面，有一个 16 针的插头，连接标准的检测仪器就可以读取汽车的参数；对电控系统的所有零部件使用一套标准的术语、缩写和定义，不管什么品牌的车显示的故障代码符号和含义是一样的；当车辆发生故障时能够记录并存入车载计算机存储器内，不管何时发生影响排气质量的故障时都能够存储代码，车辆识别信号能自动传输到检测仪器上，检修后检测仪器能够删除存储在车载计算机存储器内的故障代码；使用标准化协议，使用相同的多路通信语言，进行 PCM 与其传感器和执行器间的通信，以及诊断工具之间诊断信息的发送与接收。

随后，欧共体也相应要求欧洲各国汽车制造商生产的轿车都相应配置欧洲电控汽车微机故障诊断系统，即 EOBD，其采用的故障诊断连接插座、故障代码、结构单元/系统名称故障代码显示都相应采用 SAE J1962，SAE J2012，SAE J1930 和 SAE J1978 标准，并根据欧共体 EU-Richtlinie1999/102/EG 条文规定，2001 年欧洲所有新生产的轿车（载重小于 2.5 吨，仅限于汽油发动机）都配置 EOBD 系统，而对于柴油发动机轿车要求在 2004 年强制配置 EOBD 系统。配置该系统的目的就是用以经常监控发动机的废气排放，监控各部件及子系统、汽车底盘、车身附属装置和设备及部件的工作状况，同时还可用作汽车故障诊断及网络故障诊断。

EOBD 其实起源于 OBD- II，OBD-II 和 EOBD 两者的通信协议及监控原理基本相似，其主要区别有：

（1）排放限值不同

OBD- II 规定设置故障的 CO、HC、NO_x 排放限值是 FTP（美国联邦试验规范）规定的各污染物排放指标的 1.5 倍，而 EOBD 规定设置故障的 CO、HC、NO_x 排放限值分别是欧 III 标准规定的 1.4 倍、2.0 倍和 4.0 倍。

（2）内容不同

OBD- II 规定对燃油蒸发排放部分，应该诊断出燃油蒸发排放系统中任何直径大于 0.5mm 的泄漏，而 EOBD 系统只要求诊断蒸发控制电路部分的故障。

OBD-II 当发现故障时，就会点亮故障指示灯提示驾驶员，但是驾驶员会不会接受警告去进行维修，就是另一回事了。因此，一种更先进的 OBD-III 产生了，这种技术在国外已经有所发展。

OBD-III 主要目的是使汽车的检测、维护和管理合为一体，以满足环境保护的要求。OBD-III 系统会分别进入发动机、变速箱、ABS 等系统的 ECU 中去读取故障码和其他相关数据，并利用小型车载通信系统，例如 GPS 导航系统或无线通信方式使车辆的身份代码、故障代码及所在位置等信息自动通告管理部门，管理部门根据该车辆排放问题的等级对其发出指令，包括去哪里维修的建议，解决排放问题的时限等，还可对超出时限的违规的车辆发出禁行指令。因此，OBD-III 系统不仅能对车辆排放问题向驾驶员发出警告，而且还能对违规者进行惩罚。

3. 车载自诊断系统的部件监控原理

车载自诊断系统（OBD）是电子控制系统中的一个部分。它在传统电子控制系统的基础上增加了一些传感器，改进控制策略，完成监控功能。OBD 系统监测的对象是电控汽车上的各种传感器、电子控制系统自身及各种执行元件，汽车在行驶过程中监测上述三种对象的输入信息，当某一信号超出了预设的范围值，并且这一现象在一定时间内不会消失，则判断为这一信号对应的电路或元件出现故障，并把这一故障以代码的形式存入内部存储器，同时点亮仪表盘上的故障指示灯。

OBD 系统的各个子系统和部件的控制策略大致分为以下几种：

（1）某传感器信号电压的数值超出了可能的范围，或者虽没有超出可能的范围，但出现不应出现的工况，判断为不可信。例如车速在 90km/h、发动机转速为 3 000r/min 时，进气歧管绝对压力 65kPa 时出现 2%的节气门开度，这显然是错误。

（2）可同时根据几个已判断为无故障的传感器的信号计算出一个物理量，若某传感器的计算结果与此结果不一致，判断该传感器有故障，例如车速 90km/h、发动机转速 3 000r/min，进气歧管绝对压力 65kPa 是准确的，由这三个参数确定的空气流量与空气流量传感器测定值不一致，可判断空气流量传感器有故障。

（3）根据某传感器（如发动机转速传感器、冷却液温度传感器和氧传感器）信号变动所经历的时间和幅度来判断系统是否存在某些方面的故障，例如，异常的转速波动判断为缺火故障。

4．故障应急措施

监控系统监测到故障以后，理当立即停车，排除故障。但是，实际上故障不会正好发生在维修站附近，所以立即停车进行维修是不切实际的，应该采取一系列故障应急措施，勉强将车开到维修站去。故障应急措施分为三类：ECU 本身故障、ECU 输入部分（传感器）故障和输出部分（执行器）故障。

（1）ECU 本身故障应急措施

当电子控制系统 ECU 自身产生故障时，故障自诊断系统便触发备用控制电路对汽车进行应急的简单控制，使汽车可以开到修理厂进行维修，这种应急功能就称为“跛行回家”功能。

（2）传感器故障应急措施

① 信号替代法。当某传感器发生故障时，可用其他传感器信号代替它。一个典型的例子就是当质量空气流量传感器发生故障时，通常用节气门位置传感器或进气歧管绝对压力传感器信号代替它，并结合怠速旁通执行器的状况和转速信号计算每循环吸气量。

② 信号设定法。当某传感器发生故障时，其信号就不能作为汽车的控制参数。为了维持汽车的运行，自诊断系统便从其程序存储器中调出预先设定的经验值，作为该电路的应急输入参数，保证汽车可以继续工作。例如进气温度传感器发生故障时，可将进气温度设定为20℃；冷却液温度传感器发生故障时，根据不同的工况设定为不同的数值，例如启动时可设为与进气温度同值。

③ 程序切换法。当因某传感器发生故障而无法实施某一控制项目时，便可放弃这一控制项目而将控制过程转向另一程序。例如氧传感器发生故障时，只能在本应实施闭环控制的工况放弃闭环控制；爆震传感器发生故障时，则放弃爆震闭环控制，但要将点火提前角减小一些；EGR 阀阀销位置传感器发生故障时，则放弃 EGR 闭环控制。

当某一执行元件出现可能导致其他元件损坏或严重后果的故障时，为了安全起见，自诊断系统采取一定的安全措施，自动停止某些功能的执行，这种功能就称为故障保险。例如：某气缸喷油器驱动电路发生故障时，可将该气缸喷油器关闭，停止向该气缸喷油。又如某气缸点火电路发生故障时，可将该缸喷油器关闭，以防止因缺火而损坏催化器。

5．诊断故障代码

故障代码就是在发动机或变速箱等车载电控系统发生故障时，系统控制单元的自诊断模块检测到系统部件故障后，将故障的信息以数字代码的形式存储在模块内部的专门区域，如随机存储器 RAM 或者保持电流存储器 KAM 中。当汽车维修技术人员在诊断车辆故障时，可以通过人工调取或外接专用诊断仪器的方式从存储器中调取这些数字代码，通过这些代码所对应的故障信息，维修人员可以较快地排除故障，节省维修时间。

（1）故障代码的组成及类型

故障代码一般由 5 位字组合而成。例如 P1362，C1234，B2236 等。第一位是英文字母，是系统代码；第二位是数字，表示是谁定义的故障代码；第三位是数字，表示 SAE 定义的故障范围代码，目前只统一了动力系统代码；最后两个数字提供故障的信息。具体含义见表 1-2。

表 1-2　故障代码的含义

位　数	显示的内容	定　义
1	P	发动机和变速器组成的动力传动系统（Power）
	B	车身电控系统（Body）
	C	汽车底盘电控系统（Chassis）
	U	未定义的其他系统（Undefined）
2	0	SAE 定义检测的故障代码
	1	厂家定义检测的故障代码
	2	厂家定义检测的故障代码
	3	厂家定义检测的故障代码
3	0	空气计量或排放辅助控制系统故障
	1	燃油控制或进气测定系统
	2	燃油控制或进气测定系统
	3	点火正时控制系统
	4	废气控制或二次空气喷射
	5	怠速控制系统
	6	计算机控制单元
	7	自动变速箱控制系统
4 和 5	01～99	与故障相关的系统器件名称

（2）故障代码的确定

当自诊断系统检测到某一个或几个信号超过其设定条件时，ECU 就会确定故障代码。一般的确定方法有以下四种：

① 值域分析法。当控制计算机接收到的输入信号超出规定的数值范围时，自诊断系统就确认该输入信号出现故障。例如：水温传感器设计成在正常温度范围 30～120℃内，输出电压为 0.3～4.7V，当 ECU 检测到信号小于 0.15V 或大于 4.85V 时，就判断为水温传感器信号短路、断路或传感器损坏故障。

② 时域分析法。当控制计算机检测时发现某一输入信号在一定时间内没有发现变化或没有达到预定规定次数时，自诊断系统就确认该输入信号出现故障。例如：氧传感器的信号，不仅要求电压信号和电压的变化，而且信号电压的变化频率在一定时间内要超过一定的次数，当小于此值时就会产生故障码，表示传感器响应过慢。

③ 功能判定法。当控制计算机给执行器发出动作指令后，检测相应传感器的输出参数变化，若输出信号没有按照程序规定的参数变化，自诊断系统就确定该信号出现故障。例如：ECU 发出开启废气再循环阀的命令后，检测进气压力传感器输出信号是否有相应变化以确定 EGR 阀是否有动作，如果没有变化就认为 EGR 阀及电路有故障。

④ 逻辑判定法。控制计算机对两个相互联系的传感器进行数据比较，当发现两个传感器信号间的逻辑关系违反设定条件时，自诊断系统就确认该输入信号出现故障。例如：ECU 检测到发动机转速大于 3 000r/min，而节气门位置传感器输出信号小于 5%，这种关系是不可能存在的，ECU 就判断为节气门位置传感器出现故障。

（3）诊断故障代码的清除

故障代码的清除有 4 种方法：自动清除法、断电源法、外接设备法和触发程序法。

自动清除法是在故障已经完全清除后，在点火开关开闭循环 50～80 次以上，且故障没有再次出现时，由控制计算机自动清除存储的故障代码。

断电源法是利用拔电源的熔断丝或拆蓄电池的负极 10s 以上的时间，来清除计算机中记忆的故障代码。这种方法适用于大多数车型，但切断电源后同时清除了 ECU 中自适应值或其他系统的记忆，如防盗、音响密码等。

外接设备法是利用外接设备扫描仪，连接好后就可以按照提示自动清除。

触发程序法是按照维修手册一定的触发方式和规定的程序步骤操作，即可以清除。

（4）历史故障代码和当前故障代码

故障代码有历史故障代码和当前故障代码两种。历史故障代码是过去发生但当前没有发生的故障产生的还没有清除的故障码。当前故障代码是正发生的故障产生的故障代码。历史故障代码产生的原因有两种情况，一种是故障已经排除，只是未清除故障代码，此代码清除后就不会再次发生；另一种是故障并未清除，只是当前没有发生，此代码清除后当故障再次发生时还会出现。当前故障代码是确实存在的故障引起的，它属于持续性故障产生的故障代码，它不会被清除。

当前故障代码是当前确实存在的故障，比较容易判断。而历史故障代码比较难于判断，因为它是曾经发生的故障而现在没有，重现故障产生的状态，可能需要很长时间来捕捉历史故障代码的重现，或者需要人为地创造可重现故障的条件，如加热、振动等，同时需要较好的设备来捕捉故障出现瞬间各种数据参数的变化才行。因此，一般先解决当前故障代码，而对于历史故障代码暂时作为故障诊断的参考。

历史故障代码和当前故障代码可以通过以下方法区别：首先用仪器读取全部故障代码，然后清除所有故障代码，接着试车，不是启动后原地转动发动机，而是进行路试，某些故障代码必须按设计要求进行规定的工况路试才能出现。试车后再次读取故障代码，这就是当前故障代码，而以前读到但是现在消失的故障代码就是历史故障代码。

6．故障代码的局限性

虽然故障代码能帮助维修人员排除故障，但是并不是说有了故障代码就能很容易地解决各种故障，而不需要对车辆结构有太多的了解，因为故障代码也不是十全十美的，它也有局限性。

（1）车载自诊断系统不能利用故障代码显示出机械系统故障

车载自诊断系统一般只能监控电控系统的故障，而对于机械系统很难发挥作用。当汽车上各总成或机构中各种零件产生大量的自然磨损、变形、老化、损伤、疲劳、腐蚀时，自诊断系统很难产生故障码，也不能起到诊断的作用。

发动机：配气相位失常、气缸压力下降、空气与燃油供给系统密封不良等。

自动变速器：行星齿轮机构工作失常；液压控制系统堵塞、渗漏、压力不正确；各种阀门工作不良；换挡执行器运动不良；液力变矩器的泵轮、涡轮和锁定离合器的故障等。

电控执行器：怠速控制阀、喷油器、电动燃油泵等因机械磨损产生的各种功能故障。例如：由于发动机进气管路密封不良，燃油供给系统密封不良时，会导致燃油压力过低，产生发动机“喘气”或加速不良故障，这时自诊断系统虽能检测出燃油压力过低，但不能确定进气管路和燃油管路何处密封不良。当怠速控制阀由于机械故障导致怠速运转不稳定时，故障自诊断系统也不能检测出怠速控制阀有故障。

（2）故障和故障代码与故障现象的不确定关系

当读取到故障代码时，故障现象可能非常明显，容易识别，比如某个气缸发生失火故障，发动机怠速时抖动现象明显，节奏明快，排气管伴随有明显的突突声。但有些传感器有故障产生故障代码，故障现象非常不明显，如出现进气温度传感器故障代码，表明进气温度传感器的线路或本身有故障，但是这个故障很难凭直觉发现，会让车主认为 OBD 系统监控不可靠。而有时有故障代码，却不一定有故障，这主要是因为外界干扰、维修人员的误操作、虚假故障等影响所致。有时当有故障现象时，一定存在故障，但不一定有故障代码。这是因为故障代码是由控制计算机的自诊断系统定义的，凡不受计算机控制约束的故障点，都不会产生故障代码。另外，当存在机械故障时，故障现象比较明显，但是自诊断系统不一定产生故障代码。因此有故障代码不一定有故障，没有故障代码不一定没有故障。

（3）故障代码不能指出故障的具体位置

整个控制系统是由许多子系统（各个传感器、执行器、电源及计算机中的各部分电路等）电路组成的。故障代码不是指该传感器或执行器出现故障，而是表示该子系统的信号出现不正常的现象，而这种不正常现象则可能是组成该子系统的任何一部分（部件、接头、线路或计算机）造成的。例如：丰田佳美的故障代码 22，指水温传感器的故障，但其故障范围包括：水温传感器本身故障、水温传感器与 ECU 之间的线路故障；ECU 本身故障而对信号的接受处理失常等。因此，故障代码只是提供维修的大方向，只是故障的泛指，并不能告诉我们究竟什么地方出现了故障，必须根据相应的技术资料（包括电路图、器件位置、标准值等），利用可能的其他仪器或万用表进一步进行线路分析与元件检测，利用专业知识排除故障。

7. 冻结帧

冻结帧就是当有故障发生、存储故障代码时，发动机的运转状态。一旦 OBD 系统确定了任何部件或系统的第一个故障，必须将发生时发动机的“冻结帧”储存在计算机存储器中，随后如果发生了供油系统或失火故障，先前存储的任何冻结帧必须替换为供油系统或失火状态的冻结帧（储存先发生的）。

冻结帧必须包含的状态信息有：故障代码、计算的负荷值（负荷率）、发动机冷却液温度；还可包含以下参数：发动机转速、燃油调整值、燃油压力、车速、空燃比控制系统（开环/闭环、其他）、进气管的空气压力、进气管的空气温度、点火提前角、节气门位置传感器的输出、空燃比、二次空气状态等。利用扫描工具就可以读取这些信息，帮助维修人员诊断故障。

8. 故障引导功能

该项功能的实现需要诊断仪内部存储大量车型数据的支持。由于现代车型的更新变化很快，对维修人员要掌握的车辆技术和车型信息的要求就越来越高。如果这些新的车型信息已经存储在诊断仪中，当维修人员需要某项信息的时候就可以马上调出来，并且诊断仪可以根据故障记忆的描述，通过自身强大的数据库，帮助维修人员查找故障。当然，诊断仪储存的车辆信息，要根据厂家车型的变化定期进行升级更新。

当执行该功能时，选择了要检测的车型后，诊断仪就会调出该车型的信息，并且把该车型上的所有控制单元检测一遍。检测完毕后，根据检测到的故障记忆，诊断仪就可以指导进行下一步的维修工作，查找故障原因。

三、汽车电控单元的编码与匹配

1. 控制单元的编码

各种车型都对应着不同编码的控制单元，编码号可视为车载计算机的“身份证号码”，其实质是用代码表征汽车的一套功能组合或者适用范围。

早期的车载计算机编码号（Coding）大多数是五位数，例如，某款奥迪 A6 轿车发动机控制单元的编码号为“04002”，前两位数字表示该车适用的国家或排放法规，其中“04”代表欧盟成员国，“06”代表美国，“08”代表俄罗斯；第三位数字表示驱动装置的类型，其中“0”代表不带牵引力控制系统的前轮驱动型，“6”代表带牵引力控制的四轮驱动型；第四位数字表示所配变速器的类型，其中“0”代表 5 挡手动变速器，“5”代表自动变速器；第五位数字表示汽车型号，其中“2”代表奥迪 A6 轿车。因此，编码“04002”表示该电控单元适用于欧洲、不带牵引力控制系统的前轮驱动型、采用 5 挡手动变速器的奥迪 A6 轿车。

如果控制单元的编码与车型不匹配，会造成许多不良后果，例如换挡冲击、发动机燃烧不良、废气排放超标、油耗增加、机械寿命降低等。为此，控制单元内设置了可以改变的控制单元编码。通过改变控制单元的编码，就可以改变控制单元内的存储内容，以此来改变控制单元的工作模式，以适应不同的发动机、变速器、车辆车身或传动系统，也可以适应不同的气候、道路条件和不同国家的交通法规。

控制单元编码在车辆出厂之前已经设定，但如果控制单元损坏更换新的控制单元后，显示编码不正确或新控制单元没有编码，就要对新控制单元进行编码。

通过修改编码还可以实现某些系统功能的个性化设置，例如一辆帕萨特 B5 1.8T 轿车，用钥匙一次只能打开驾驶员侧的车门，其他车门不能打开。车主要求改变这种模式。首先将 4 个车门锁上，试着用钥匙开门，只能打开左前门。再向开锁的方向转动一下钥匙，其他几个车门（包括行李厢门）打开了，这说明舒适系统控制单元的编码可能有误。连接 VAG1551 故障诊断仪，进入舒适系统，读取控制单元的编码为“04096”。这一编码表示驾驶员侧车门以外的车门需要二次打开，只有编码为“04097”时才能一次打开所有的车门。将舒适系统控制单元的编码改为“04097”后，上述中控模式得到了更改。

所谓编码（或设码，Recoded），就是写入或修改电控单元的代码。即利用计算机故障诊断仪和通信传输技术，将软件的有关控制数据输入车载计算机的可编程只读存储器（EPROM）中。对于维修环节来说，输入编码实质上就是指令电控单元启用以代码为表征的某一程序，以改变电控单元的工作模式（例如空调系统由“自动”改为“手动”等）。修改电控单元编码，相当于更换了一台计算机。

2．ECU 自适应学习

汽车电控单元（ECU）其实就是一台微机，它具有学习和记忆功能，因为在 ECU 内设计有专门的记忆电路。例如：当节气门（或步进电动机）被脏污后，发动机怠速时节气门的开度（或开启步数）会增大。这是因为节气门体脏污后，在相同的开度下，进气量会减少，将不足以维持额定的怠速转速，因此节气门的开度需要增大。这说明 ECU 具有学习功能，它不但能够检测元件工况的变化，而且能够在一定程度上适应这种变化。

电喷发动机是根据占空比信号来控制怠速阀的开度的。但是在发动机整个使用期间，其性能会发生变化，发动机的怠速转速与使用初期时的数值已经不一样。在这个过程中，ECU 会在反馈控制的基础上，进行学习修正，把怠速转速调整到目标值。当目标怠速达到后，ECU 将其占空比信号存入备用的存储器中，在以后的怠速控制中作为这一工况下控制占空比信号的基准值。

对于某一型号发动机来说，不同工况的基本喷油持续时间是按照 ECU 可擦除可编程只读存储器（EPROM）中的标准数据执行的。但是在实际运行中，由于发动机进气、供油等系统的性能发生变化，造成实际空燃比相对于理论空燃比的偏差不断增大，而氧传感器反馈信号的修正范围是有限度的，当超出了一定的范围，就会造成控制上的困难。为此，ECU 将根据反馈信号修正值的偏离情况设定一个学习修正值，以实现燃油喷射持续时间的总修正。这一学习修正值即使在点火开关断开以后也存储在 EPROM 中（因为蓄电池有一根电源线一直与 ECU 相连接）。由于 ECU 具有这种学习功能，所以汽车燃料混合比的控制实际上是一个渐进的、持续的自适应过程。

总之，ECU 的自适应学习功能就是随着环境条件或车辆结构参数发生不可预计的变化时，系统本身能够自行调整或修正参数值，以适应外界条件的变化，使系统保持比较满意的性能。换句话说，汽车的电子控制系统是一种“自身具有学习适应能力”的控制系统。

3. 控制单元的匹配

（1）控制单元匹配的实质

控制单元的匹配包括匹配、适配、同步、自适应、电子标定、基本设定、重新配置、重做闪存等。在对电控系统进行检测和维修的过程中，匹配是应用最为广泛的一种操作。

任何控制系统更换电控单元（俗称计算机）后，都必须进行匹配。匹配电控系统的根本目的：一是使电子控制单元（ECU）与被控制器件之间协调一致；二是使电控单元与相应的电子设备之间互相通信，改写相应的记忆，使几种电子控制设备协调工作。

如果不进行匹配会产生什么后果呢？例如，脏污的节气门清洗之后，若不进行匹配，发动机会出现运转不稳定、怠速偏高或者车辆滑行熄火等不良现象；维修自动变速器后，如果不进行匹配，则可能引起换挡冲击，提速困难，甚至缩短自动变速器的使用寿命；更换车身控制模块（BCM）后，如果不进行匹配，空调系统可能无法正常工作，表现为用手按住 A/C 开关，空调就工作，松开则停止运转。

（2）需要执行匹配的情况

① 清洗节气门或更换节气门组件以后。如果不进行发动机电控单元（ECU）与节气门控制模块之间的匹配，电控单元与节气门组件之间会出现工作不协调、控制不精确等现象，表现为怠速运转不稳定、怠速偏高或者无怠速。这是最常见的一种匹配。

对于性能良好的电子控制系统，在清洗节气门体后，即使不做自适应学习，其怠速转速也能逐步调整并达到正常的范围，只是这个自适应学习的过程不如人工干预来得快速和准确。ECU 自适应学习过程时间的长短因车型而异，有的只要几秒钟就可以完成，有的则需要几分钟甚至几十分钟时间才能完成，因此有必要加快 ECU 自适应学习的过程，其实质是让 ECU 在较短的时间内适应汽车各种工况的变化。

② 更换发动机 ECU 后。发动机 ECU 需要与节气门组件、自动变速器、电子防盗系统、巡航系统等进行匹配。对电子防盗系统来说，匹配值就是发动机 ECU、电子防盗模块与钥匙之间相互适应的确认值。

③ 维修自动变速器后。需要进行变速器 ECU 的匹配程序，这种匹配程序的实质是变速器控制单元根据驾驶员习惯、行驶条件等自动进行补偿，以求达到比较理想的换挡品质，否则将出现换挡冲击或换挡延迟之类的故障。

④ 中断电控单元（ECU）的电源后。其中包括更换蓄电池、拆开蓄电池的电缆又装上

以及断开电控单元（ECU）的熔丝，由于电控单元（ECU）记忆的各系统、各工况下的学习修正值已被清除，系统回到了初始状态，此时必须执行 ECU 匹配程序，否则电控系统的性能会明显变差。

⑤ 更换燃料品种后。有的双燃料汽车（既使用汽油，又使用天然气）在天然气用完转换汽油时，出现短暂性能下降现象，表现为怠速不稳，加速不良，油耗增大，排气管冒黑烟等。这些现象是电控单元（ECU）一时无法适应燃料突然变化的缘故，并非发生了实质性故障。一辆大众捷达前卫轿车，在使用天然气时没有不良反应，但是在天然气用完转换为汽油时，出现怠速不稳及排气管冒黑烟现象。用 VAG1552 故障诊断仪检测，显示“节气门开度稍大”。更换进气压力传感器和氧传感器，故障不能排除。据了解，几乎所有的双燃料轿车在天然气用完转换汽油时，都会出现类似的故障，并不是电控单元（ECU）的硬件损坏了，而是 ECU 只能在一定的范围内适应某些参数的变化，如节气门变脏、喷油器轻微堵塞以及燃油压力变化等。当发动机燃料由天然气突然转换为汽油时，相当于有关的参数发生了突变，超出了电控单元（ECU）的调整范围，导致控制上出现偏差，于是出现短暂性能下降的现象。对于这种情况，只要对电控单元（ECU）进行匹配，清除原来的自适应学习值，汽车就可恢复正常。

⑥ 更换组合仪表后。装备第 3 代电子防盗系统的汽车，由于防盗控制模块与仪表组合集成为一体，所以在更换组合仪表以后，应当执行电子防盗系统的匹配。

综上所述，对于采用计算机（ECU）控制的电控汽车，凡是经过修理和重新装配以后，都需要按照维修手册规定的程序，进行电控单元的匹配。

4．控制单元的初始化

控制单元的初始化包括格式化、保养提示归零、转向角度传感器零点平衡等。可以粗略地认为初始化就是“回到控制系统的初始状态”，或者说“归零后重新开始计算”。

电子控制系统的初始化，实质上是电控系统硬件受损并修复后的一种恢复性程序。

一般来说，如果汽车电子控制系统发生下列情况之一，应当执行初始化操作程序：①更换或者修理了电子控制单元（ECU）；②长时间不使用某电器（例如座椅加热系统），导致该电器被电源管理系统暂时停用；③传感器、执行器等元器件的性能发生衰变（例如电磁阀线圈的热稳定性变坏）；④电子控制系统受到电磁干扰。

常用的初始化操作有以下几种：轮胎压力传感器的初始化、中控门锁系统的初始化、电动天窗自动开闭功能的初始化、转向角度传感器的零点平衡、保养提示的复位等。

第三节　汽车电子控制单元实例及检修

一、发动机电子控制单元实例

1．玛瑞利单点计算机结构框图

玛瑞利单点计算机是一种典型的集中喷射计算机，该计算机成本低廉且比较简单实用，目前广泛装备在国产微型车及低档轿车当中，图 1-9 为以该计算机为核心的发动机电控系统原理图。表 1-3 为玛瑞利单点计算机各针脚定义。

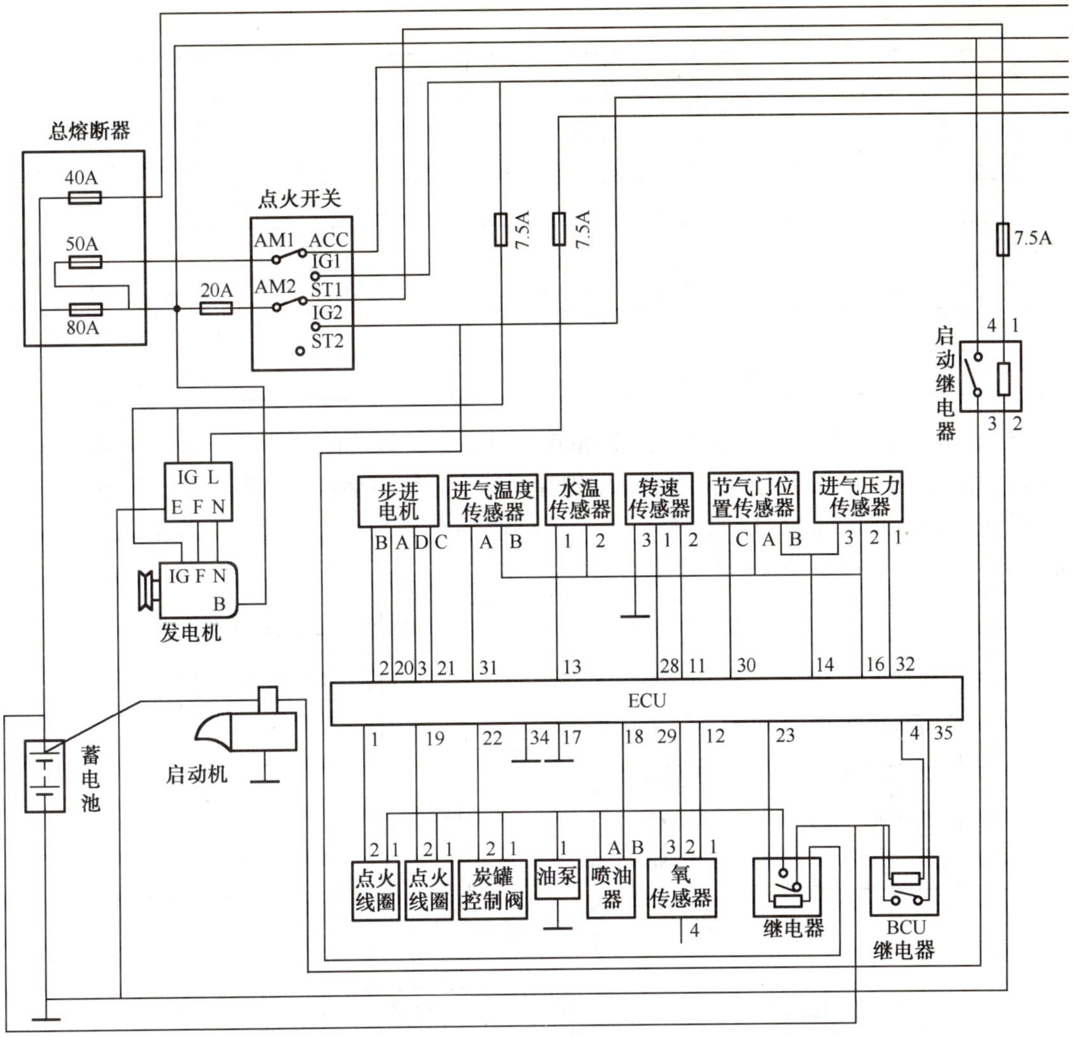

图 1-9　发动机电控系统原理图

表 1-3　玛瑞利单点计算机针脚定义

针　脚　号	功　　能	针　脚　号	功　　能
1	1-4 缸点火线圈初级信号	19	2-3 缸点火线圈初级信号
2	B 相怠速马达控制信号	20	A 相怠速马达控制信号
3	D 相怠速马达控制信号	21	C 相怠速马达控制信号
4	主继电器信号	22	燃油蒸汽电磁阀信号
5	空	23	燃油泵继电器控制信号（—）
6	报警灯接通信号	24	空调继电器信号
7	空	25	空
8	空调机输入信号	26	点火开关输入
9	空	27	空
10	诊断口 L 连线	28	转速传感器输入（+）
11	转速传感器输入（—）	29	氧传感器输入（+）

续表

针 脚 号	功 能	针 脚 号	功 能
12	氧传感器输入（－）	30	节流阀电位计信号输入
13	水温传感器输入（－）	31	进气温度传感器信号输入
14	压力传感器/节流阀电位计 5V 电源	32	绝对压力传感器信号输入
15	诊断口 K 连线	33	空
16	水温/空气/压力传感器和节流阀位置传感器接地线	34	发动机主接地线
17	发动机主接地线	35	点火开关+12V 供电输入
18	喷油器接地信号		

图 1-10 为该计算机的内部电路原理框图，从图中可以看出发动机计算机的逻辑电路以 CPU 为核心，它通过数据总线和地址总线把存储器、总线驱动器、数据锁存器等外部器件有机地连成一体，并通过 I/O 口把传感器信号接收到 CPU 内部，把执行信号送到外部，同时完成与其他设备（如诊断设备）的通信功能。

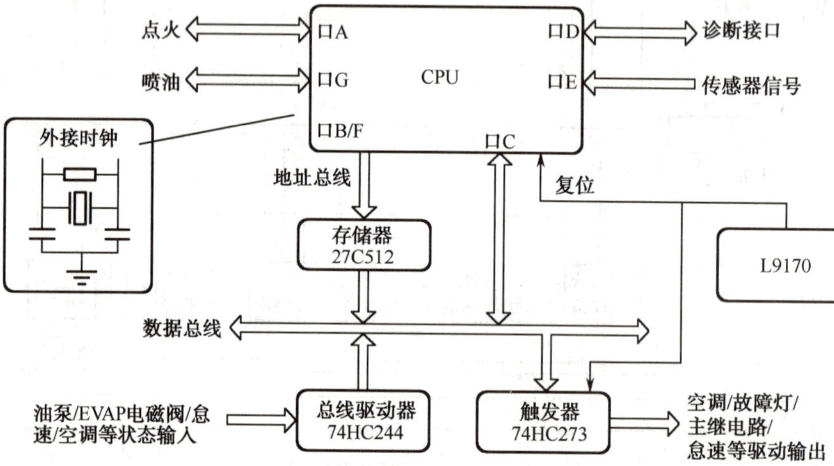

图 1-10　玛瑞利单点计算机内部电路框图

2．玛瑞利单点计算机主要器件介绍

（1）CPU

该计算机的 CPU 使用的是 MC68HC11F1。

MC68HC11F1 是 Motorola 公司生产的高性能的 8 位单片机，其内部资源如图 1-11 所示。

① MC68HC11F1 主要特征：

- 具有 MC68HC11 CPU；
- 512B 带区域数据保护功能的片内 EEPROM；
- 1024B 的片内 RAM；
- 增强的 16 位定时器系统：包括 3 个输入捕获通道，4 个输出比较通道，1 个附加通道（可选择作为第 4 或第 5 输出通道）；
- 实时中断电路；
- 8 位脉冲累加器；
- 同步外围设备接口 SPI；

● 异步非归零码串行通信接口 SCI；
● 两种省电模式：STOP、WAIT；
● 8 通道 8 位 A/D 转换器；
● 看门狗系统；
● 可达 5MHz 的总线时钟；
● 两种封装形式：68 引脚 PLCC 封装和 80 引脚 TQFP 封装。

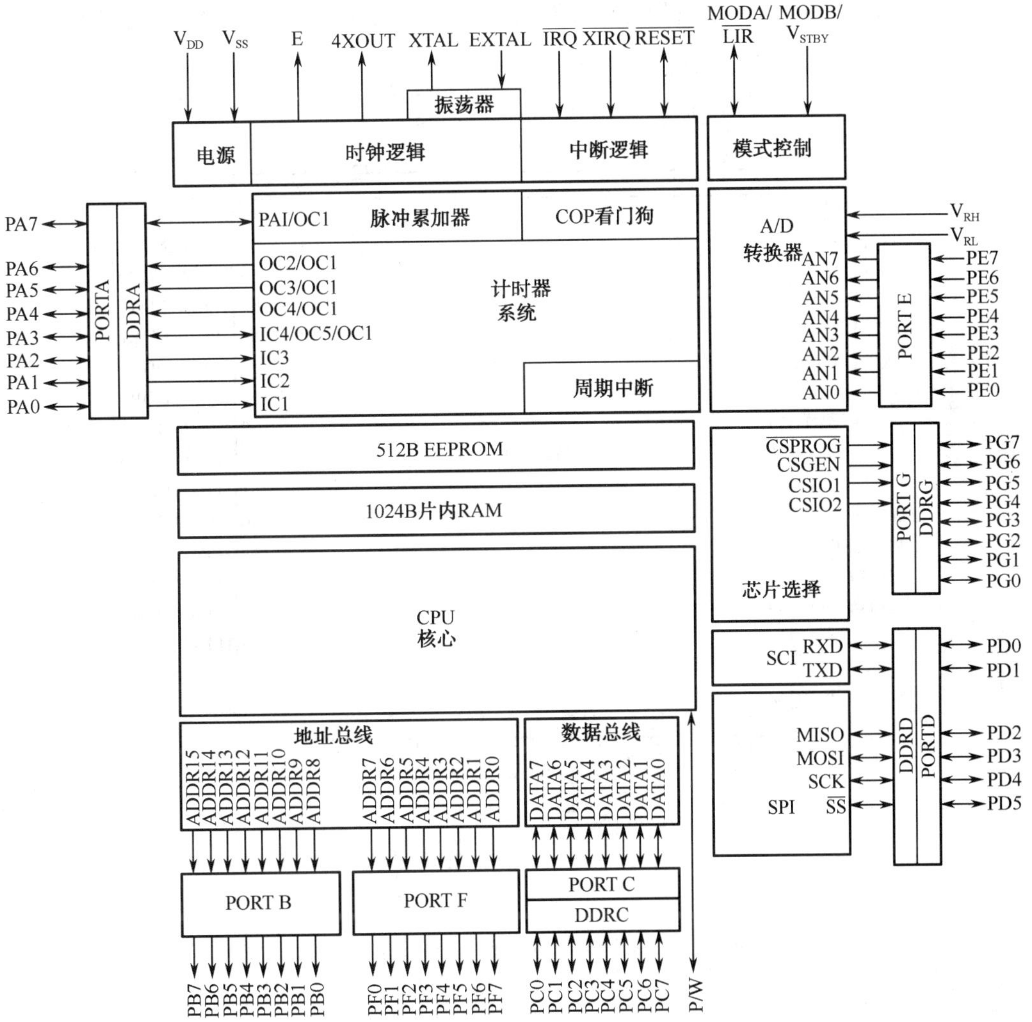

图 1-11 MC68HC11F1 结构框图

② 引脚功能。该计算机中采用的是 68 引脚 PLCC 封装，如图 1-12 所示。

● V_{DD}、V_{SS}——微控制器主电源供给引脚。V_{DD} 接+5V，V_{SS} 必须接地。

● $\overline{RESET}$——外部复位引脚，低电平有效。当输入低电平时可使 CPU 复位，当 COP 看门狗、内部时钟监视失效而触发内部复位时，该引脚输出低电平。

● XTAL、EXTAL——晶振驱动和外部时钟输入。

● $\overline{IRQ}$——可屏蔽中断请求输入端。

● $\overline{XIRQ}$——不可屏蔽中断请求输入端。

- MODA/$\overline{LIR}$、MODB/V_{STBY}——工作模式选择。复位期间 MODA、MODB 引脚的逻辑电平可使 CPU 选择以下四种模式：单片模式、扩展模式、自举模式、测试模式。工作模式选定后，加载指令寄存器（$\overline{LIR}$）引脚提供指令开始运行指示，V_{STBY} 引脚作为随机存储器的待机电源。
- V_{RL}、V_{RH}——参考电压。这两个引脚为 A/D 转换提供参考电压，V_{RL} 是低参考电位，一般为 0V，V_{RH} 是高参考电位，正常情况下，V_{RH} 至少比 V_{RL} 高 3V，V_{RL}、V_{RH} 应该在 V_{DD}、V_{SS} 之间，这两个引脚必须外接滤波电容，否则噪声将引起 A/D 转换的严重失真。

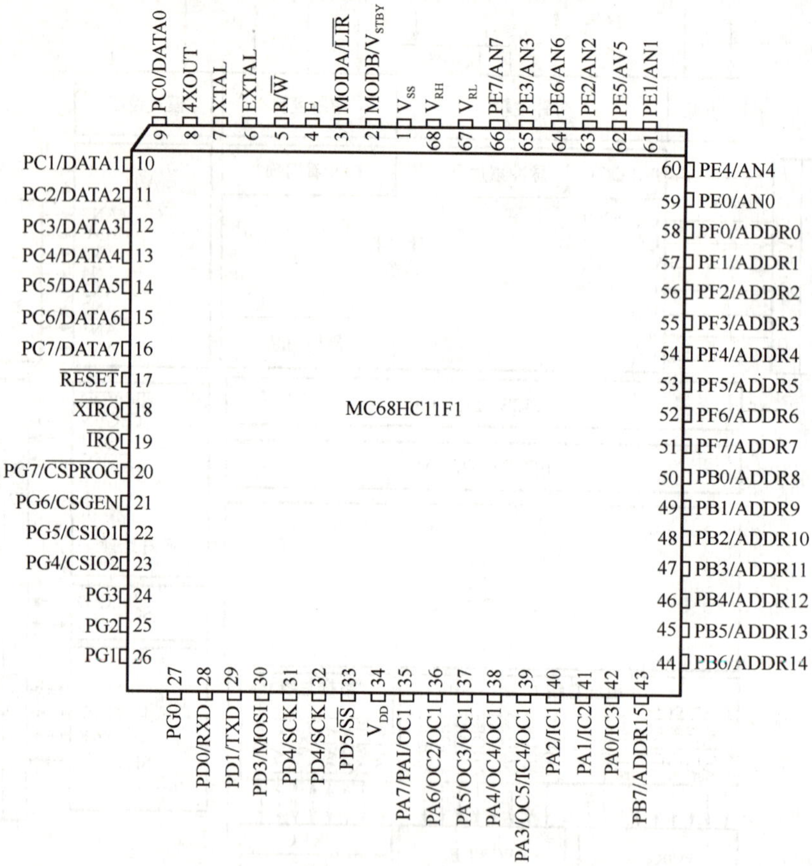

图 1-12　MC68HC11F1 68-Pin PLCC 封装图

③ 端口信号。

端口 A：它是一个 8 位常规的带有一个数据寄存器（PORTA）和一个数据方向寄存器（DDRA）的 I/O 口 PA[7：0]，复位后 16 位定时系统复用端口 A 的引脚。

端口 B：它是一个 8 位的输出口。在单片模式下，端口 B 是常规输出口 PB[7：0]；在扩展模式下，端口 B 是高 8 位地址总线 ADDR[15：8]。

端口 C：它是一个 8 位常规的带有一个数据寄存器（PORTC）和一个数据方向寄存器（DDRC）的 I/O 口。在单片模式下，端口 C 是常规 I/O 口 PC[7：0]；在扩展模式下，端口 C 是 8 位数据总线 DATA[7：0]。

端口 D：它是一个 6 位常规的带有一个数据寄存器（PORTD）和一个数据方向寄存器（DDRD）的 I/O 口。端口 D 的 6 个引脚可用作常规的 I/O 口，也可用作串行通信接口 SCI 或串行设备接口 SPI 的子系统使用。

端口 E：端口 E 是一个 8 位的输入口，也可用作 A/D 转换器的模拟信号输入口。

端口 F：端口 F 是一个 8 位输出口。在单片模式下，端口 F 是常规输出口 PF[7：0]；在扩展模式下，端口 F 是低 8 位地址总线 ADDR[7：0]。

端口 G：端口 G 是一个 8 位常规 I/O 口，使能后 PG[7：4]可作为 4 个片选信号使用。

（2）74HC244

74HC244 是带使能端的三态总线驱动器，引脚图如图 1-13 所示。在该计算机中作空调、油泵、EVAP 电磁阀、怠速电动机等设备的状态输入开关，输出端直接与数据总线相连。

（3）74HC273

74HC273 是带复位端的 8 路上升沿有效 D 触发器，引脚图如图 1-14 所示。在该电路中作怠速电动机、主继电器、故障指示灯、空调继电器等驱动信号的输出开关，输入端直接与数据总线相连。

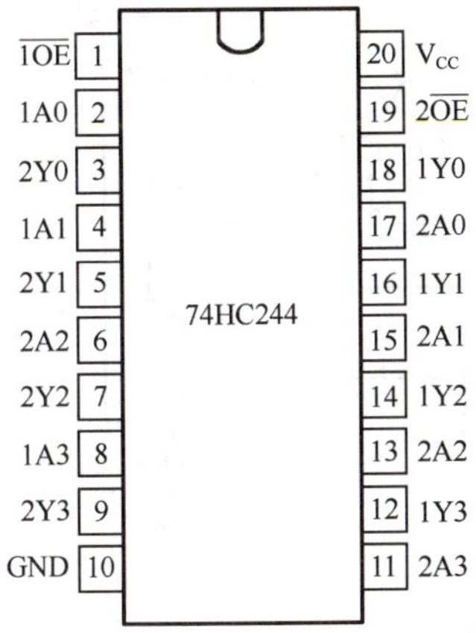

图 1-13　74HC244 引脚图

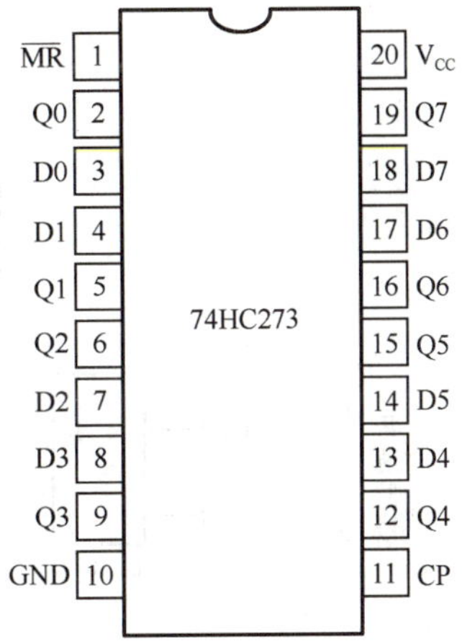

图 1-14　74HC273 引脚图

（4）27C512

27C512 是 64KB8 位只读存储器，引脚图如图 1-15 所示，在本电路中用来存储计算机的主程序和各种数据表格。

3. 玛瑞利单点计算机工作原理

参见图 1-10 玛瑞利单点计算机原理框图。

（1）电源接通后，由电源芯片 L9170 的 8# 输出复位信号（低电平）至 CPU 的复位端 17#（见图 1-25 电源部分电路），同时送到 74HC273 的清零端 1# 使其输出清零，CPU 进入启动状态，首先对内部硬件进行复位，设置相应的寄存器，然后开始加载程序，将 27C512 中的主程序读入到内部的 RAM 中，进入程序运行状态。

（2）主程序首先使数据总线 D2 上输出逻辑 1（高电位）送至 74HC273 的 7#，经 74HC273 锁存后从 6# 输出高电位控制信号，使主继电器接通，将 12V 电源加到点火线圈及喷油器等外部设备。

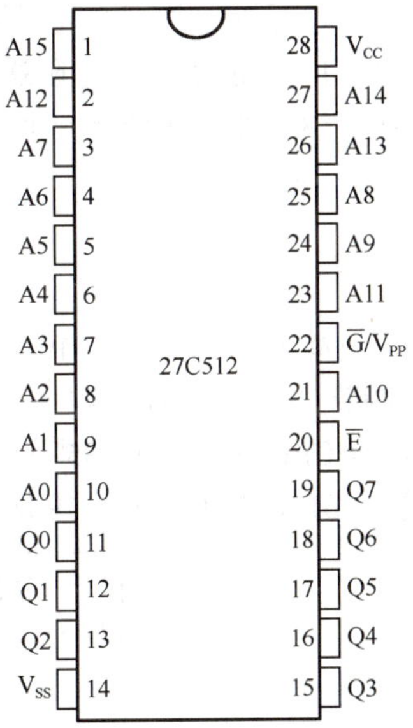

图 1-15　27C512 引脚图

（3）CPU 通过 PORTE、PORTA 口读入外部传感器信号及转速信号，通过这些信号判断车辆当前的运行工况，并根据当前的工况从 PORTD、PORTG 口及数据总线（通过 74HC273 锁存）输出相应的驱动信号，使相应的设备进入运行状态。

（4）然后 CPU 通过 PORTA、PORTD、PORTG 及数据总线（经 74HC244 驱动）读入相应设备的状态信息，根据这些信息对控制信号进行进一步的优化和调整。逻辑电路和传感器及执行机构构成了闭环控制系统，通过反馈信号不断优化控制系统，使发动机处于最佳状态。

4．玛瑞利单点计算机点火控制电路分析

（1）电路图

玛瑞利单点计算机的点火控制电路是典型的直接点火系统，该点火系统是由 CPU 的 A 口控制的，具体电路如图 1-16 所示。

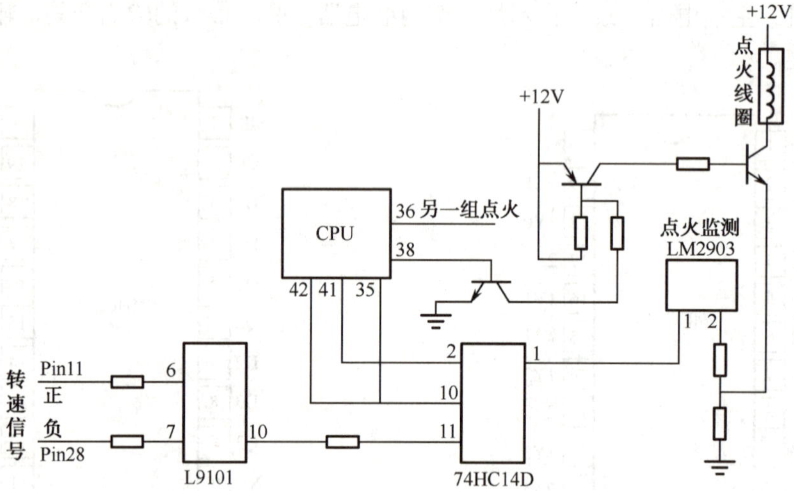

图 1-16　点火电路原理图

（2）工作原理

① 系统复位后主程序将 CPU 的端口 A 配置成定时器口，来自计算机接脚的转速信号（Pin 11、Pin 28）经电阻送至芯片 L9101 的 6#、7#，该信号的波形如图 1-17 所示，每个周期由 58 个小正弦波和一个大正弦波组成。

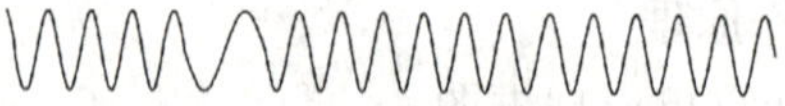

图 1-17　转速信号波形

② 转速信号经 L9101 内部波形整形后由 10# 输出如图 1-18 所示的 5V 脉冲信号，每个周期有 58 个窄脉冲和 1 个宽脉冲组成。该信号送到 74HC14D 的 11# 经反相器取反后由其 10# 送至 CPU 端口 A 的 35#（PA7，驱动 CPU 内部的脉冲累加器）和 42#（PA0，定时器的输入端 OC1），波形如图 1-19 所示。

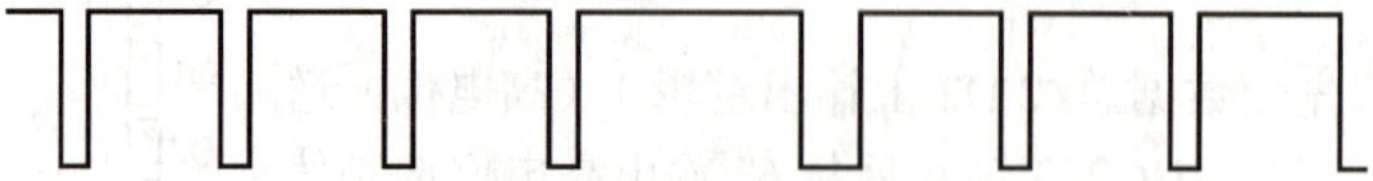

图 1-18　L9101 10# 输出波形

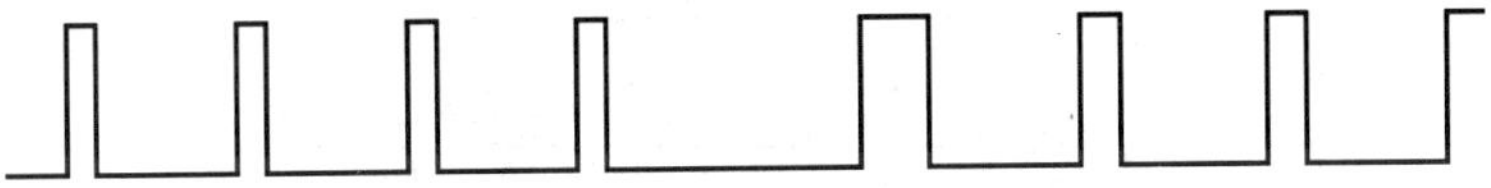

图 1-19　74HC14D 10# 输出波形

③ CPU 根据 OC1 收到的脉冲信号对点火时间做出判断：当 CPU 收到宽脉冲（对应两个缺齿）后开始计数，累计 20 个连续窄脉冲后判断为 1 缸或 4 缸的上止点，累计 50 个窄脉冲出现后判断为 2 缸或 3 缸上止点，由此 CPU 计算出 1、4 缸和 2、3 缸的基本点火提前角，然后根据发动机冷却液温度传感器、进气温度传感器、节气门位置传感器等输入信号，根据存储器中的点火提前角修正表对基本点火提前角进行修正以获得精确的点火时间。

④ 由 CPU 的 $38^{\#}$（PA4，OC4）和 $36^{\#}$（PA6，OC2）分别输出 1、4 缸和 2、3 缸的点火驱动信号，波形如图 1-20 所示，每路经过两个三极管驱动后送至点火三极管控制点火线圈进行点火。

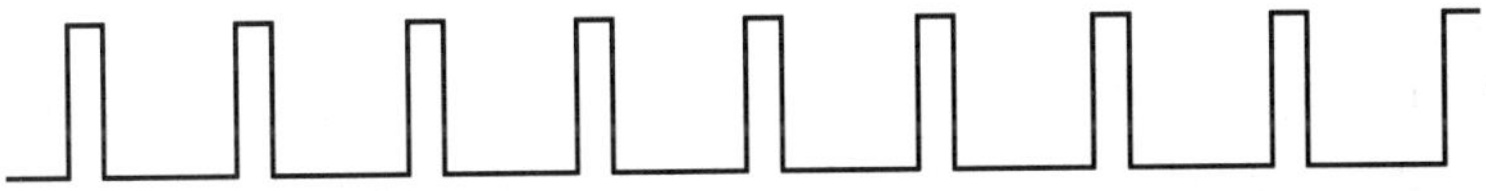

图 1-20　点火驱动信号

⑤ 点火成功后经运算放大器 LM2903 构成的电压比较器（$2^{\#}$ 为反相端、$3^{\#}$ 为同相端），由 $1^{\#}$ 产生点火确认信号，如图 1-21 所示，该信号送至 74HC14D 的 $1^{\#}$ 经反相驱动后由 $2^{\#}$ 送至 CPU 的 $41^{\#}$（PA1，IC2），波形如图 1-22 所示，CPU 通过点火确认信号对点火情况进行监视。

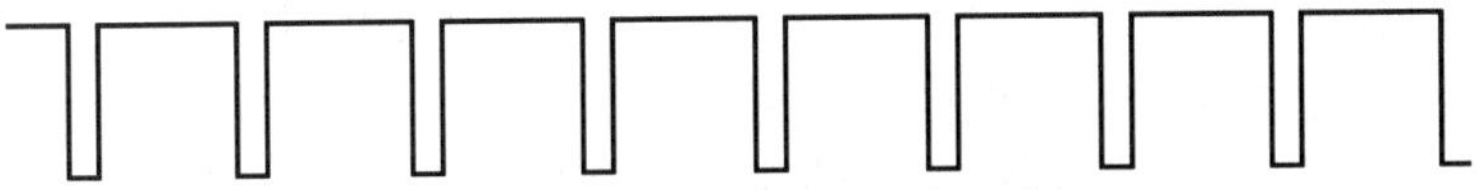

图 1-21　LM2903 1# 输出点火确认信号波形

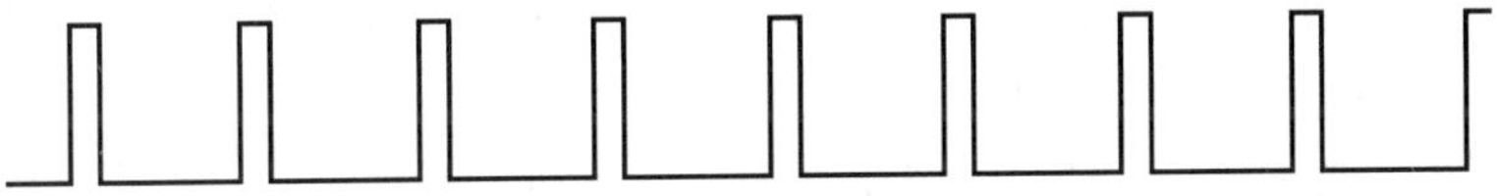

图 1-22　74HC14D 2# 输出波形

（3）金杯单点玛瑞利计算机点火电路正常工作的 4 个要素

① 有正常的转速信号送至 CPU 系统。

② CPU 系统能够进行正常的信息处理并输出相应的点火驱动信号。

③ 执行机构（点火及驱动电路）能正常工作。

④ 点火反馈信号能正常送到 CPU 系统。

5．喷油电路分析

（1）电路图

玛瑞利单点计算机的喷油控制电路主要由 CPU 的端口 G 和定时器的 OC1(PA5)来完成，电路如图 1-23 所示。

（2）工作原理

CPU 首先根据点火频率确定喷油频率（喷油频率为点火频率的一半），由 CPU 的 $37^{\#}$输出喷油驱动脉冲信号至喷油模块 L9150 的 $5^{\#}$，经 L9150 放大后由 $2^{\#}$ 输出到喷油器，这是喷油电路的基本工作原理。

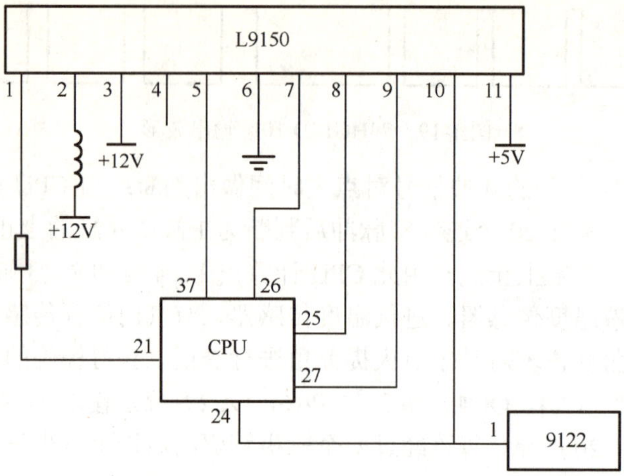

图 1-23 喷油控制电路原理图

在喷油过程中，CPU 还要根据 A/D 转换器送来的各种传感器信号，判断当前的工况，并根据工况信息调整喷油驱动脉冲信号的宽度，从而控制喷油器的喷油量，以满足发动机各种工况的需要。喷油器的喷油量分为基本喷油量和补充喷油量两部分。

① 基本喷油量。发动机只要一转动就产生发动机转速信号和负荷状况信号，发动机转速信号由转速传感器提供，发动机负荷信号由空气流量传感器或进气压力传感器所测量的进气量决定。CPU 根据这两个信号所决定的喷油量称为基本喷油量。

② 补充喷油量。电控汽油喷射系统最终的喷油量是由 CPU 收集各种传感器送来的信号加以计算后决定的，即供油多少是根据实际需要确定的。在许多工况下，比如在启动或大负荷工况，除基本喷油量外，还需要有额外的喷油。冷却液温度、空气温度、节气门开度等因素都会影响喷油量的多少。

CPU 的 21# 输出使能（片选）信号至 L9150 的 1# 来控制喷油电路的启动和停止；L9150 的 7#、8#、9#、10# 分别接至 CPU 的 26#、25#、27#、24#，即 PG[3：0]，用来反馈喷油脉宽的二进制信息，使 CPU 时刻了解喷油控制是否达到了控制目标，这是个典型的闭环控制系统，通过不断的反馈和控制最终使喷油量与发动机的实际工况相一致。

6．怠速控制电路分析

（1）电路原理图

玛瑞利单点计算机的怠速控制电路由 CPU、数据锁存器 74HC273、总线驱动器 74HC244 及怠速马达驱动电路 L9122 等器件组成，电路如图 1-24 所示。

（2）工作原理

发动机启动后，CPU 通过 A/D 变换器读入冷却液温度传感器数据，根据冷却液温度通过数据总线 D5、D6、D7 输出数字控制信号至 74HC273 的 14#、17#、18#，经 74HC273 锁存后由 15#、16#、19# 输出到怠速马达驱动芯片 L9122 的 5#、11#、4# 和 12#，L9122 将高低电平的数字信号转化为电压信号由 6#、7#、9#、10# 输出到 ECU 接脚 Pin2、Pin20、Pin21、Pin3，通过两组线圈控制怠速马达的转向和转角，从而改变空气旁通道的开度，使怠速状态下的进气量发生变化。

CPU 通过读取进气压力信号来感知进气量的变化，然后对喷油脉冲宽度做出调整，进而使发动机转速发生变化；转速的变化量又通过转速传感器送回 CPU，这样就形成了一个闭环控制系统，CPU 根据当前的冷却液温度，通过查找固化在 ROM 中的怠速表格，可以对发动机怠速进行有效的控制。

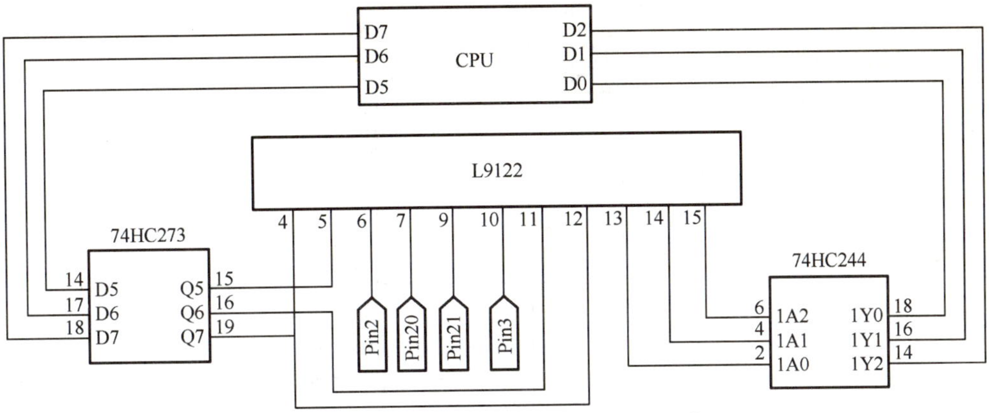

图 1-24　怠速控制电路原理图

另外 L9122 的 13#、14#、15# 将怠速驱动电路的工作状态送至 74HC244 的 2#、4#、6#，经 74HC244 驱动后，由 18#、16#、14# 送到 CPU 数据总线 D0、D1、D2 上，这样 CPU 可以随时了解怠速驱动电路的工作状态，以便对其实施有效的控制。

7．其他电路

（1）电源电路

具体工作原理如图 1-25 所示。

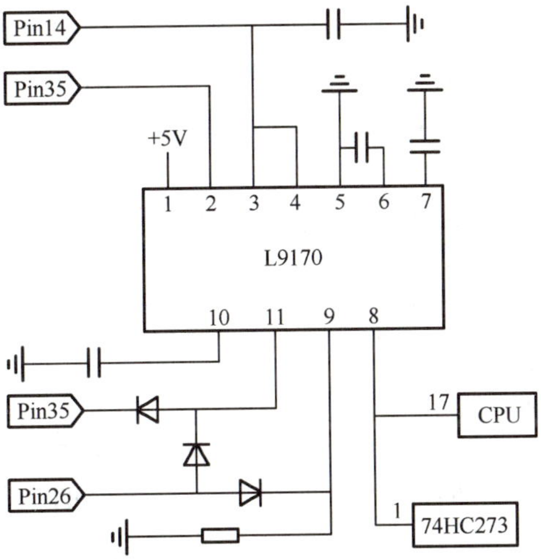

图 1-25　电源部分工作原理图

来自计算机插脚 Pin35 的 12V 蓄电池电压加到了 L9170 的 2# 和 11#，当 L9170 的 9# 收到来自 Pin26 的启动信号后，由 1# 输出 5V 电压供给计算机本身使用，3#、4# 输出 5V 通过 Pin14 供给外部传感器使用，同时由 8# 输出复位信号加到 CPU 的 17# 和 74HC273 的 1#，使计算机板复位，同时使 74HC273 在复位期间清零，以避免发生错误的控制动作。

（2）空调继电器、油泵继电器、故障报警灯及主继电器控制电路

继电器部分电路的工作原理如图 1-26 所示。

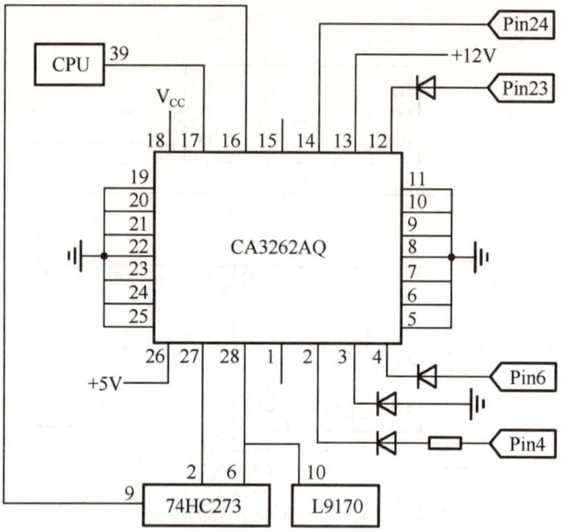

图 1-26　继电器部分工作原理图

① 空调继电器控制：CPU 通过数据总线 D3 输出控制信号到 74HC273 的 8#，经锁存后由 9# 输出至 CA3262AQ 的 16# 控制 14# 变成低电平使空调继电器吸合。

② 油泵继电器控制：由 CPU 的 39# 直接产生控制信号加至 CA3262AQ 的 17# 控制 12# 变成低电平使油泵继电器吸合。

③ 故障报警灯：由 CPU 通过数据总线 D0 输出控制信号到 74HC273 的 3#，经锁存后由 2# 输出至 CA3262AQ 的 27#，控制 4# 变成低电平，使故障灯点亮。

④ 主继电器控制：由 CPU 通过数据总线 D0 输出控制信号到 74HC273 的 7#，经锁存后由 6# 输出至 CA3262AQ 的 28#，控制 2# 变成低电平，使主继电器吸合。

（3）传感器电路

传感器信号是通过 CPU 的 A/D 转换器送到 CPU 的，电路如图 1-27 所示。

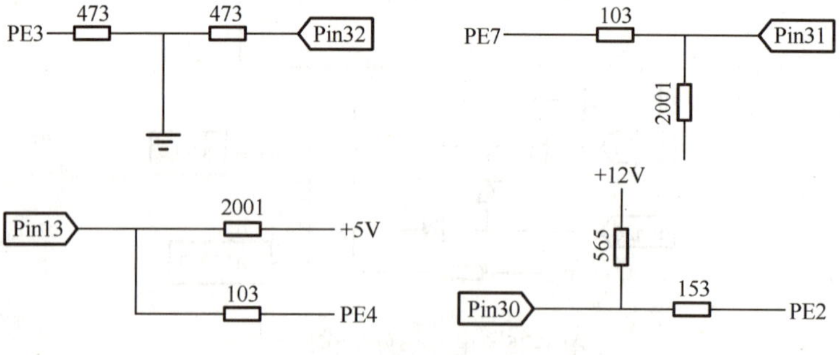

图 1-27　传感器信号处理电路原理图

在本计算机中 A/D 转换器主要用来采集水温、节流阀电位器、绝对压力、进气温度等传感器信号，具体情况如下：绝对压力传感器信号（MAP）至 CPU 的 65#（PE3），进气温度传感器信号（IAT）至 CPU 的 66#（PE7），水温传感器信号至 CPU 的 60#（PE4），节流阀电位计信号至 CPU 的 63#（PE2）等。

二、电子控制单元的检修

1. 检修工具

① 防静电手套：日常生活中每个人身上都存在着静电，高达上千伏，在测试计算机时要防止人体静电通过测试点传到比较弱的微处理器和存储器电路上从而造成永久性的损坏，如果有防静电手套，一端戴在手上，另一端接在计算机的接地端，就可有效地防止此类事故。

② 焊接工具：发动机计算机由很多 CMOS 芯片组成，因此焊接时也要注意防静电措施，必须具有防静电拆焊台和防静电烙铁，可采用进口的白光焊接设备，也可采用国产质量较好的焊接设备，如 QUICK850、QUICK926 等。

③ 大电流多路可调稳压电源：在维修计算机板时，经常需要给计算机板加电测量。因此需要有一个稳压性能好的带电流电压指示的稳压电源。

④ 数字万用表：计算机中很多的电路都只能通过极弱的电流，如果用指针式电压表测量，表内线圈的反向电压可能损坏计算机。所以应用内阻大于 10kΩ的数字表测量电路。

⑤ 信号发生器：由于计算机必须加上相应的传感器信号才能进入工作状态，最基本的传感器信号是转速信号。而有相当多的计算机板需要的转速信号是不规则的，如玛瑞利单点计算机的转速信号就是 60 缺 2 的不规则的正弦信号；另外部分计算机板必须同时加两路以上的信号如曲轴、凸轮轴信号等，因此必须具备一台两通道以上的任意波形信号发生器，这种产品如国内的 SM-59 比较合适。

⑥ 数字示波器：检修计算机板经常需要测量各种波形信号，而信号的频率范围跨度很大，低的只有几赫兹，高的可达到几十兆赫兹，建议采用 40MHz 以上的、采样频率不低于 200M/s 的示波器，如 FLUKE、TEK 等品牌。

⑦ 编程器：有很多计算机板的故障是数据故障，经常需要重写 EEPROM、EPROM、FLASH 等内的数据，而且经常遇到更换 CPU 的情况，更换 CPU 时必须重写 CPU 的 EEPROM、EPROM 或 FLASH。因此，维修时必备一台功能比较全面的编程器。目前无论国内或国际市场上能够符合上述要求的只有汽车数据专家。

2. 检修方法

① 直观检查法：检修人员通过观察元器件的外观，从中发现异常现象，从而找到故障的部位及原因。比如 ECU 内部引线腐蚀、元件烧蚀等故障即可通过观察法来排除。

② 故障再生法：适用于一些间歇性出现的问题，有意识的让故障重复发生，从而判断故障发生的原因。比如，在高温情况下才出现的故障，可以打开 ECU 的盖板，用电吹风或热风枪对可疑部位加热，使故障再现，找出故障原因。但是要注意温度不能调整得太高，以防因温度过高使本来性能良好的半导体器件损坏。

③ 替代检查法：基本思路是用一个质量可靠的元件（或电路）去替代怀疑有故障的元件（或电路），如果替代后工作正常，说明原来的元件（或电路）有问题。

④ 万用表检测法：比如，怀疑 ECU 的供电不正常，可用电压挡对各集成电路的供电电源线、线路中连接蓄电池的主电源线、受点火开关控制的电源线和内部集成稳压器构成的稳压电路进行测量。再比如，判断某一段铜箔线路是否断路可采用电阻挡进行测量。

⑤ 示波器检测法：采用示波器对 ECU 中关键点的波形进行测量，从而判断其是否正常。

⑥ 信号注入检测法：在车辆不工作的状态下，人为地利用信号发生器给计算机提供正常工作所必须的信号，让计算机进入工作状态来排除故障。

3. 玛瑞利单点计算机主要电路检修

（1）逻辑电路检修

在逻辑电路中数据总线是共用的，这样很多器件交连在一起，检修工作相对比较复杂，需根据具体情况做出准确的判断，缩短检修时间。

① 时钟信号检测：时钟信号是逻辑电路同步工作的基础，没有时钟信号，逻辑电路就会瘫痪。计算机板加电后，在 CPU 的 $6^{\#}$ 、$7^{\#}$ 用示波器测量应有如图 1-28 所示的正弦波信号。如果没有波形说明时钟电路工作异常，测量 CPU 的 $6^{\#}$ 、$7^{\#}$ 应有 3V 左右的电压，如果没有电压，说明 CPU 内部时钟电路损坏，应更换 CPU；如有电压，应更换晶振、电容、电阻等器件。

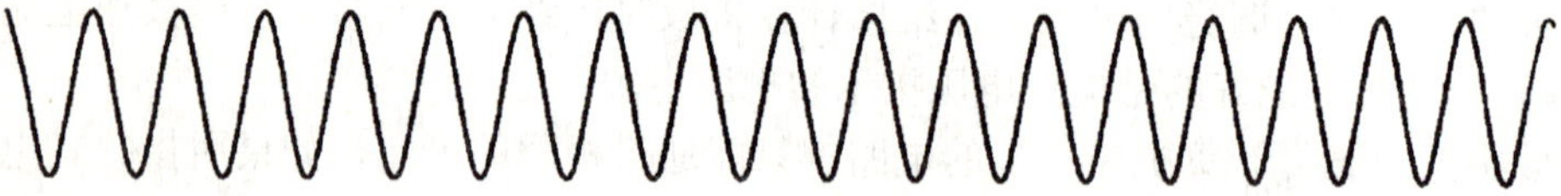

图 1-28　时钟信号波形

② 复位信号检测：复位信号是逻辑电路的启动指令，由 L9170 产生，电源上电后在 $8^{\#}$ 产生一定时间的低电平延迟信号，然后跳到高电平，用示波器测量 $8^{\#}$ 应能看到明显的低电平延迟及跳变过程，如果没有说明 L9170 内部复位电路损坏，应更换 L9170。

③ 数据/地址信号检测：在 CPU 的数据/地址线上应能测到如图 1-29 所示的波形。

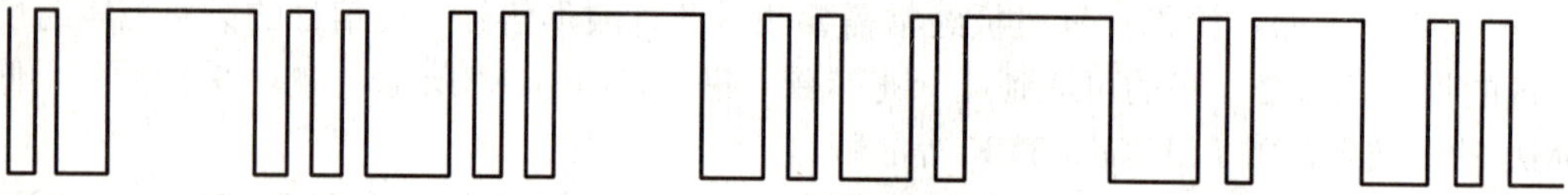

图 1-29　数据/地址信号波形

如果测不到正常的地址信号，可先将 27C512 从插座上拔下，再进行测量；这样可以区分是 27C512 故障还是 CPU 故障。

如果是数据信号不正常（影响数据信号的因素有 74HC244、74HC273、CPU 及 27C512），可采用上面的方法首先排除 27C512 故障的可能。然后判断 74HC273，判断方法如下：将其 $\overline{MR}$ 脚挑起后接地，测量 Q0～Q7 应为低电平，否则更换；然后挑起 CP 脚，同时将 D0～D7 用 10k 电阻接到+5V，用 10k 电阻一端接+5V，另一端接触 CP 脚（相当于给 CP 脚一个上升沿），此时测量 Q0～Q7 应为高电位，否则更换 74HC273。用类似的方法可检查 74HC244 是否损坏，如果排除了 74HC244、74HC273、27C512 的故障可能，请更换 CPU。

（2）点火电路的检修

金杯单点玛瑞利计算机最常出现的故障现象是不点火，下面介绍其检修过程。

① 首先给计算机正常供电，接脚 Pin17 接地，然后用任意波信号发生器产生如图 1-17 所示的转速模拟信号加到计算机接脚 Pin11（信号负）和 Pin28（信号正）。这样可以使计算机进入工作状态。

② 测试 L9101 的 $10^{\#}$ ，用示波器测量应有如图 1-18 所示的脉冲信号，如果测不到信号说明 L9101 及其附属电路有故障。首先检查 L9101 周围电路，如果没有问题，检查 L9101 的第 $6^{\#}$ 、$7^{\#}$ 接到计算机接脚 Pin11、Pin28 的线路，仍然没有问题，应更换 L9101。

③ 上述电路若没有问题，接着测试 CPU 的 $42^{\#}$ 、$35^{\#}$ ，用示波器测量应有如图 1-19 所

示的波形，如果没有波形请检查 74HC14D 及周围电路、CPU 的 $42^{\#}$ 和 $35^{\#}$ 至 74HC14D 的 $10^{\#}$ 间通路、74HC14D 的 $11^{\#}$ 至 L9101 的 $10^{\#}$ 间通路。

④ 上述电路若没有问题，接着测试 CPU 的 $36^{\#}$ 和 $38^{\#}$，用示波器测量应有如图 1-20 所示的点火驱动信号，如果测不到说明 CPU 系统工作不正常。

⑤ 如果以上电路都正常，却仍然不点火，说明点火执行器件（每路两个驱动三极管和一个点火管）有故障。

注：点火反馈部分故障一般不会引起不点火，只会造成点火后熄火或点火时间失控。

（3）喷油控制电路的检修

根据喷油控制电路的原理，在有正常点火信号的情况下，首先测量 CPU 的 $37^{\#}$ 有无喷油驱动信号输出，如果没有喷油驱动信号，说明计算机板程序执行不正常，可用数据专家重写 CPU 及存储器 27C512 内的程序。如果有喷油驱动信号输出，在 L9150 的 $2^{\#}$ 外接感性负载的情况下，测量 $2^{\#}$ 有无喷油控制信号输出，没有输出说明 L9150 损坏，也可能是 L9150 供电不正常，在排除电源问题的情况下可更换 L9150，如有正常喷油控制信号输出，说明喷油电路不正常，请检查计算机板外部电路。

另外，喷油控制电路损坏还可能造成加速不良的故障，这种故障一般是程序和数据问题，可以用数据专家做程序恢复和数据匹配。

4．Motronic 1.5.4 计算机故障检修

Motronic 1.5.4 计算机是由上海大众汽车有限公司与德国 BOSCH 公司合作开发的闭环电子控制多点燃油顺序喷射系统，特点是点火系统与喷油系统复合在一起，Motronic 1.5.4 计算机针脚定义见表 1-4。

表 1-4　Motronic 1.5.4 计算机针脚定义

针　脚　号	功　　能	针　脚　号	功　　能
1	点火线圈初级绕组末端	29	空
2	点火线圈接地	30	进气压力/温度传感器接柱“1” 水温传感器接柱“2” 爆震传感器接柱“2”
3	油泵继电器的“86”接柱		
4	怠速控制阀接柱“1”		
5、6	空	31-33	空
7	进气压力传感器压力信号输出接柱“4”	34	4 缸喷油器
8、9	空	35	3 缸喷油器
10	氧传感器接柱“3”	36	空
11	爆震传感器接柱“1”	37	点火开关接柱“15”
12	5V 电压	38	空
13	空	39	基础调整量接线
14	喷油器接地	40	空调压缩机
15	空	41	空调开关
16	2 缸喷油器	42、43	空
17	1 缸喷油器	44	进气压力/温度传感器接柱“2”
18	蓄电池“+”极	45	水温传感器接柱“1”
19	爆震传感器屏蔽线	46、47	空

续表

针 脚 号	功 能	针 脚 号	功 能
20-23	空	48	霍尔传感器接地
24	ECU 接地	49	霍尔传感器信号输出
25	空	50-52	空
26	怠速控制阀接柱“2”	53	节气门位置传感器接柱“2”
27	点火开关接柱“15”	54	空
28	氧传感器接柱“4”	55	诊断信号线

（1）Motronic 1.5.4 计算机不点火故障检修

图 1-30 为 Motronic 1.5.4 计算机点火部分电路原理图。来自计算机插脚 Pin49、Pin48 的霍尔信号送至 30311 的 3#，信号经 30311 整形并驱动后由 30311 的 1# 输出送至 CPUB58468 的 36#，B58468 根据此信号判断准确的点火时刻，由 62# 输出点火驱动信号到 B58290 的 2# 进一步增加电流驱动能力，同时将信号反相后，由 B58290 的 23# 输出到点火模块 30023 的 1#，30023 的 3# 通过插脚 Pin1 控制外部点火线圈进行点火。

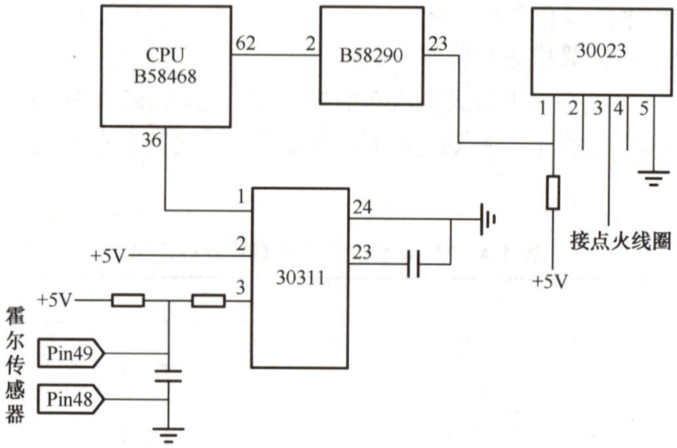

图 1-30 Motronic 1.5.4 计算机点火部分电路原理图

Motronic 1.5.4 计算机出现不点火故障时，其检修过程为：

① 令 Motronic 1.5.4 计算机正常加电（Pin18、Pin27、Pin37 接电源 12V，Pin2 接地），用任意波形发生器模拟转速信号加至计算机板 Pin48、Pin49 脚。

② 用示波器检测 30311 的 1#：如无方波输出，检查 30311 的 3# 到计算机插脚的通路以及 30311 的周围附属电路；如 30311 的 1# 有方波输出，再检查 B58468 的 36# 有无方波，没有说明 30311 的 1# 到 B58468 的 36# 之间有断路。

③ 检查 B58468 的 62# 有无点火驱动信号，如没有，用示波器测量 27C512 的数据及地址引脚，应有数据交换信号，若没有说明 CPU 损坏，更换 B58468（需重写 Boot loader 程序），若有信号则需重写 27C512 的程序。

（2）油泵不吸合故障检修

图 1-31 所示为 Motronic 1.5.4 计算机油泵驱动电路部分原理图。打开点火开关后，B58468 的 67# 输出低电平驱动电路，经 B58290 两次驱动后由 16# 输出至 Pin3 使油泵吸合。

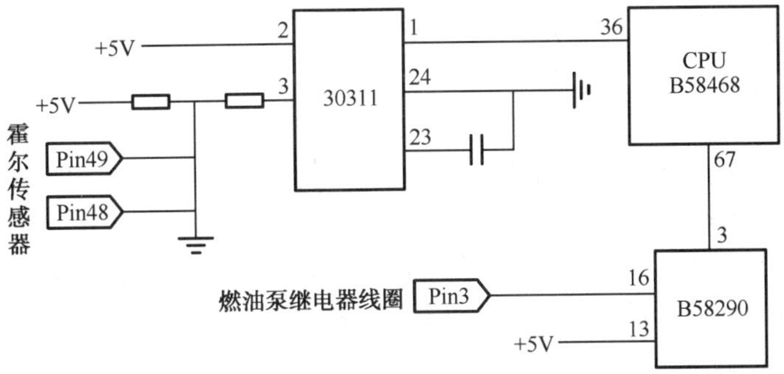

图 1-31　Motronic 1.5.4 计算机油泵驱动电路部分原理图

油泵不吸合时，可按下列步骤检修：

① 首先按照上述方法给计算机板加电，用任意波形发生器模拟转速信号加至计算机板 Pin48、Pin49 脚。

② 测量 B58468 的 67#，应为低电平驱动信号输出，若没有则 CPU 损坏，更换 CPU。

③ 若上述电路没有问题，测量 B58290 的 16#，应为低电平，如果不是说明 B58290 及周围电路有故障，如果是，表明油泵控制电路工作正常，故障在计算机外部。

（3）空调继电器无法吸合故障检修

图 1-32 为 Motronic 1.5.4 计算机空调部分电路原理图。打开空调开关后，由 Pin41 送来高电平信号至 B57965 的 11#，反相后由 10# 输出至 CPU 的 79#，CPU 收到空调开关信号后由 65# 输出高电平加到 B58290 的 10#，再由其 15# 输出低电平驱动信号使空调继电器吸合。

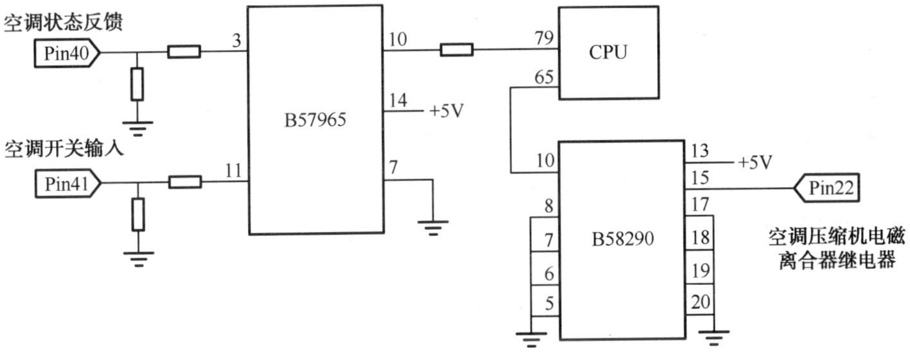

图 1-32　Motronic 1.5.4 计算机空调部分电路原理图

空调继电器不吸合时，其检修过程为：

① 给计算机板加电，将 Pin41 通过 10kΩ连至+5V 电位。

② 测量 B57965 的 11#，应为高电位信号，若不是说明 Pin41 到 B57965 的 11# 之间断路。

③ 测量 B57965 的 10#，应为低电平，若不是检查 B57965 及其周围器件。

④ 测量 B58468 的 79#，应为低电平，若不是说明 B57965 的 10# 至 B58468 的 79# 之间断路。

⑤ 测量 B58468 的 65#，应为高电位，若不是更换 B58468。

⑥ 再测量 B58290 的 10#，应为高电位，若不是 B58468 的 65# 至 B58290 的 10# 之间断路。

⑦ 最后测量 B58290 的 15#，应为低电平，若不是说明 B58290 或其周围器件损坏，若是则检查空调继电器电路。

5. SIEMENS 5WPx 计算机故障检修

（1）不点火故障检修

SIEMENS 5WPx 计算机点火部分电路如图 1-33 所示。凸轮轴位置信号由计算机插脚 Pin44 送至 74HC14D 的 5#，经反相后由 74HC14D 的 6# 输出至 CPU 的 36#；曲轴位置信号由计算机插脚 Pin67 送至 74HC14D 的 11#，反相后由 74HC14D 的 10# 输出至 CPU 的 33#，CPU 根据凸轮轴位置信号对点火时刻作出判断，然后由 71# 输出点火脉冲至 916741 的 4#，经过驱动放大后由 916741 的 11# 输出，经计算机插脚 Pin7 送至点火模块。

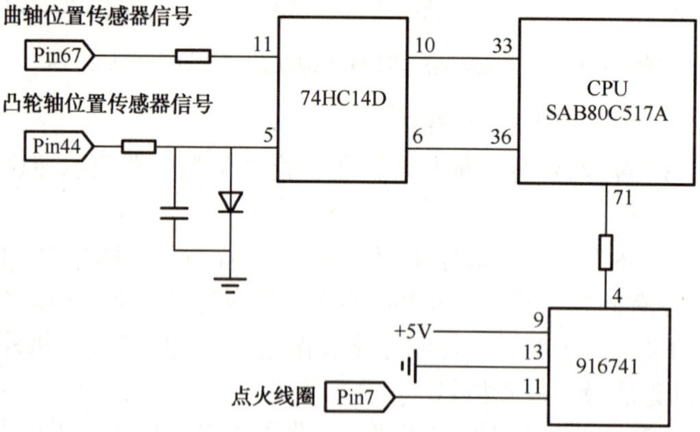

图 1-33　SIEMENS 5WPx 计算机点火部分电路原理图

出现不点火故障时，可按如下方法检修：

① 将 ECU 单元正常加电：Pin1 接地，Pin23、Pin38 接+12V，用任意波形信号发生器模拟曲轴信号及凸轮轴信号分别加至 ECU 单元的 Pin67、Pin44。

② 检测 CPU 的 33#、36#，应可测到 60 缺 2 的均匀方波信号。如果测不到，检查 74HC14D 至 ECU 插脚连线、74HC14D 至 CPU 连线、74HC14D 及其周围电路。

③ 如果能在 CPU 的 33#、36# 测到 60 缺 2 的方波信号，则测量 CPU 的 71# 有无点火脉冲输出，若没有说明 CPU 及逻辑电路部分有问题。

（2）不喷油故障检修

SIEMENS 5WPx 计算机喷油部分电路如图 1-34 所示。CPU 的数据总线 D0 输出控制信号经 74HC377D 锁存后送至 100904C 的 5#，使 100904C 启动进入工作状态。喷油信号由 CPU 的 1#、2#、3#、5# 输出，送至 100904C 的 1#、3#、13#、15#，经驱动放大后由 100904C 的 2#、4#、12#、14# 输出，经计算机 Pin48、Pin46、Pin2、Pin47 送至 4 个喷油嘴控制端。100904C 的 7#、11# 输出喷油反馈信号至 CPU 的 21#、61#。100904C 的 9# 与 CPU 的 10#（复位信号）相连，可避免上电复位期间喷油嘴发生误动作。

出现不喷油故障时，可按如下方法检修：

① 测量 CPU 的 1#、2#、3#、5# 有无喷油脉冲，如果没有更换 CPU。

② 如波形正常，在 Pin48、Pin46、Pin2、Pin47 外部加上感性负载，然后测量 100904C 的 2#、4#、12#、14# 有无正常的喷油信号，如果没有说明 100904C 损坏或 100904C 至 CPU 之间通道断路。

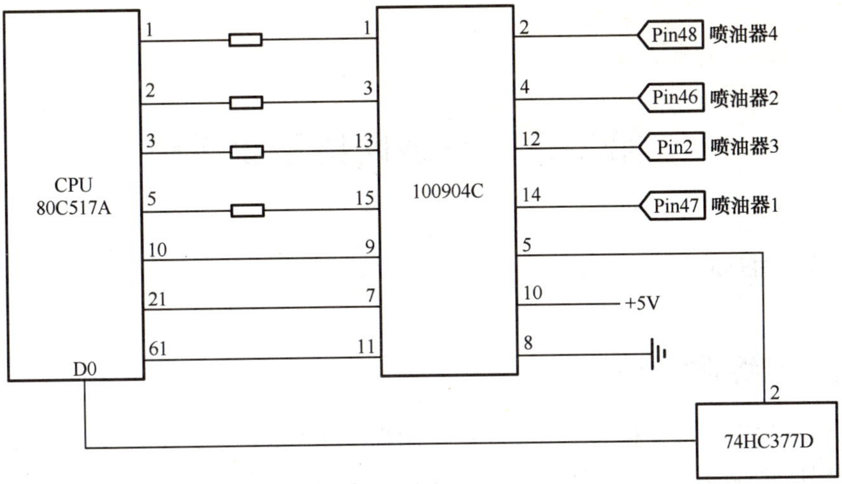

图 1-34　SIEMENS 5WPx 计算机喷油部分电路原理图

第二章　车载网络系统综述

第一节　概述

一、车载网络的发展史

随着车用电气设备越来越多，从发动机控制到传动系统控制，从行驶、制动、转向系统控制到安全保证系统及仪表报警系统，从电源管理到为提高舒适性，使汽车电气系统形成一个复杂的系统，并且都集中在驾驶室控制。汽车新技术的发展应用与汽车线束急剧增加的矛盾相当突出。为解决以上问题，车载网络（也称数据传输总线）应运而生，使得汽车电控系统发生了巨大的变化。至此，车载电控系统经历了中央计算机集中控制、多计算机分散控制和网络控制三个阶段，如图 2-1 所示。

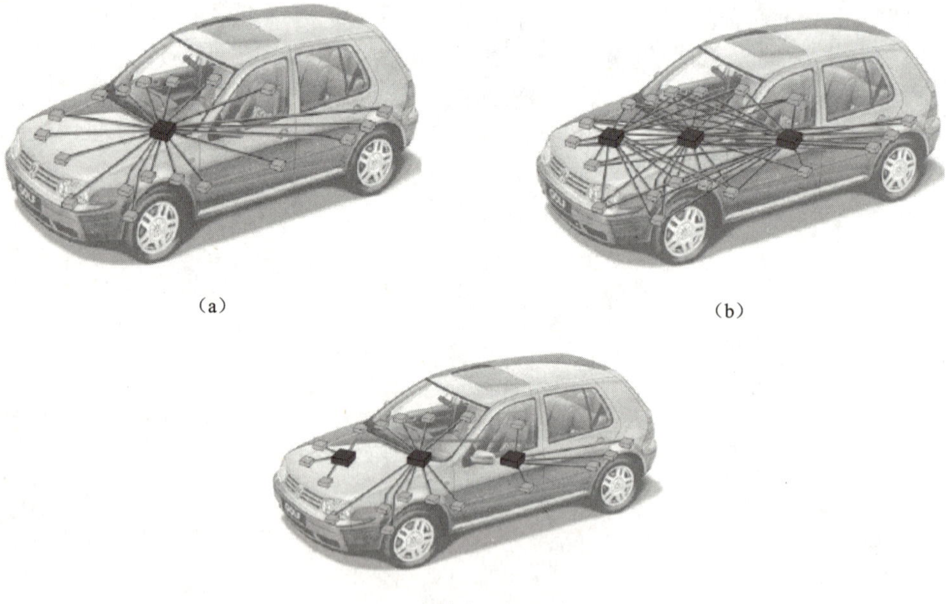

（a）　（b）　（c）

图 2-1　汽车电控系统的发展

（a）中央计算机集中控制；（b）多计算机分散控制；（c）网络控制

1．汽车数据传输总线简介

所谓数据传输总线，就是指在一条数据线上传递的信号可以被多个系统共享，从而最大限度地提高系统整体效率，充分利用有限的资源。例如，常见的计算机键盘有 104 位键，可以发出一百多个不同的指令，但键盘与主机之间的数据连接线却只有 7 根，键盘正是依靠这 7 根数据连接线上不同的数字电压信号组合（编码信号）来传递按键信息的。如果把这种方式应用在汽车电气系统上，就可以大大简化汽车电路。可以通过不同的编码信号来表示不同的开关动作，信号解码后，根据指令接通或断开对应的用电设备。这样，就能将过去一线一用的专线制改为一线多用制，大大减少了汽车上电线的数目，缩小了线束的直径。同时，加速了汽车智能化的发展。

在汽车上传统的信息传递方式，采用并行数据传输方式，每项信息需独立的数据线完成，即有几个信号就要有几条信号传输线。例如，宝来轿车发动机电控单元 J220 与自动变速器电控单元 J217 之间就需要 5 条信号传输线，如图 2-2 所示。如果传递的信号项目越多，则需要更多的信号传输线。采用传输总线后，只需要 1 根或 2 根传输线即可，如图 2-3 所示。

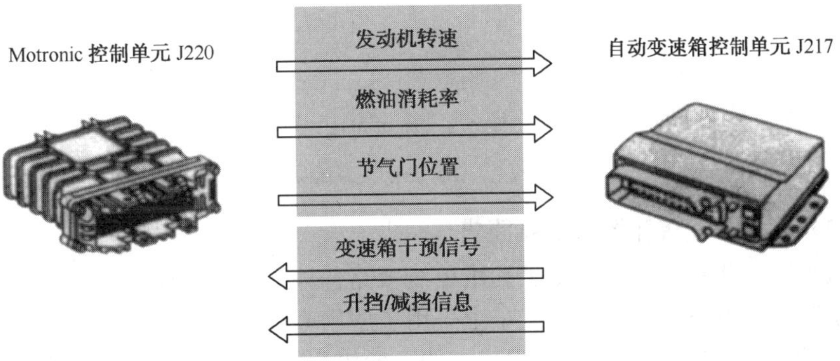

图 2-2　传统信号传递方式

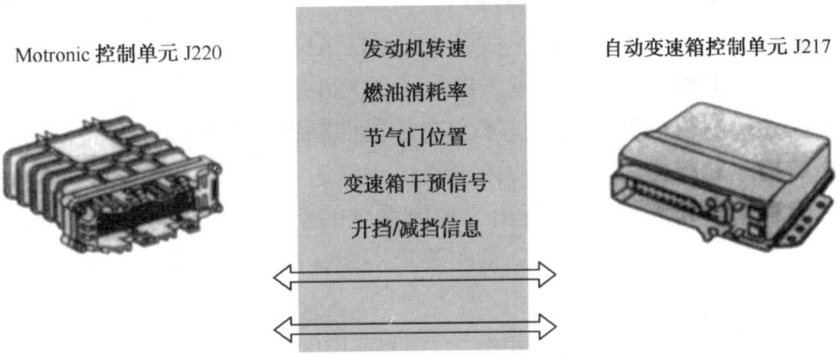

图 2-3　数字总线信号传递方式

总线系统上并联有多个元件。这就要求整个系统满足以下要求：

（1）可靠性高：传输故障（无论是由内部还是外部引起的）应能准确识别出来。

（2）使用方便：如果某一控制单元出现故障，其余系统应尽可能保持原有功能，以便进行信息交换。

（3）数据密度大：所有控制单元在任一瞬时的信息状态均相同，这样就使得两控制单元之间不会有数据偏差。如果系统的某一处有故障，那么总线上所有连接的元件都会得到通知。

（4）数据传输快：连成网络的各元件之间的数据交换速率必须很快，这样才能满足实时要求。

采用总线传输（多路传输）的优点：

（1）简化线束：减少质量，减少成本，减少尺寸，减少连接器的数量，如图 2-4 所示，同一款车同等配置下，可以看出采用车载网络可以大大简化汽车线束。

（2）可以进行设备之间的通信，丰富了控制功能。

（3）通过信息共享减少传感器信号的重复数量。

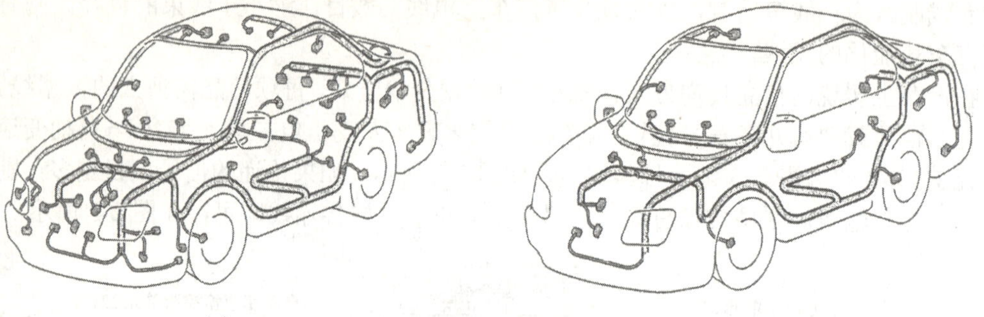

（a）

（b）

图 2-4　线束对比

（a）传统线束；（b）采用车载网络后的线束

2．国内外多路总线传输系统发展简史

早在 1968 年，艾塞库斯就提出了利用单线多路传输信号的构想。

在 1983 年，丰田公司在世纪牌汽车上采用了应用光缆的车门控制系统。

从 1986 年起，在车身系统上装用了铜线传输媒介的网络，并在日产和通用公司汽车的控制系统中得到应用。

20 世纪 80 年代末，博世公司和英特尔公司研制了专门用于汽车电气系统的总线——控制器局域网（Controller Area Network）规范，简称 CAN。

接着，美国汽车工程师学会（SAE）提出了 J1850 通信协议规范。

20 世纪 90 年代，由于集成电路技术和电子器件制造技术的迅速发展，用廉价的单片机作为总线的接口端，采用总线技术布线的价格也逐渐进入了实用化阶段。

随着汽车电子技术的发展，欧洲提出了控制系统的新协议 TTP（Time Triggered Protocol）。

随着汽车信息系统对网络传输信息量的要求不断提高，先后提出了 D2B 协议和 MOST 协议。

2000 年后，随着车载网络的进一步细分，低端 LIN 网络产生。

一些厂家和公司也对汽车多路总线传输制订了进一步的标准，各大公司还在不断推出新的总线形式及相关标准，具体见表 2-1。几种网络的成本比例及通信速度如图 2-5 所示。

表 2-1　主要车载网络的基本情况

车载网络的名称	概　要	通 信 速 度
CAN（Controller Area Network）	车身/动力传动系统控制用 LAN 协议，可能成为世界标准	1Mbit/s
VAN（Vehicle Area Network）	车身系统控制用 LAN 协议，以法国为中心	1Mbit/s
J1850	车身系统控制用 LAN 协议，以美国为中心	41.6Kbit/s
LIN（Local Interconnect Network）	车身系统控制用 LAN 协议，低端子系统专用	20Kbit/s
Byteflight	按用途分类的控制用 LAN 协议，通用时分多路复用，由 BMW 联合 Motorola 等公司开发，应用在安全气囊系统，采用塑料光纤	10Mbit/s

续表

车载网络的名称	概　　要	通 信 速 度
FlexRay	按用途分类的控制用 LAN 协议，能够兼容多种网络拓扑，容错能力更强	5Mbit/s
D2B（Domestic Digital Bus）/Optical	音频系统通信协议，将 D2B 作为音频系统总线采用光通信，飞利浦主导开发	5.6Mbit/s
MOST（Media Oriented System Transport）	信息系统通信协议，以欧洲为中心	22.5Mbit/s

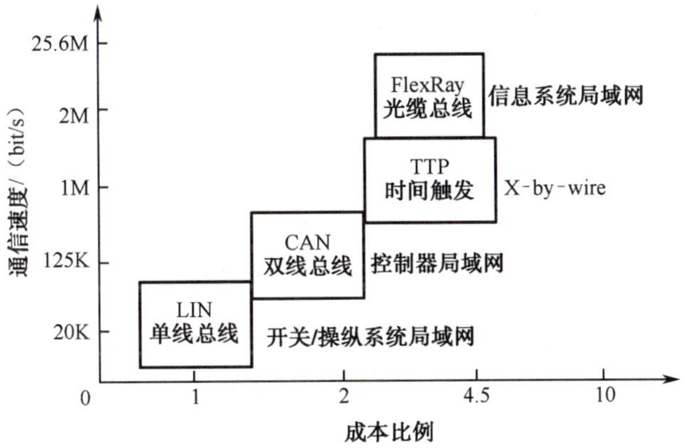

图 2-5　几种网络的成本比例及通信速度

二、技术术语

1. 模块/节点

模块是一种电子装置，在计算机多路传输系统中的控制单元被称为模块或节点。一般来说，普通传感器是不能作为多路传输系统的节点的，如果传感器要想成为一个模块/节点，则该传感器必须具备支持多路传输功能的电控单元，例如大众车系的转角传感器。

2. 局域网的拓扑结构

所谓拓扑结构就是网络的物理连接方式。局域网的常用拓扑结构有三种：星型、环型、总线型。

（1）星型网络拓扑结构

星型网络即以一台称之为中央处理器的电控单元为主组成的网络，各入网机均与该中央处理器由物理链路直接相连，因此，所有的网上传输信息均需通过该主机转发，其结构如图 2-6 所示。

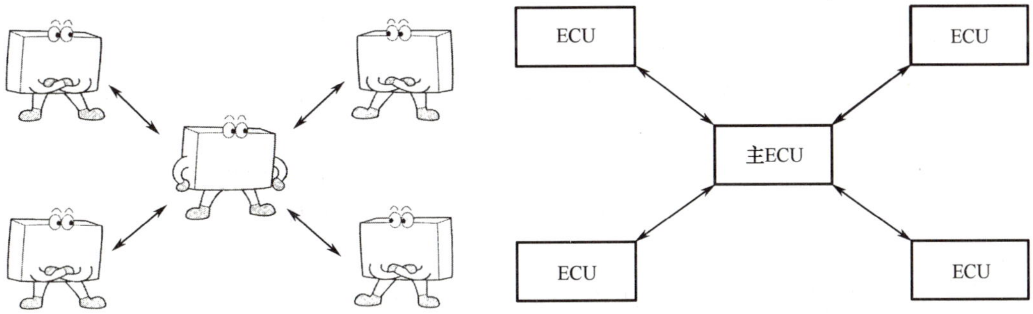

图 2-6　星型网络拓扑结构

（2）环型网络拓扑结构

环型网络即通过转发器将每台入网计算机接入网络，每个转发器与相邻两台转发器用物理链路相连，所有转发器组成一个拓扑为环的网络系统，如图 2-7 所示。

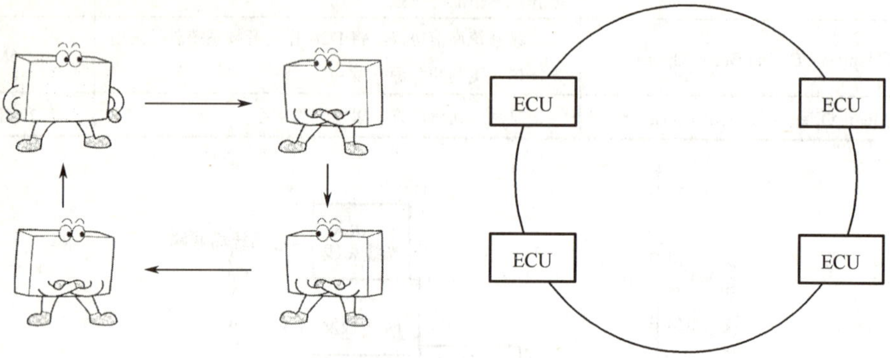

图 2-7　环型网络拓扑结构

环型网络拓扑结构的特点：实时性较高，传输控制机制较为简单，一个节点出故障可能会终止全网运行，可靠性较差，网络扩充调整较为复杂。

（3）总线型网络拓扑结构

总线型网络即所有入网计算机通过分接头接入一条载波传输线上，如图 2-8 所示。

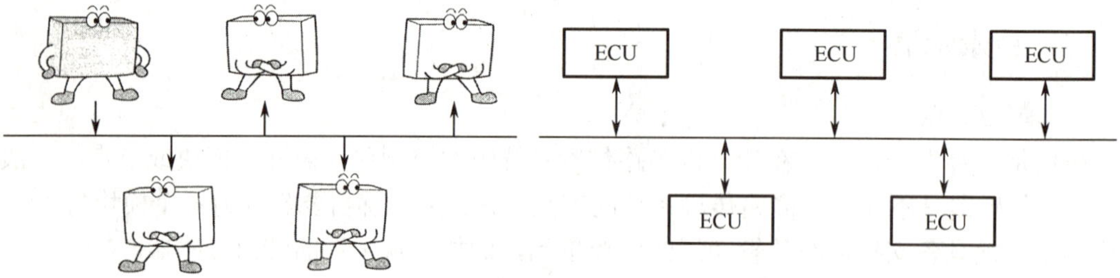

图 2-8　总线型网络拓扑结构

总线型网络拓扑结构的特点：信道利用率较高，但网络延伸距离有限，网络容纳节点数有限（受信道访问机制影响）。它适用于传输距离较短、地域有限的组网环境，目前，车载局域网多采用此种方式。

3．链路（传输媒体）

链路指网络信息传输的媒体，分为有线和无线两种类型，目前车上使用的大多数都是有线网络，通常用于局域网的传输媒体有：普通导线、双绞线和光纤。

（1）普通导线

单根导线可作为 LIN 网络的传输媒体，适用于低速传输，传输信号复制较高。

（2）双绞线

如图 2-9 所示，双绞线是局域网中最普通的传输媒体，一般用于中速传输，最大传输速率可达 1Mbit/s；汽车网络中的 CAN-bus 采用双绞线作为传输媒体。

（3）光纤

光纤在电磁兼容性等方面有独特的优点，数据传输速度高，传输距离远；在车载网络上，特别在一些要求传输速度高的车载网络（如车上信息与多媒体网络）上有很好的应用前景。

但受到成本和技术的限制，现在使用的并不多。最常用的光纤是塑料光纤和玻璃纤维光纤，在汽车上多用塑料光纤，如图 2-10 所示。

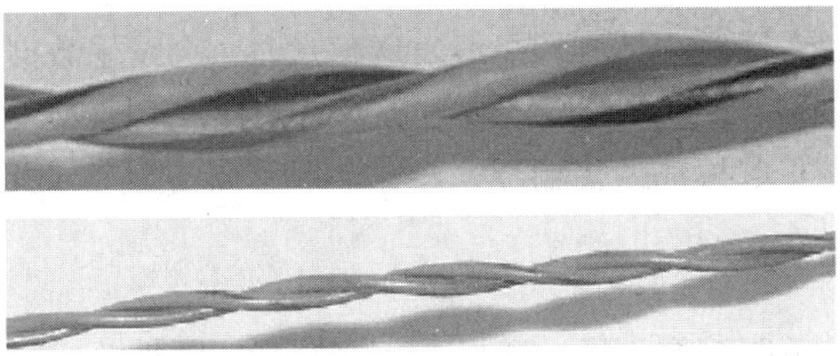

图 2-9　双绞线

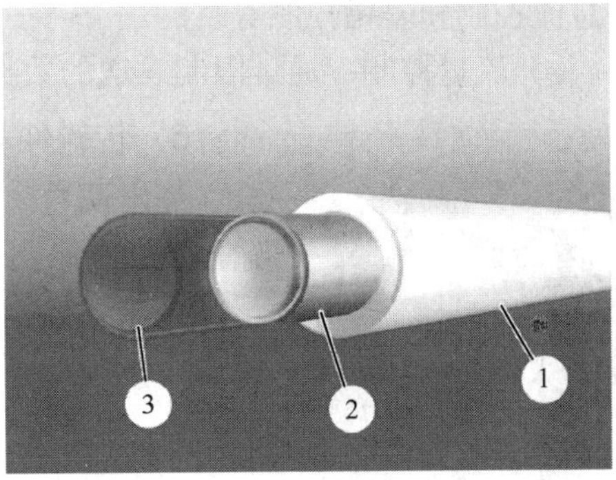

图 2-10　塑料光缆

1—包装层；2—粘合层（外壳/包层）；3—光纤

与玻璃纤维光缆相比塑料光缆具有以下优点：

① 光纤横断面较大。因为光纤横断面较大，所以生产时光纤的定位没有太大的技术问题。

② 对灰尘不是很敏感。即使非常小心，灰尘也可能落到光纤表面上并由此而改变光束的入射/发射功率。对于塑料光纤，细微的污物不一定会导致传输距离故障。

③ 操作简单。例如，约 1mm 厚的光纤芯操作起来比约 62.5μm 厚的玻璃纤维光纤芯要容易一些。与玻璃纤维光缆相比，其操作处理要简单得多。注意：玻璃纤维易折断，塑料则不易折断。

④ 加工制作。与玻璃纤维光缆相比，BMW 使用甲基丙烯酸甲酯，切割、打磨或熔化相对简单，这样在导线束制造时以及在进行售后服务维修时具有较大的优势。

4. 数据帧

为了可靠地传输数据，通常将原始数据分割成一定长度的数据单元，数据单元即称为数据帧。一帧数据内应包括同步信号（起始与终止）、错误控制、流量控制、控制信息、数据信息、寻址等信息。

5. 传输协议

传输协议也称通信协议，是控制通信实体间有效完成信息交换的一组约定和规则。换句话说，要想交流成功，通信双方必须“说同样的语言”（如相同的语法规则和语速等）。

（1）协议的三要素

① 语法：确定通信双方之间“如何讲”，即通信信息帧的格式。

② 语义：确定通信双方之间“讲什么”，即通信信息帧的数据和控制信息。

③ 定时规则：确定事件传输的顺序以及速度匹配。

（2）协议的功能

① 差错监测和纠正：面向通信传输的协议常使用“应答-重发”和通信校验进行差错的检测和纠正工作。一般来说，协议中对异常情况的处理说明要占很大的比重。

② 分块和重装：为符合协议的格式要求，需要对数据进行加工处理。分块操作将大的数据划分成若干小块，如将报文划分成几个子报文组；重装操作则是将划分的小块数据重新

组合复原，例如将几个子报文组还原成报文。

③ 排序：对发送的数据进行编号以标识它们的顺序，通过排序，可以达到按序传递、信息流控制和差错控制等目的。

④ 流量控制：通过限制发送的数据量或速率，以防止在信道中出现堵塞现象。

图 2-11　独木桥

6. 传输仲裁

当出现数个使用者同时申请利用总线发送信息时，会发生数据传输冲突，好比同时有两个或者多个人想要过独木桥一样，如图 2-11 所示。传输仲裁就是为了避免数据传输冲突，保证信息按其重要程度来发送。

7. 网关

由于电压电平和电阻配置不同，所以在不同类型的数据总线之间无法进行直接耦合连接。另外，各种数据总线的传输速率是不同的，决定了它们无法使用相同的信号。这就需要在这两个系统之间能完成一个转换。这个转换过程是通过所谓的网关（Gateway）来实现的。可以用火车站作为例子来清楚地说明网关的原理，如图 2-12 所示，有两列不同车速和不同运行路线的列车，如果乘客需要换车的话，必须使两列车能停靠到同一车站才能实现。其原理与 CAN 驱动数据总线和 CAN 舒适/信息数据总线两系统网络的网关功能是相似的。因此，网关的主要任务是使两个功能和速度不同的网络系统之间能进行信息交换。

图 2-12　网关工作原理示意图

根据车辆的不同，网关可能安装在组合仪表内、车上供电控制单元内或在自己的网关控制单元内。由于通过各种数据传输总线的所有信息都供网关使用，所以网关也可用作诊断接口。过去，通过 K 线来查询诊断信息；现在，很多车型是通过数据传输总线和诊断线来完成诊断查询工作，如图 2-13 所示。

总之，车载网络网关主要作用如下：

（1）作为诊断网关

在不改变数据的情况下，将驱动总线、舒适总线、信息娱乐总线的诊断信息传递到 K 线。

（2）作为数据网关

使连接在不同的数据总线上的控制单元能够交换数据。

另外，网关还具有改变信息优先级的功能。如车辆发生相撞事故，气囊控制单元会发出负加速度传感器的信号，这个信号的优先级在驱动系统是非常高，但转到舒适系统后，网关调低了它的优先级，因为它在舒适系统功能只是打开门和灯。

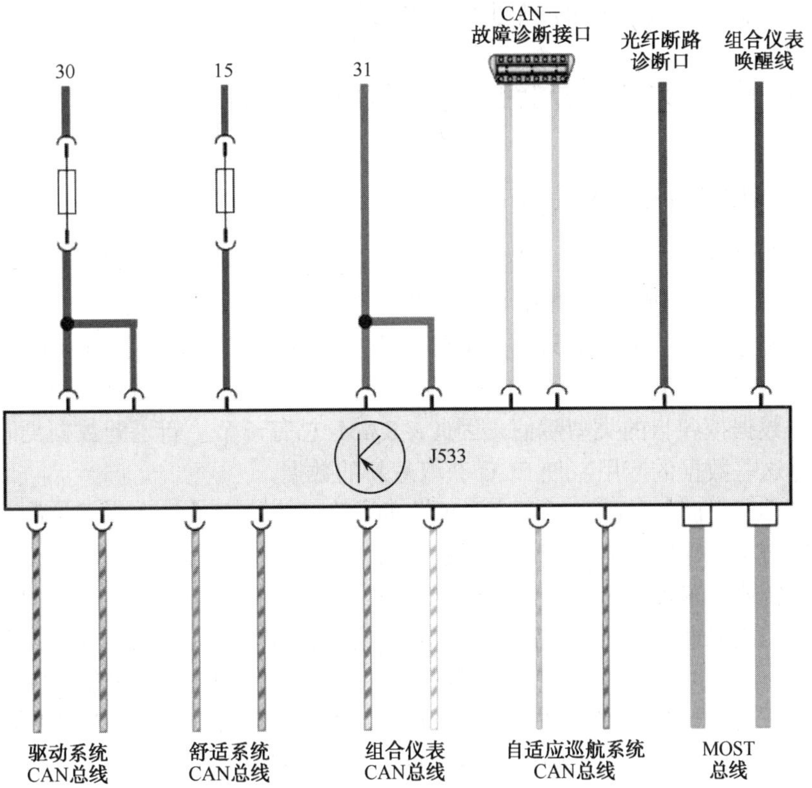

图 2-13　网关电路图

三、车载网络分类和协议标准

国际上众多知名汽车公司早在 20 世纪 80 年代就积极致力于汽车网络技术的研究及应用，迄今为止，已有多种网络标准。目前存在的多种汽车网络标准，其侧重的功能有所不同。

按照系统的信息量、响应速度、可靠性等要求将车载网络系统分为 A 级、B 级、C 级、D 级四类。

A 级是面向传感器/执行器控制的低速网络，数据传输位速率通常小于 20Kbit/s，主要用于天窗、雨刮、空调、照明等控制；B 级是面向独立模块间数据共享的中低速网络，速率在 30～125Kbit/s，主要应用于车身电子舒适性模块、仪表显示等系统；C 级是面向实时性控制的中高速网络，速率在 125Kbit/s～1Mbit/s 之间，主要用于牵引控制、发动机、自动变速器、ABS 等系统。D 级是面向媒体传输的高速网络，速率在 250Kbit/s～100Mbit/s 以上，主要应用于导航、车载音响、车载电话等信息娱乐系统。

在今天的汽车中，作为一种典型应用，车身和舒适性控制模块都连接到 CAN 总线上，并借助于 LIN 总线进行外围设备控制。而汽车高速控制系统，通常会使用高速 CAN 总线连接在一起。远程信息处理和多媒体连接需要高速互联，视频传输又需要同步数据流格式，这些都可由 DDB（Domestic Digital Bus）或 MOST（Media Oriented System Transport）协议来实现。无线通信则通过 Bluetooth 技术加以实现。

但是，至今仍没有一个通信网络可以完全满足未来汽车的所有成本和性能要求。因此，汽车制造商和 OEM（Original Equipment Manufacture）商仍将继续采用多种协议（包括 LIN、CAN 和 MOST 等），以实现未来汽车上的联网信息传递。

第二节　汽车对通信网络的要求及应用

一、汽车对通信网络的要求

连接到车载网络的各个 ECU 按需要从总线上接收最新的信息以操纵执行器。例如，匹配发动机转速传感器的 ECU（EFI），将发动机转速数据连续馈送至总线；另一方面，其他几个需要发动机转速数据的 ECU，只需从总线上接收发动机转速数据。对于接收 ECU，它接收到的最新数据为现行数据。在实际实施中，每当 ECU 接收到数据，就将这些数据存储在 RAM 区，并将这些数据按各自的类型赋值，因此，RAM 总有一个更新了的数据复制并存储在其中，再通过对这些数据的应用，使 ECU 获取最新的数据。

汽车内 ECU 之间的数据传输频率是变化的。在一个完善的汽车电子控制系统中，许多动态信息必须与车速同步。为了满足各子系统的实时性要求，有必要对汽车公共数据实行共享，如发动机转速、车轮转速、加速踏板位置等。但每个控制单元对实时性的要求是因数据的更新速率和控制周期不同而不同的。例如，一个 8 缸柴油机运行在 2 400r/min，则电控单元控制两次喷射的时间间隔为 6.25ms。其中，喷射持续时间为 30° 的曲轴转角（2ms），在剩余的 4ms 内需完成转速测量、油量测量、A/D 转换、工况计算、执行器的控制等一系列过程。这就意味着数据发送与接收必须在 1ms 内完成，才能达到发动机电控的实时性要求。

这就要求其数据交换网是基于优先权竞争的模式，且本身具有极高的通信速率，CAN 现场总线正是为满足这些要求而设计的。不同参数应具有不同的通信优先权，表 2-2 列出了几个典型参数允许响应时间。

表 2-2　典型参数允许响应时间

典 型 参 数	允许响应时间
发动机喷油量	10ms
发动机转速	300ms
车轮转速	1~100s
进气温度	20s
冷却液温度	1 min
燃油温度	10min

二、车载网络系统的应用实例

1. 奥迪 A8 轿车的车载网络系统

随着人们对车辆的操控性和舒适性要求越来越高，车上采用的电子部件越来越多。1994 年第一代 Audi A8 车上 15 个控制单元就可控制该车的所有功能。而 2003 年款的 Audi A8 车使用的控制单元数目就增长了四倍。Audi A8 轿车的车载网络系统包含了 LIN、CAN、MOST 和 Bluetooth^{TM} 多种总线传输系统，其车载网络拓扑如图 2-14 所示。

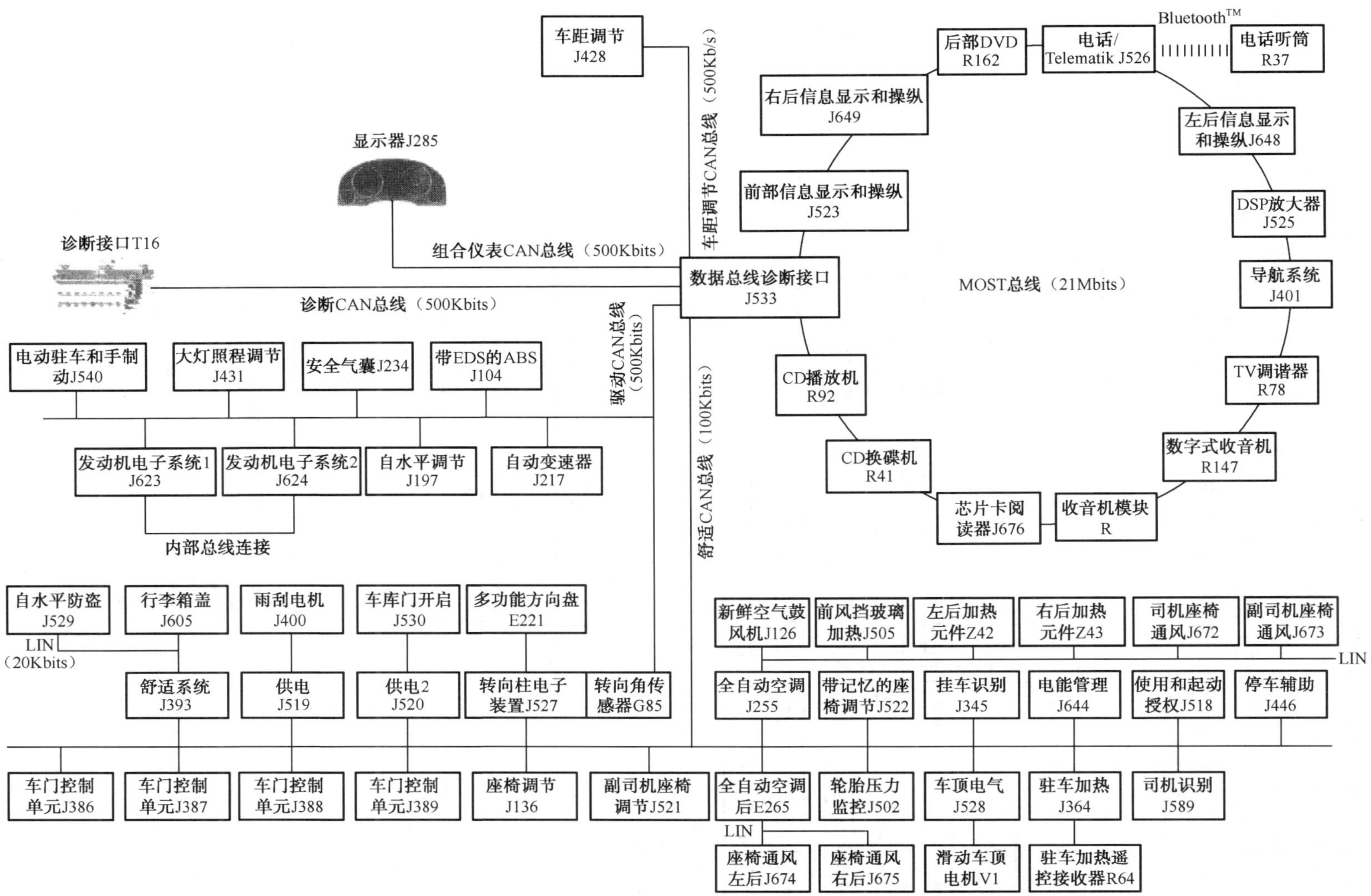

图2-14　奥迪A8轿车车载网络拓扑图

2. BMW E65 车载网络系统

宝马汽车全车采用总线传输网络，共连接 55 个计算机（控制单元），涵盖全车的控制系统，如图 2-15 所示，各控制单元名称列表见表 2-3～表 2-7。宝马汽车总线传输网络分为 K-CAN P（车身控制器区域网络外围总线）、K-CAN S（车身控制器区域网络系统总线）、MOST（面向多媒体传输的系统总线）、Byteflight（BMW 安全系统总线）、PT-CAN（动力传动系统总线）五个主传输网络，此外包含子总线和 D-Bus（诊断总线），各种总线网络的传输速率和总线拓扑结构见表 2-8。

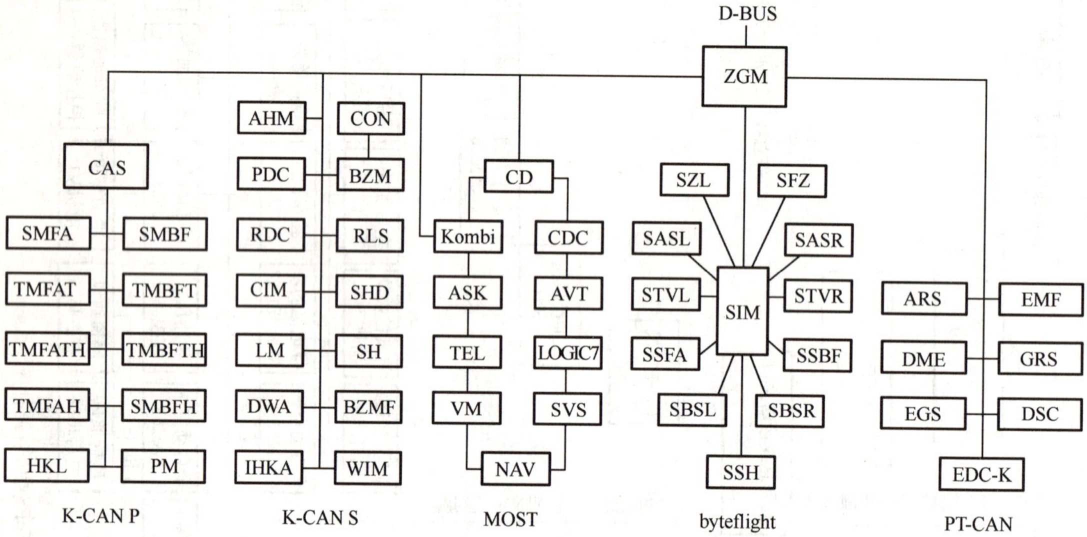

图 2-15　BMW E65 网络结构

表 2-3　简称说明（K-CAN P 总线）

简　称	说　明	简　称	说　明
CAS	便捷进入及启动系统	SMFAH	左后座椅模块
HKL	后行李箱盖提升机构	TMBFT	前乘客侧车门模块
PM	供电模块	TMBFTH	右后车门模块
SMBF	前乘客侧座椅模块	TMFAT	驾驶员侧车门模块
SMBFH	右后座椅模块	TMFATH	左后车门模块
SMFA	驾驶员侧座椅模块		

表 2-4　简称说明（K-CAN S 总线）

简　称	说　明	简　称	说　明
AHM	挂车模块	IHKA	自动恒温空调
BZM	中央操控中心	LM	灯光模块
BZMF	后中央操控中心	PDC	驻车距离报警系统
DWA	防盗报警系统	RDC	轮胎压力监控
CIM	中央底盘模块	RLS	雨水灯光传感器
CD	控制显示	SH	停车预热装置

续表

简　称	说　明	简　称	说　明
CON	控制按键	SHD	活动天窗
Kombi	组合仪表	WIM	刮水器模块
CAS	便捷进入及启动系统	ZGM	中央网关模块

表 2-5　简称说明（MOST 总线）

简　称	说　明	简　称	说　明
AVT	天线放大器/调谐器	NAV	导航
ASK	音频系统控制器	SVS	语音输入处理系统
CD	CD 机	TEL	电话
CDC	光盘转换匣	LOGIC7	功率放大器
Kombi	组合仪表	VM	视频模块

表 2-6　简称说明（Byteflight 总线）

简 称	说　明	简 称	说　明
SASL	左侧 A 柱卫星式传感器	SSBF	前乘客座椅卫星式传感器
SASR	右侧 A 柱卫星式传感器	SSFA	驾驶员座椅卫星式传感器
SBSL	左侧 B 柱卫星式传感器	STVL	左前车门卫星式传感器
SBSR	右侧 B 柱卫星式传感器	STVR	右前车门卫星式传感器
SFZ	车辆中央卫星式传感器	SZL	转向柱开关中心
SIM	安全信息模块	ZGM	中央网关模块
SSH	后部座椅卫星式传感器		

表 2-7　简称说明（PT-CAN 总线）

简　称	说　明	简　称	说　明
ARS	主动式侧翻稳定装置	EGS	电子变速箱控制系统
DME	数字式发动机电子伺控系统	EMF	电动机械式驻车制动器
DSC	动态稳定控制系统	GRS	偏航角速率传感器
EDC-K	连续式电子减震控制系统	ZGM	中央网关模块

表 2-8　各种总线网络的传输速率和总线结构

	子总线	K-CAN P	K-CAN S	PT-CAN	MOST 总线	Byteflight	D 总线
数据传输率	9.6Kbit/s	100Kbit/s	100Kbit/s	500Kbit/s	22.5Mbit/s	10Mbit/s	115Kbit/s
总线结构	总线型	总线型	总线型	总线型	环型	星型	

（1）K-CAN

K-CAN 应用在车身网络上，主要连接着全车 25 个车身附件的电控单元，如空调控制单元、灯光控制单元等。主要特点为电磁兼容性好，能高速传输数据，可靠性高，采用总线型拓扑结构。

（2）MOST

MOST 应用在信息、娱乐与通信上，采用光纤网络，主要连接着全车 10 个娱乐系统的电控单元，如 CD、收音机等控制单元，能进行连续数字信号传输（音频和视频数据），能实时传输数据，最高速率为 22.5Mbit/s，采用环型拓扑结构。

（3）Byteflight

Byteflight 应用在智能安全和集成系统上，是光纤网络，主要连接着全车安全系统的 12 个电控单元，如左侧 A 柱卫星控制单元、安全信息模块等控制单元，主要特点是可靠性高，网络的任何一个计算机不良，不会影响到其他的计算机的正常通信，高速数据传输，最高速率为 10Mbit/s，采用星型拓扑结构。

（4）PT-CAN

PT-CAN 应用在动力和底盘上，主要连接着全车 7 个动力和安全的电控单元，如发动机控制单元、动态稳定控制单元等，主要特点为高速通信，最高速率为 10Mbit/s，采用总线型拓扑结构。

（5）宝马 E65 的车载网络系统中的网关

宝马 E65 的车载网络系统中有三个网关：

① ZGM（中央网关模块）。ZGM 是整个网络系统的主网关，如图 2-16 所示，主要负责 K-CANS、Byteflight、PT-CAN 和 D-Bus 等不同网络的数据交换传输。

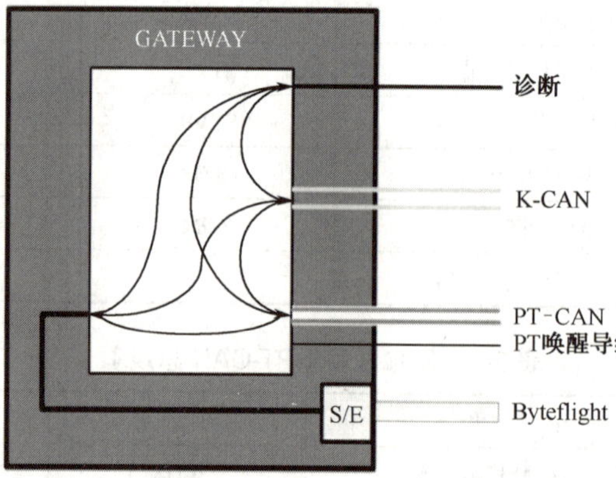

图 2-16　ZGM 内的信号转换

② CAS（便捷进入及启动系统）内的网关。CAS 内网关负责 K-CANP 和 K-CANS 两个网络的数据交换传输。

③ CD（控制显示）内的网关。CD 内网关负责 MOST 和 K-CANS 两个网络的数据交换传输。

3．雪铁龙凯旋多路传输系统

（1）雪铁龙凯旋多路传输系统由下述网络构成（图 2-17）。

① CAN 网，连接动力总成所有的计算机；

② CAN CAR 网，连接安全系统；

③ CAN CONFORT 网，实现车辆的人/机界面；

④ CAN 诊断插头，可以加载 CAN 网上的某些计算机软件；

⑤ CAN 诊断网及 K 诊断线，可以执行软件下载，设置及车辆诊断。

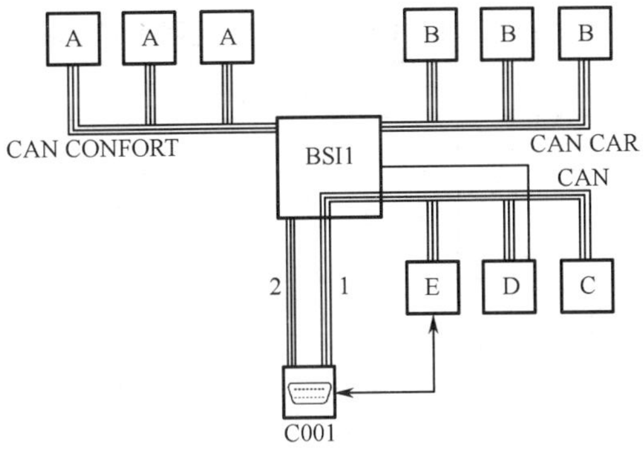

图 2-17　雪铁龙凯旋多路传输系统的组成

C001-诊断插头；BSI1-智能控制盒；1-CAN 网（诊断插头）；2-CAN 诊断网；A-CAN CONFORT 网的计算机；B-CAN CAR 网的计算机；C-CAN 网的计算机；D-连接在远程唤醒控制线（RCD）上的 CAN 网的计算机；E-连接到 K 诊断线上的 CAN 网的计算机；双向箭头-K 诊断线；三线-多路传输网；单线-远程唤醒控制线（RCD）。

（2）CAN 网

CAN 网连接发动机动力总成的所有计算机，例如：制动系统，变速箱计算机或发动机计算机，如图 2-18 所示。数据传送速度是 500 Kbits/s（High Speed 高速）。CAN 网是一个“多主”网，在这个网上，每一个计算机连续地向网络的全体发送信息。每个计算机处理它所使用的信息。在网上发送信息是定期地进行的，除只叙述事件的信息外。CAN 网拥有一个总体接收装置，它可以在最少两个计算机连在网上时建立通信。发动机控制计算机（1320）及智能控制盒（BSI1）是唯一拥有终端电阻的计算机。为了保证网络交流，发动机控制计算机（1320）及智能控制盒（BSI1）必须始终连在网上。CAN 网的主要特性：

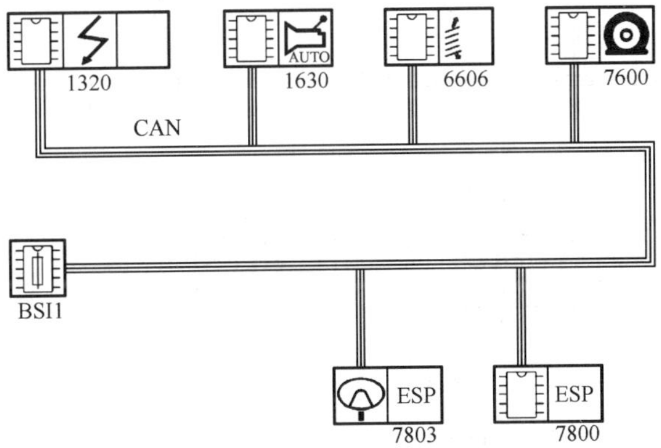

图 2-18　CAN 网

BSI1—智能控制盒；1320—发动机计算机；1630—自动变速箱计算机；6606—转向大灯计算机；7600—亏气探测计算机；7800—电子稳定程序计算机（ESP）；7803—方向盘角度传感器；三线—多路传输网

① 某些计算机连在远程唤醒控制线（RCD）上，远程唤醒控制线（RCD）可以提前激活某些计算机；

② 某些计算机直接连接到 K 诊断线上，可以实现 K 线直接诊断，见表 2-9；

③ 如果一条“CAN 高”导线或一条“CAN 低”导线断路则不能进行网络通信。

表 2-9　CAN 网的 K 线诊断和远程唤醒关系

名　　称	连接到 K 诊断线上	连接到远程唤醒控制线（RCD）上
智能控制盒（BSI1）	是	是
发动机计算机（1320）	是	是
自动变速箱计算机（1630）	否	否
转向大灯计算机（6606）	否	否
亏气探测计算机（7600）	否	是
助力转向电泵	否	否
电子稳定程序计算机（ESP）（7800）	否	否
方向盘角度传感器（7803）	否	否

（3）CAN CAR 网

CAN CAR 网连接全体安全部件，如图 2-19 所示。数据传输速度是 125 Kbits/s（低速）。CAN CAR 网上的所有部件都连续地发送信息。CAN CAR 网是一个“多主”网，在这个网上，每个计算机连续地向网上的所有部件发送信息。在网上发送信息是定期地进行的，且每个计算机处理它所使用的信息。网络通信管理及建立“+CAN”电源是通过智能控制盒（BSI1）实现的。CAN CAR 网的计算机拥有它们自己的特征且根据情况或是由“+CAN”、“+BAT”，或是由 BSM 提供的“+APC”供电。与 CAN 网不同，“CAN CAR 高”导线或“CAN CAR 低”导线，两条线中的一条断路或两者之间短路网络会有通信，但会报告故障信息。

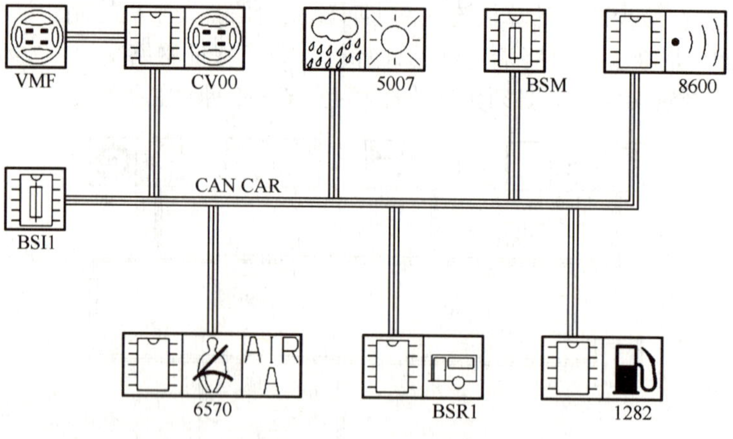

图 2-19　CAN CAR 网

BSI1—智能控制盒；BSM—发动机伺服控制盒（BSM）；CV00—方向盘下的转换模块；BSR1—牵引伺服盒；VMF—中央固定集控式方向盘；1282—柴油添加剂计算机（FAP）；5007—雨水/亮度传感器；6570—安全气囊计算机；8600—防盗报警器计算机；三线—多路传输网

（4）CAN CONFORT 网

CAN CONFORT 网可以实现人/机界面，网络组成如图 2-20 所示，数据传输速度为 125 Kbits/s（低速）。在整个 CAN CONFORT 网上发送信息是持续的。CAN CONFORT 网是一个“多主”网，在这个网上，每个计算机持续地向整个网络发送信息。在整个 CAN CONFORT 网上发送信息是持续的。在网上发送信息是定期地进行的，且每个计算机处理它所使用的信息。网络通信管理及建立“+CAN”供电是由智能控制盒（BSI1）来实现的。CAN CONFORT 网的计算机拥有自己的终端电阻并且根据情况由“+CAN”，“+BAT”，或 BSM 提供的“+APC”来供电。与 CAN CAR 网相似，“CAN CONFORT 高”导线或“CAN CONFORT 低”导线，两条线中的一条断路或两者之间短路网络会有通信，但会报告故障信息。

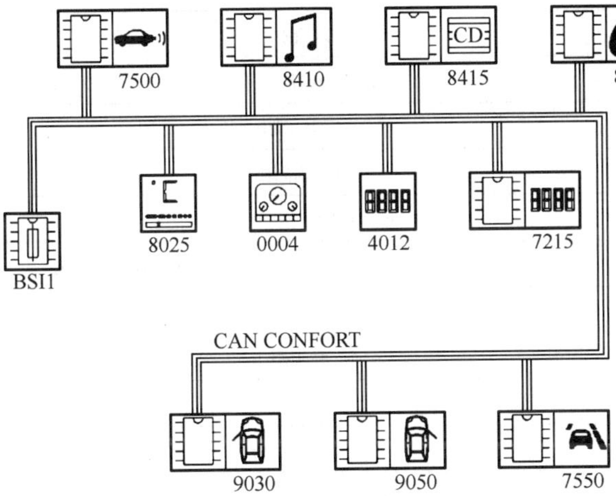

图 2-20　CAN CONFORT 网

BSI1—智能控制盒；0004—组合仪表；4012—转速表控制盒；7215—多功能显示屏；7500—驻车雷达计算机；7550—非主观变道报警计算机；8025—空调面板；8410—RD4 收放机；8415—CD 换碟机；8480—RT3 通信计算机；9030—左前门模块；9050—右前门模块；粗线—光纤连接；三线—多路传输网

（5）诊断插头（C001）

诊断插头（C001）可以连接车辆的售后诊断仪（Proxia），并且可以与车辆的所有计算机通信，诊断插头的位置和引脚布置如图 2-21 所示，诊断插头的功能电路如图 2-22 所示，引脚号对应电路信号见表 2-10。

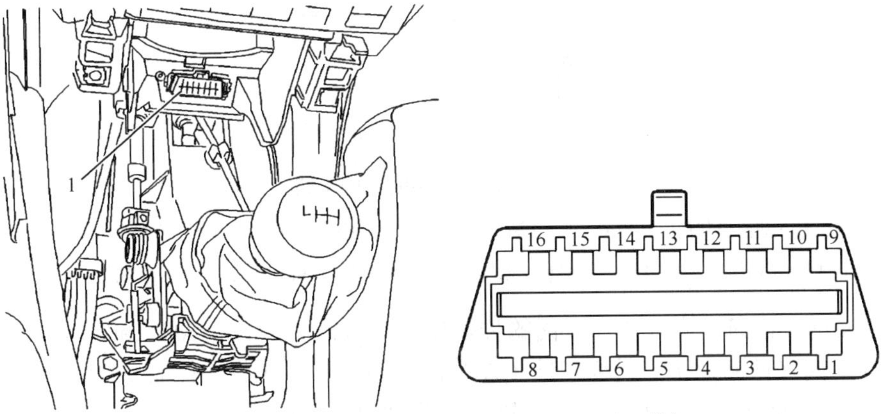

（a）　　（b）

图 2-21　诊断插头

（a）诊断插头的平面布置；（b）诊断插头的引脚号

1—诊断插头

表 2-10　诊断插头的引脚含义

序　　号	信　　号
1	+APC
2	未连接
3	CAN 诊断（高）
4	检测器接地
5	信号接地
6	CAN（高）
7	发动机计算机（1320）及自动变速箱（1630，1660）的 K 线
8	CAN 诊断（低）9
9	未连接
10	未连接
11	未连接
12	CAN 网的计算机 K 线 13
13	其他计算机 K 线
14	CAN（低）
15	未连接
16	检测器常供电

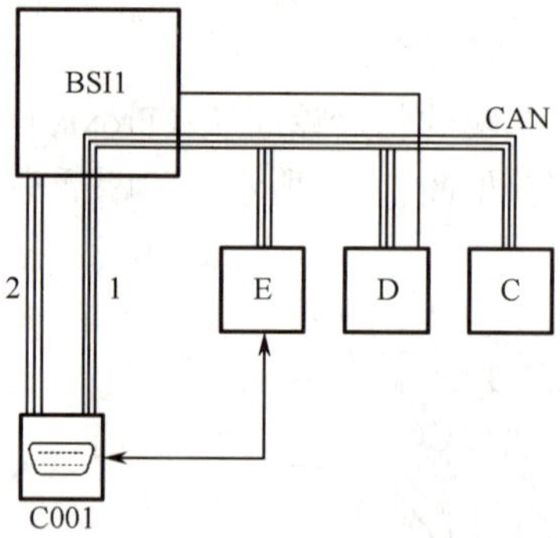

图 2-22　诊断插头的功能电路

C001—诊断插头；BSI1—智能控制盒；1—CAN 网（诊断插头）；2—CAN 网诊断；C—CAN 网的计算机；D—连接在远程唤醒控制线（RCD）上的 CAN 网的计算机；E—连接到 K 诊断线上的 CAN 网的计算机；双向箭头—K 诊断线；三线—多路传输网

① CAN 网（诊断插头）。CAN 网的传输速度（诊断插头）是 500 Kbits/s。其作用如下：

◆ CAN 网（诊断插头）是为了给 CAN 网上的计算机加载软件而专门加到车辆的多路传输结构上的。CAN 网（诊断插头）可以在几分钟内加载计算机软件。

◆ 报告 EOBD（欧洲在线诊断）法规所需的信息以检查排放信息。CAN 网可以通过标准工具“SCANTOOL”读取发动机计算机中的信息，并可以满足污染排放的法规诊断需要。

② CAN 诊断网。CAN 诊断网的传输速度为 500 Kbits/s。CAN 诊断网可以完成以下任务：

◆ 进行计算机诊断。CAN 诊断网可以进行 CAN，CAN CAR 和 CAN CONFORT 网上的不同计算机的诊断。CAN 诊断网替代原来的 K 线并可以在对话阶段及计算机寻问阶段节省时间。不是所有的计算机都通过 CAN 诊断网进行诊断，某些 CAN 网计算机保留与 K 诊断线的连接。

◆ 加载。CAN 诊断网实现 CAN CAR 和 CAN CONFORT 两个网的计算机及智能控制盒（BSI1）软件的加载。

◆ 设置。CAN 诊断网的设置功能可以让使用者通过 Proxia 诊断仪对系统中的不同部件进行参数设置。

③ K 诊断线。K 诊断线的传输率为 10 400 波特。K 诊断线可以完成以下任务：

◆ 诊断没有通过 CAN 诊断网传输的 CAN 网的计算机的故障，主要对于发动机计算机（1320）；

◆ 报告 EOBD（欧洲车载检测）法规所需的信息以检查排放信息。

（6）智能控制盒

① 智能控制盒的组成。智能控制盒（BSI1）是多路传输结构系统的核心。智能控制盒是由一个机械界面，一个带微处理器的电子卡及保证下述功能的软件界面组成：

◆ 不同多路传输网之间的通道功能；

◆ 线束连接与多路传输连接之间的通道功能；

◆ 诊断功能；

◆ 从传感器获得信息；

◆ 向与 BSI1 相连的部件分配供电并进行供电保护；

◆ 管理多路传输连接对话的协议。

② 软件界面。软件界面初始化 BSI1 的启动，并控制智能控制盒功能协调的微处理器，可以进行 CAN 诊断网给予的不同功能软件的加载：

◆ 雨刮、玻璃升降器继电器的控制；

◆ 转向灯中央延时；

◆ 其他照明灯；

◆ CAN、CAN CONFORT、CAN CAR 等不同网络之间的接口。

③ 运行方式。智能控制盒有四种运行方式：

◆“不工作”方式，由 BSI1 所控制的所有输出都处于休眠状态。

◆ 对应于无+APC 信号（由发动机伺服控制盒转换的继电器）及+ACC 的“休眠”方式；

◆“唤醒”方式，在这种方式所有的功能是激活的，尤其是 CAN、CAN CONFORT 和 CAN CAR 三个多路传输网之间的通信。

◆“唤醒期”方式，此运行方式是指 BSI1 应该被唤醒的时刻到 BSI1 处于唤醒状态之间的唤醒阶段。此状态主要是包括软件的初始化阶段。

第三章　CAN 总线传输系统原理与检修

第一节　CAN 总线的传输原理

数据传输总线中的数据传递就像一个电话会议。一个电话用户（控制单元）将数据“讲”入网络中，其他用户通过网络“接听”这个数据，对这个数据感兴趣的用户就会利用数据，而其他用户则选择忽略，如图 3-1 所示。

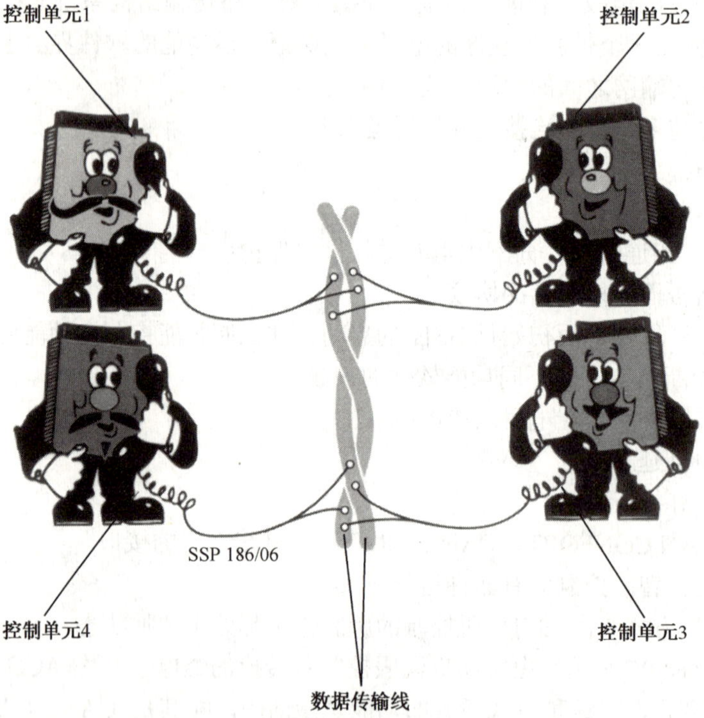

图 3-1　电话会议

数据传输总线是车内电子装置中的一个独立系统，用于在连接的控制单元之间进行信息交换。由于自身的布置和结构特点，数据传输总线工作时的可靠性很高。

如果数据传输总线系统出现故障，故障就会存入相应的控制单元故障存储器内，可以用诊断仪读出这些故障。控制单元拥有自诊断功能，通过自诊断功能，人们还可识别出与数据传输总线相关的故障。用诊断仪读出数据传输总线故障记录后，既可按这些信息准确地查寻故障，控制单元内的故障记录用于初步确定故障，还可用于读出排除故障后的无故障说明。

数据传输总线正常的一个重要前提条件是：车在任何工况均不应有数据传输总线故障记录。为了能够确定及排除故障，就需要了解数据传输总线上的数据交换基本原理。

基本车载网络系统有多个控制单元组成，这些控制单元通过所谓收发器（发射-接收放大器）并联在总线导线上，所有控制单元的地位均相同，没有哪个控制单元有特权，如图 3-2 所示。

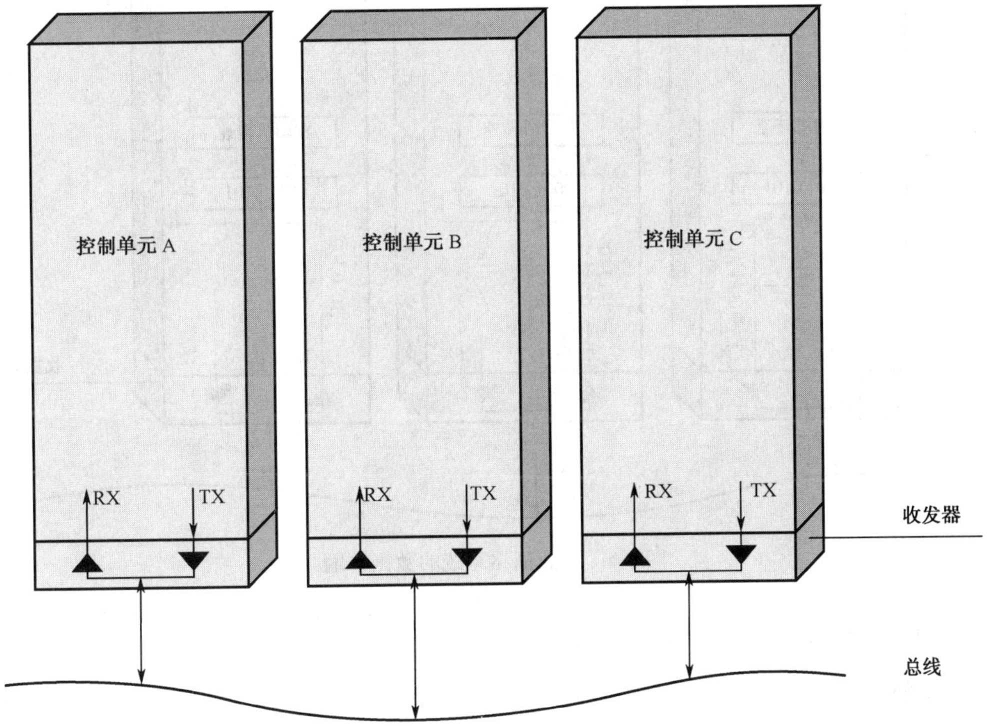

图 3-2　基本车载网络系统的总线连接示意图

一、信息交换

用于交换的数据称为信息，每个控制单元均可发送和接收信息。信息是以二进制值（一系列 0 和 1）来表示，其中包含着要传递的物理量，例如：发动机转速为 1800r/min 可表示成 00010101，如图 3-3 所示，二进制数据流也称为比特流。

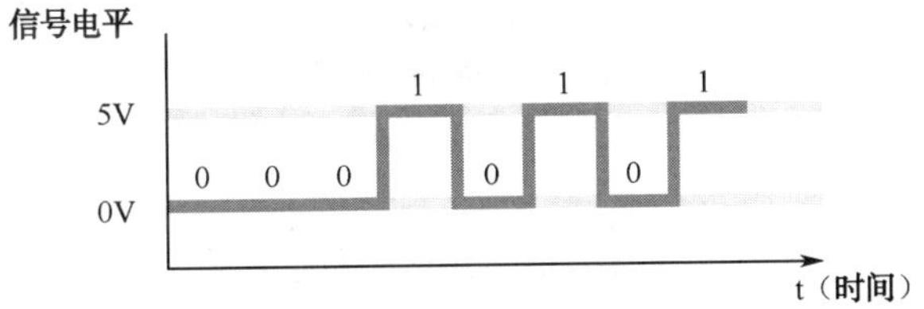

图 3-3　二进制数据流

在发送过程中，二进制值先被转换成连续的比特流，该比特流通过 TX 线（发送线）到达收发器（放大器），收发器将比特流转化成相应的电压值，最后这些电压值按时间顺序依次被传送到数据传输总线的导线上。

在接收过程中，这些电压值经收发器又转换成比特流，再经 RX 线（接收线）传至控制单元，控制单元将这些二进制连续值转换成信息。例如：00010101 这个值又被转换成 1 800r/min，如图 3-4 所示。

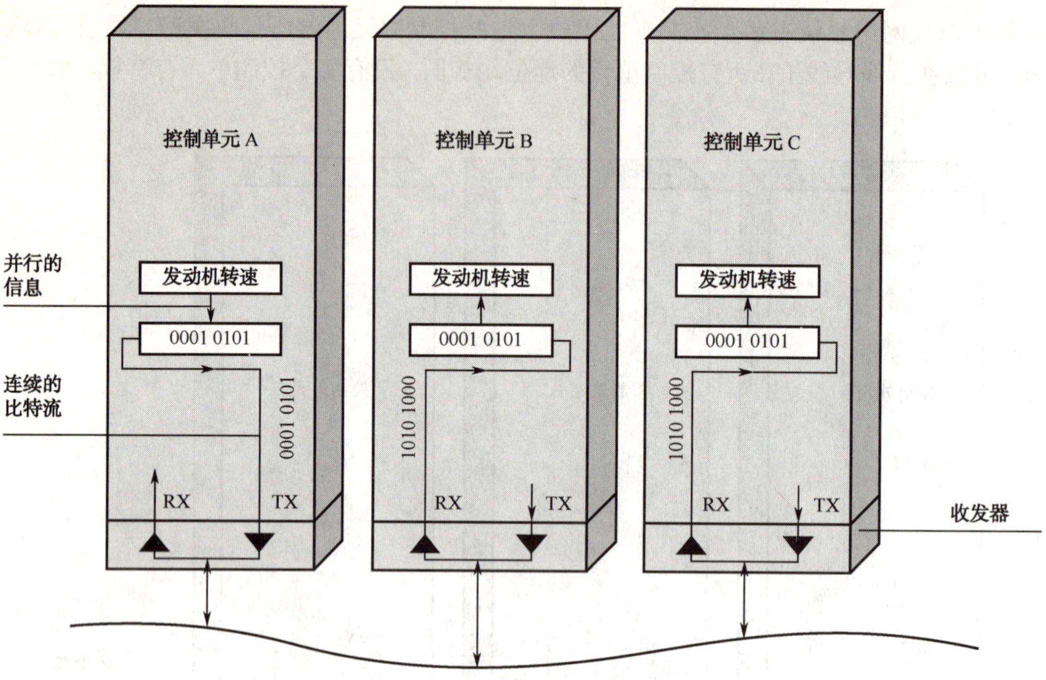

图 3-4　车载网络系统的数据传输

二、功能元件

1．控制单元

控制单元接收来自传感器的信号，将其处理后再控制执行元件，同时根据需要将传感器信息通过 CAN 发送给其他控制单元，如图 3-5 所示。控制单元中的重要构件：CPU、CAN 控制器和 CAN 收发器，另外带有输入输出存储器和程序存储器。

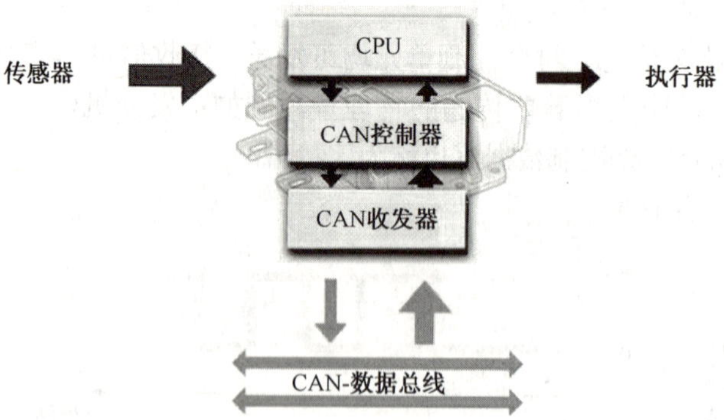

图 3-5　CAN 网络构架示意图

带有 CAN 收发功能的控制单元内部结构如图 3-6 所示。控制单元接收到的传感器值（如发动机温度或转速）会被定期查询并按顺序存入输入存储器。存储器内的传感器数据会被 CPU 运算处理，然后存入输出存储器，执行控制功能。

现在，由于电控单元通过 CAN 控制器实现了网络传输，因此，CAN 网络也成为电控单元的输入信息来源。同时，CAN 网络也成为电控单元的信息输出对象。

微控制器按事先规定好的程序来处理输入值，处理后的结果存入相应的输出存储器内，然后到达各个执行元件。为了能够处理数据传输总线信息，各控制单元内还有一个数据传输总线存储区，用于容纳接收到的和要发送的信息。

2. 数据传输总线构件

数据传输总线构件用于数据交换，它分为两个区，一个是接收区，一个是发送区，如图 3-6 所示。

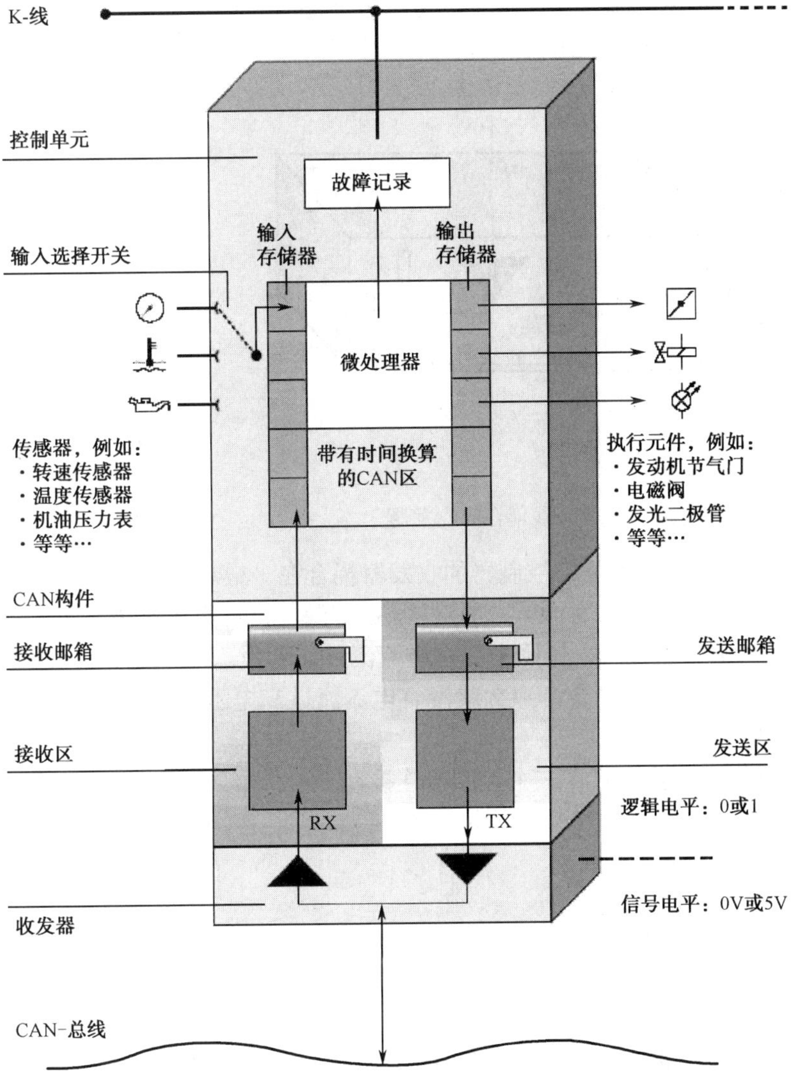

图 3-6　控制单元结构

数据传输总线构件通过接收邮箱（接受信息存储器）或发送邮箱（发送信息存储器）与控制单元相连，该构件一般集成在控制单元的微控制器芯片内。

3. 收发器

收发器就是一个发送/接收放大器，其中发送器把数据传输总线构件连续的比特流（逻辑电平）转换成电压值（线路传输电平），这个电压值适合铜导线上的数据传输；接收器则把电压信号转换成连接的比特流，这种比特流适合 CPU 处理。

收发器通过 TX 线（发送导线）或 RX 线（接收导线）与数据传输总线构件相连，如

图 3-7 所示。RX 线通过一个放大器直接与数据传输总线相连，总在监听总线信号。

发送器的特点是 TX 线与总线的耦合，如图 3-8 所示，这个耦合过程是通过一个断路式集流器电路来实现的。因此，总线导线上就会出现两种状态：

状态 1：截止状态，晶体管截止（开关未接合）；

无　源：总线电平=1，电阻高；

状态 0：接通状态，晶体管导通（开关已接合）；

有　源：总线电平=0，电阻低。

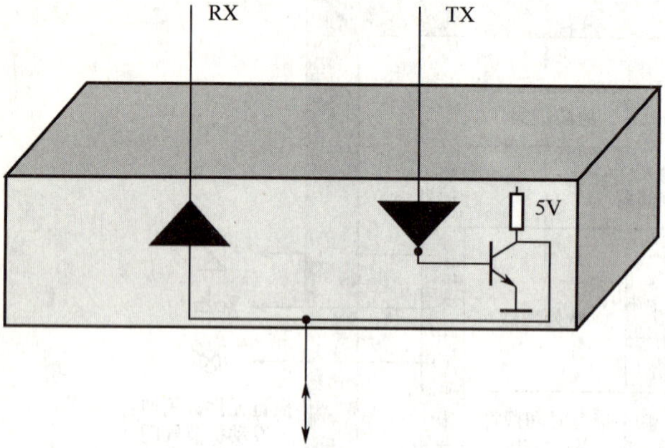

图 3-7　与 TX 线耦合的收发器

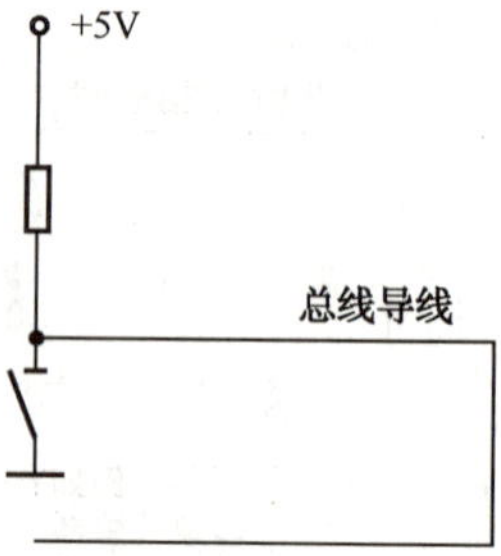

图 3-8　总线状态的开关示意

如图 3-9 所示，假设有三个控制器的收发器耦合在一根总线导线上，开关未接合表示 1（无源）；开关已接合表示 0（有源），则收发器 C 有源，收发器 A 和 B 无源。工作过程如下：

① 如果某一开关已接合，电阻上就有电流流过，于是总线导线上的电压就为 0V。

② 如果所有开关均未接合，那么就没有电流流过，电阻上就没有压降，于是总线导线上的电压就为 5V。

按照图 3-9 所示连接方式，三个控制器连接在 CAN 总线上的工作状态见表 3-1。

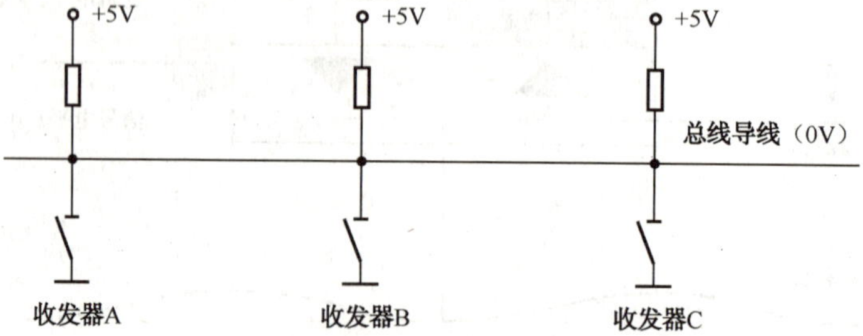

图 3-9　三个收发器耦合在一根总线导线上

表 3-1　三个控制器和总线状态对应关系表

控 制 器 A	控 制 器 B	控 制 器 C	总线状态（电压）
1	1	1	1（5V）
1	1	0	0（0V）
1	0	1	0（0V）
1	0	0	0（0V）

续表

控 制 器 A	控 制 器 B	控 制 器 C	总线状态（电压）
0	1	1	0（0V）
0	1	0	0（0V）
0	0	1	0（0V）
0	0	0	0（0V）

因此，如果总线处于状态 1（无源），那么此状态可以由某一个控制单元使用状态 0（有源）来改写。将无源的总线电平称为隐性的，有源的总线电平称为显性的。

三、CAN 总线的数据传输过程

1. 发送过程

下面以转速传感器信息交换过程为例，阐述数据传递的时间顺序以及数据传输总线构件与控制单元之间的配合关系，如图 3-10 所示。其工作过程如下：

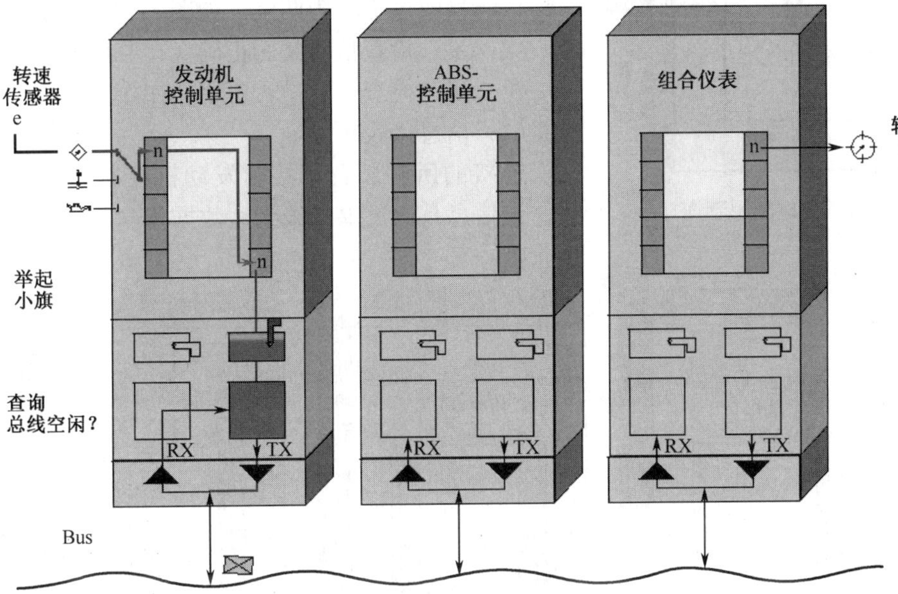

图 3-10 发送过程

（1）发动机控制单元的传感器接收到转速值。该值以固定的周期到达微控制器的输入存储器内。由于该转速值还用于其他控制单元，如组合仪表，所以该值应通过数据传输总线来传递。

（2）该转速值就被复制到发动机控制单元的发送存储器内。

（3）该信息从发送存储器进入数据传输总线构件的发送邮箱内。如果发送邮箱内有一个实时值，那么该值会由发送特征位（举起的小旗示意有传输任务）显示出来。将发送任务委托给数据传输总线构件，发动机控制单元就完成了此过程中的任务。

（4）发动机转速值按协议被转换成数据传输总线的特殊格式，如图 3-11 所示。

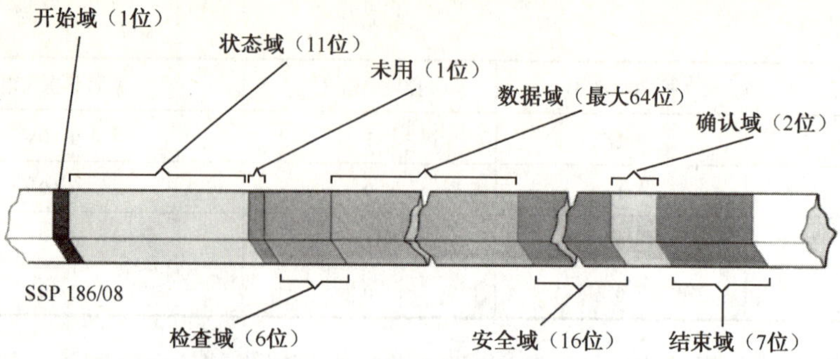

图 3-11　数据总线传输信息格式

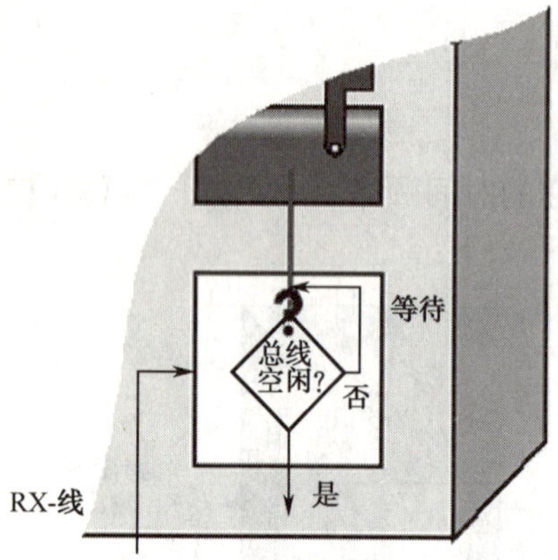

图 3-12　总线空闲查询

（5）数据传输总线构件通过 RX 线来检查总线是否有源（是否正在交换别的信息），如图 3-12 所示，必要时会等待，直至总线空闲下来为止。如果总线空闲下来，发动机信息就会被发送出去。

2. 接收过程

信息接收过程分为两步，如图 3-13 所示：

第一步：检查信息是否正确（在监控层）；

第二步：检查信息是否可用（在接收层）。

（1）信息接收

连接的所有装置都接收发动机控制单元发送的信息。该信息是通过 RX 线到达数据传输总线构件各自的接收区。

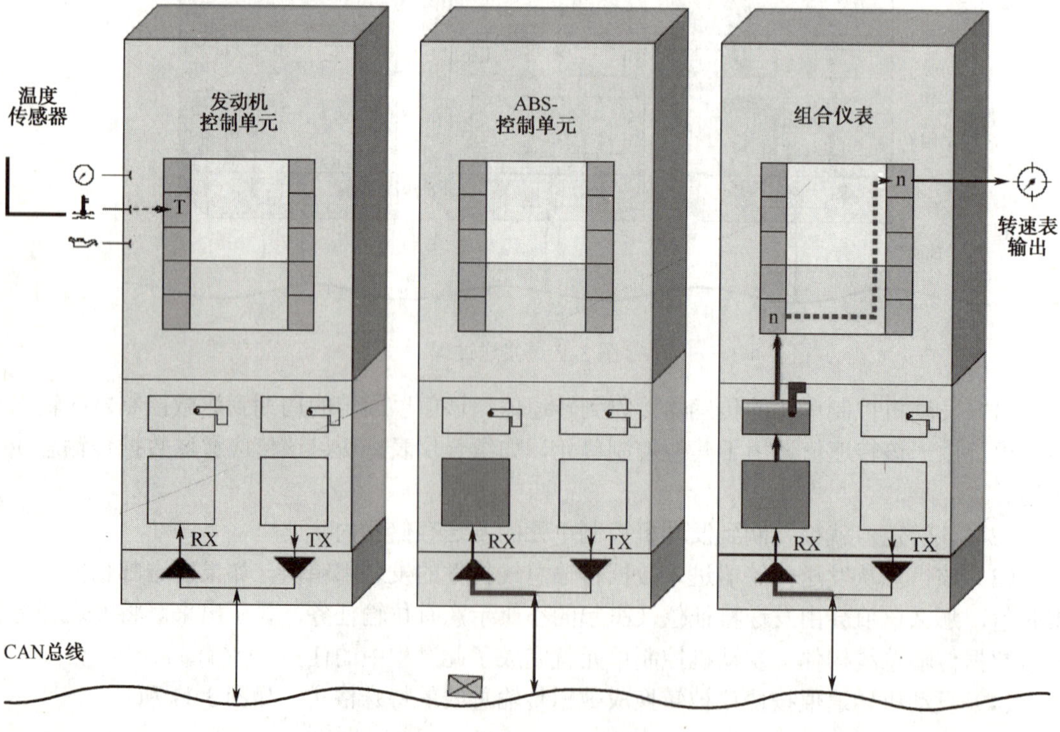

图 3-13　信息接收过程

（2）信息校验

接收器接收发动机的所有信息，并且在相应的监控层检查这些信息是否正确。这样就可以识别出在某种情况下某一控制单元上出现的局部故障。所有连接的装置都接收发动机控制单元发送的信息，可以通过监控层内的 CRC 校验和数来确定是否有传递错误。CRC 是 Cycling Redundancy Check 的缩写，意思是“循环冗余码校验”。在发送每个信息时，所有数据位会产生并传递一个 16 位的校验和数。接收器按同样的规则从所有已经接收到的数据位中计算出校验和数。随后接收到的校验和数与计算出的校验和数进行比较。如果确定无传递错误，那么连接的所有装置会给发射器一个确认回答，这个回答就是所谓的“信息收到符号”（Acknowledge，简写为 ACK），它位于校验和数后。

（3）信息接收

已接收到的正确信息会到达相关数据传输总线构件的接受区。在那里来决定该信息是否用于完成各控制单元的功能。如果不是，该信息就被拒收。如果是，该信息就会进入相应的接收邮箱。控制单元根据接收信号（升起的“接受小旗”）就会知道：现在有一个信息（如转速）在排队等待处理，如图 3-14 所示。

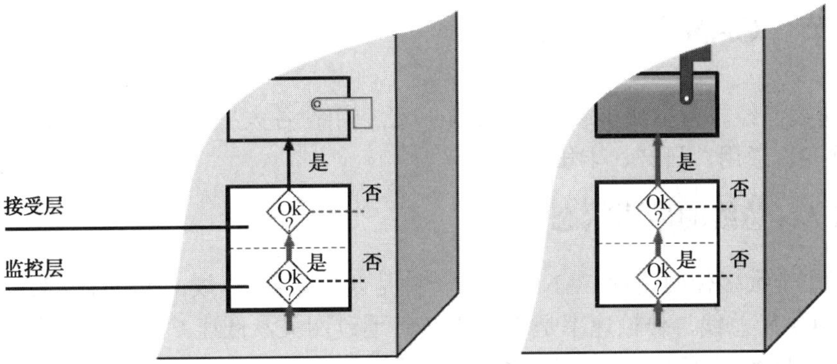

图 3-14　信息接收判断

组合仪表调出该信息并将相应的值复制到它的输入存储器内。至此通过数据传输总线构件发送和接收信息的过程结束。在组合仪表内，转速经微控制器处理后控制转速表显示相应的转速。

3. CAN 总线的传输仲裁

如果多个控制单元同时发送信息，那么数据总线上就必然会发生数据冲突，为了避免发生这种情况，数据传输总线采用了如下的措施：

（1）每个控制单元在发送信息时通过发送标识符来识别。

（2）所有的控制单元都是通过各自的 RX 线来跟踪总线上的一举一动并获知总线的状态。

（3）每个发射器将 TX 线和 RX 线的状态一位一位地进行比较。

（4）数据传输总线的调整规则：用标识符中位于前部的“0”的个数代表信息的重要程度，从而就可保证按重要程度的顺序来发送信息。

越早出现“1”的控制单元，越早退出发送状态，转至接收状态。如图 3-15 所示，这种方法称为仲裁。仲裁规则是标识符中的号码越小，该信息越重要。

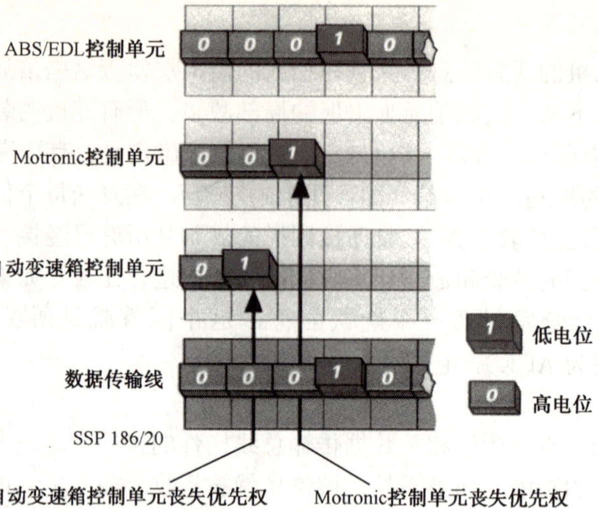

图 3-15　避免数据冲突的仲裁过程

第二节　CAN 总线的特点

CAN 总线已经成为主流车载网络协议，广泛应用在各大主流车系，如大众、奥迪、奔驰、宝马、雪铁龙、通用、日产、丰田、本田等。

一、CAN 总线的应用状态

现在轿车上大多使用两种 CAN 总线。一种是低速 CAN 总线，传输速率为 100Kbit/s；另一种是高速 CAN 总线，传输速率是 500Kbit/s。通过网关，低速 CAN 总线可以与高速 CAN 总线进行数据交换。两种 CAN 总线系统的应用状态区别如下：

① 高速 CAN 数据总线通过 15 号接线柱切断，或经过短时无载运行后切断。而低速 CAN 数据总线由 30 号接线柱供电且必须保持随时可用状态。

② 为了尽可能降低对供电网产生的负荷，在“15 号接线柱关闭”后，若系统不再需要低速数据总线，那么低速数据总线就进入所谓“休眠模式”。

③ 低速 CAN 数据总线在一条数据线短路，或一条 CAN 线断路时，可以用另一条线继续工作，这时会自动切换到“单线工作模式”。

④ 高速 CAN 数据总线的电信号与低速 CAN 数据总线的电信号不同。

二、CAN 总线的链路

CAN 总线是一种双线式数据总线，各个 CAN 系统的所有控制单元都并联在 CAN 数据总线上。CAN 数据总线的两条导线分别叫 CAN-High 和 CAN-Low 线。两条扭绞在一起的导线称为双绞线，控制单元之间的数据交换通过这两条导线来完成。

1. 双绞线的铰接式连接

对于设备配置相对比较低端的车型，低速 CAN 数据总线和高速 CAN 数据总线连接的电控单元相对较少，CAN 双绞线一般采用铰接式连接，即所有相同系统的 CAN-H 线集中铰接为一个中心接点，所有相同系统的 CAN-L 线集中铰接为一个中心接点，如图 3-16 所示，其在线束中的实物连接如图 3-17 所示。

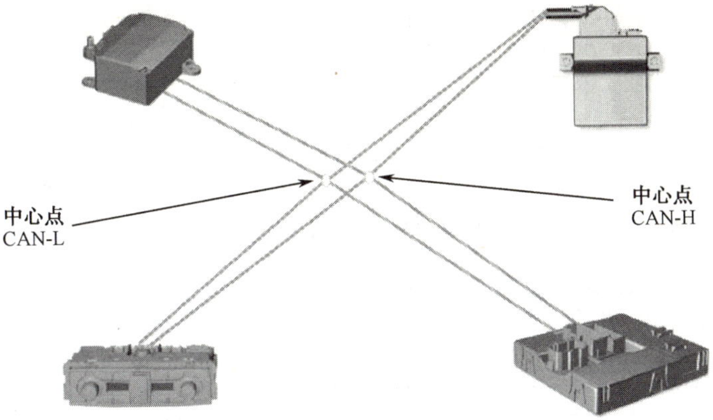

图 3-16　CAN 总线的连接

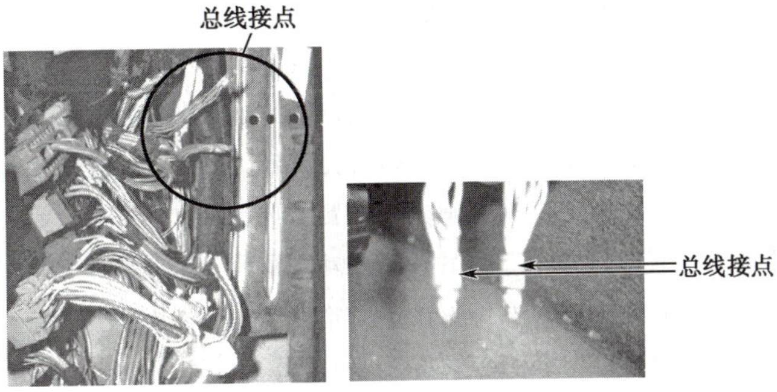

图 3-17　CAN 总线的连接实物

2. 双绞线的插座式连接

对于设备配置相对比较高端的车型，低速 CAN 数据总线和高速 CAN 数据总线连接的电控单元比较多，CAN 双绞线一般采用插座式连接，例如在 Audi A8′03 年款车中采用了两个 CAN 总线连接插头。连接插头分别构成了舒适系统 CAN 总线（低速）及驱动系统 CAN 总线（高速）的中央节点。各总线系统下的所有控制单元的 CAN 线均被连接到连接插座上，如图 3-18 所示。连接插头的功能电路如图 3-19 所示。

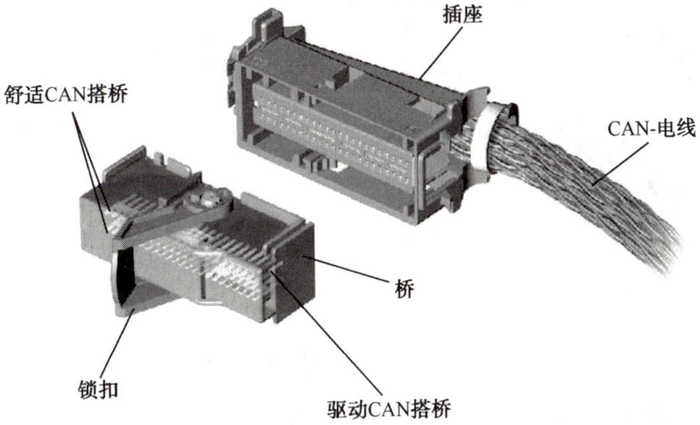

图 3-18　CAN 插座连接的结构

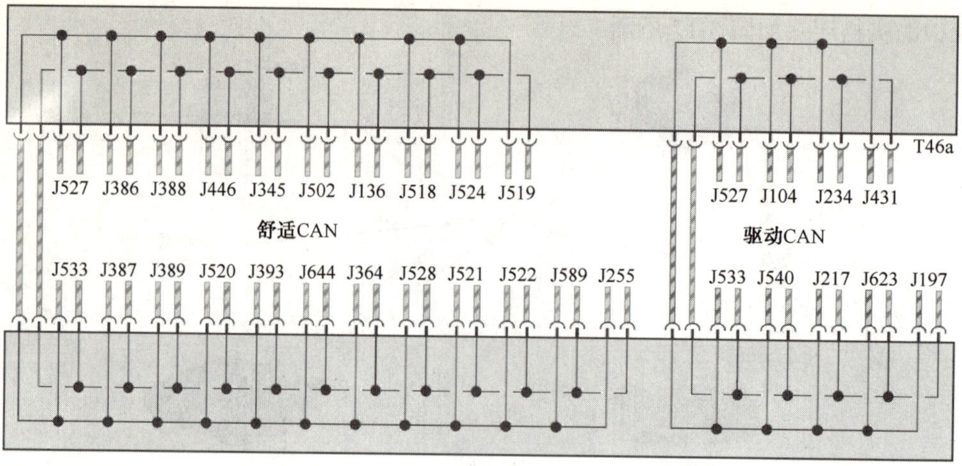

图 3-19 CAN 插座连接的功能电路

J104—配有 EDS 的 ABS 控制单元；J136—带有记忆的座椅调整控制单元；J197—自动水平调节装置控制单元；J217—自动变速箱控制单元；J234—气囊控制单元；J255—自动空调装置控制单元；J345—挂车识别控制单元；J364—辅助加热系统控制单元；J386—车门控制单元（驾驶员侧）；J387—车门控制单元（副驾驶员侧）；J388—车门控制单元（后座左侧）；J389—车门控制单元（后座右侧）；J393—舒适系统控制单元；J431—灯光距离调节装置控制单元；J446—辅助停车装置控制单元；J502—轮胎压力检测控制单元；J518—进入和启动许可装置控制单元；J519—电力驱动控制单元；J520—电力驱动控制单元 2；J521—带有记忆的座椅调节控制单元（副驾驶员侧）；J522—带有记忆的座椅调节控制单元（后座）；J524—信息控制单元；显示器及控制单元（后座）；J527—转向柱组合开关模块；J528—顶棚电子部件控制单元；J533—网关；J540—电子停车及手刹车控制单元；J589—驾驶员身份识别控制单元；J623—发动机控制单元；J644—能源管理控制单元；T46a—连接插座、46 针、黑色、在 CAN 分离插口的左边；T46b—连接插座、46 针、黑色、在 CAN 分离接口的右边

驱动系统 CAN 总线和舒适系统 CAN 总线以星型方式接入连接插座中。一个总线系统下的部分控制单元接在右边的连接插座中，而其他部分则接在左边的连接插座中。左侧和右侧的连接插座又通过 CAN 电缆连接，如图 3-20 所示，最终将所有的舒适系统 CAN 总线的控制单元跟所有驱动系统 CAN 总线的控制单元连接在一起。

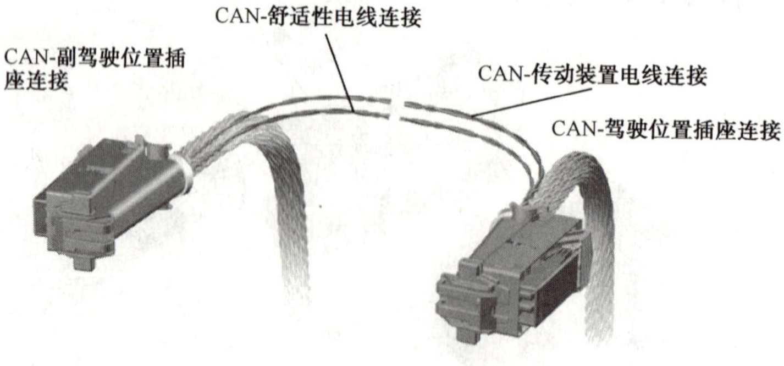

图 3-20 奥迪 A8 上的 CAN 插座连接

连接插座被安装在仪表板总成的左右两侧的盖板下面，如图 3-21 所示。取下连接插头时，应该首先将锁止钩打开。

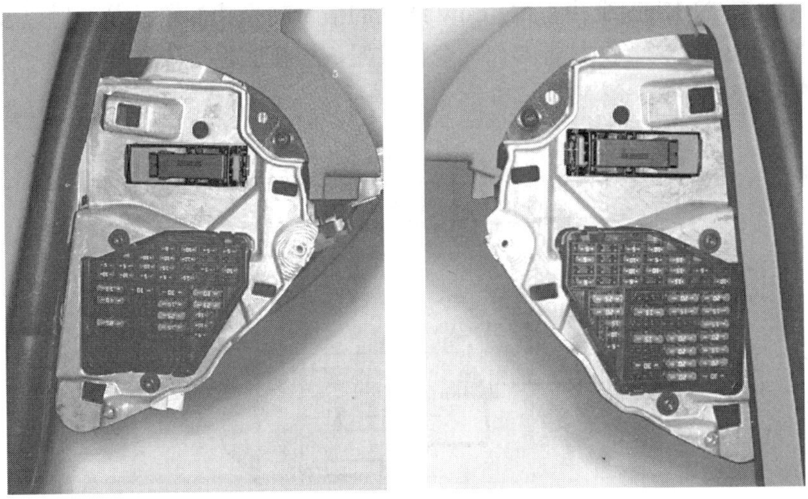

图 3-21　连接插头的位置

三、高速 CAN 总线

1．高速 CAN 数据总线的主要联网控制单元

高速 CAN 数据总线的主要联网控制单元包括发动机控制单元、ABS 控制单元、ESP 控制单元、变速器控制单元、安全气囊控制单元、转向控制单元等，各控制单元通过高速 CAN 数据总线的 CAN-High 线和 CAN-Low 线来进行数据交换。

2．高速 CAN 数据总线上的信号电压

在静止状态时，这两条导线上作用有相同预先设定值，该值称为静电平。对于动力 CAN 数据总线来说，这个值大约为 2.5V。静电平也称为隐性状态，连接的所有控制单元均可修改它。

在显性状态时，CAN-High 线上的电压值会升高一个预定值，这个值至少为 1V；而 CAN-Low 线上的电压值会降低一个同样值。于是在动力 CAN 数据总线上，CAN-High 线就处于激活状态，其电压不低于 3.5V（2.5V+1V=3.5V），而 CAN-Low 线上的电压值最多可降至 1.5V（2.5V−1V=1.5V）。

因此在隐性状态时，CAN-High 线与 CAN-Low 线上的电压差为 0V，在显性状态时该差值最低为 2V，如图 3-22 所示。

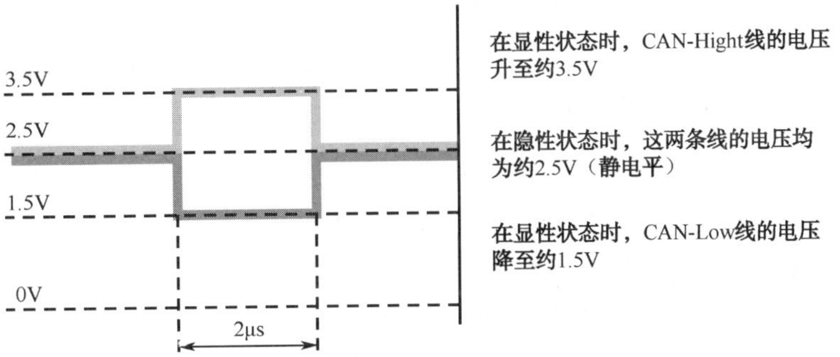

图 3-22　CAN 数据总线上的信号电压变化

3. 高速 CAN 的收发器

收发器内的 CAN-High 线和 CAN-Low 线上的信号转换控制单元是通过收发器连接到高速 CAN 总线上的，在这个收发器内有一个接收器，该接收器是安装在接收一侧的差动信号放大器，如图 3-23 所示。

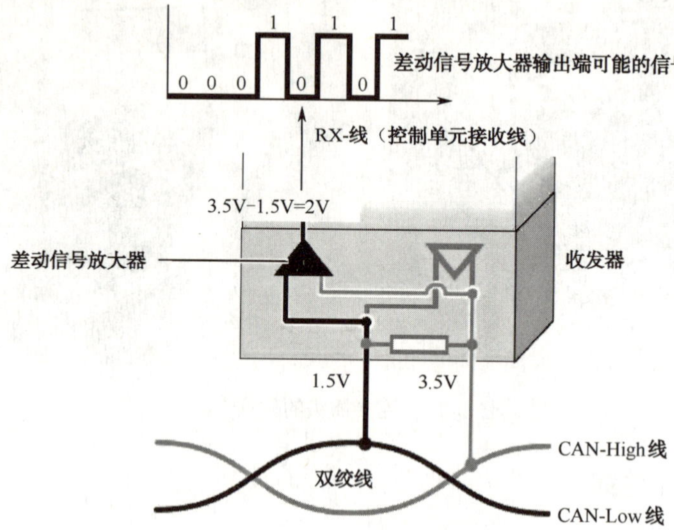

图 3-23 高速 CAN 数据总线的差动信号放大器

差动信号放大器用于处理来自 CAN-High 线和 CAN-Low 线的信号，除此以外还负责将转换后的信号传至控制单元的 CAN 接收区。这个转换后的信号称为差动信号放大器的输出电压，如图 3-24 所示。

差动信号放大器用 CAN-High 线上的电压（$U_{CAN\text{-}High}$）减去 CAN-Low 线上的电压（$U_{CAN\text{-}Low}$），就得出了输出电压，用这种方法可以消除静电平或其他任何重叠的电压（例如干扰）。

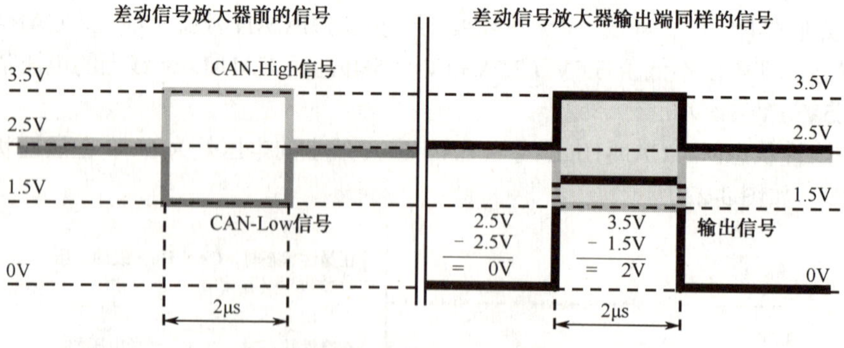

图 3-24 差动信号放大器内的信号处理

4. 高速 CAN 数据总线差动信号放大器内的干扰过滤

由于数据总线也要布置在发动机舱内，所以数据总线就要遭受各种干扰。要考虑对地短路和蓄电池电压、点火装置的火花放电和静态放电。

CAN-High 信号和 CAN-Low 信号经过差动信号放大器处理后，可最大限度地消除干扰的影响，如图 3-25 所示。这种差动放大技术的另一个优点是：即使车上的供电电压有波动（例如在启动发动机时），也不会影响各个控制单元数据传递的可靠性。

在该图上可清楚地看到这种传递的效果。由于 CAN-High 线和 CAN-Low 线是扭绞在一起的，所以干扰脉冲 X 就总是有规律地作用在两条线上。

由于差动信号放大器总是用 CAN-High 线上的电压（3.5V−X）减去 CAN-Low 线上的电压（1.5V−X），因此在经过差动处理后，（3.5V−X）−（1.5V−X）=2V，差动信号中就不再有干扰脉冲了。

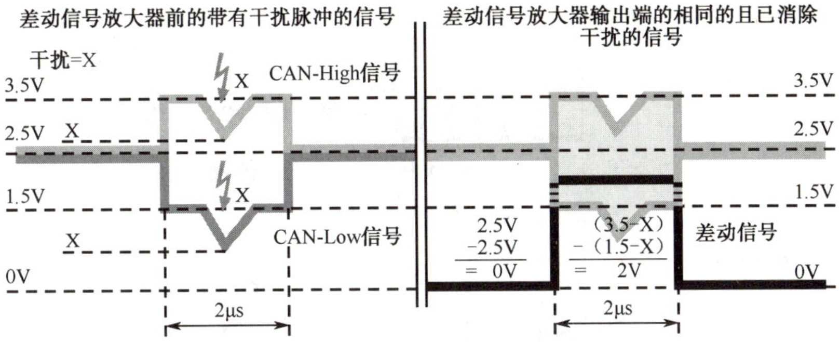

图 3-25　差动信号放大器内的干扰过滤

四、低速 CAN 总线

1．低速 CAN 总线的主要联网控制单元

低速 CAN 总线的主要联网控制单元包括空调控制单元、车门控制单元、舒适控制单元、收音机和导航显示控制单元等，各控制单元通过低速 CAN 数据总线的 CAN-High 线和 CAN-Low 线来进行数据交换，如车窗升降、车内灯开/关、门锁控制、车辆位置（GPS）等。

2．低速 CAN 数据总线上的信号电压

为了使低速 CAN 抗干扰性强且电流消耗低，与高速 CAN 数据总线相比做了一些改动。

首先，使用了单独的驱动器（功率放大器），这两个 CAN 信号就不再彼此依赖。与高速 CAN 数据总线不同，低速 CAN 数据总线的 CAN-High 线和 CAN-Low 线不通过电阻相连。也就是说：CAN-High 线和 CAN-Low 线不再彼此相互影响，而是彼此独立工作。

另外还放弃了共同的中压，在隐性状态（静电平）时，CAN-High 信号为 0V，在显性状态时≥3.6V。对于 CAN-Low 信号来说，隐性电平为 5V，显性电平≤1.4V，如图 3-26 所示。

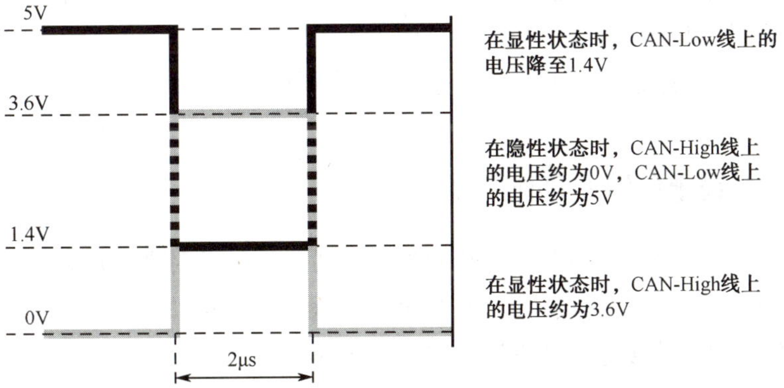

图 3-26　低速 CAN 总线的信号变化

3. 低速 CAN 数据总线的 CAN 收发器

低速 CAN 数据总线的收发器，如图 3-27 所示，其工作原理与高速 CAN 数据总线收发器基本是一样的，只是输出的电压电平和出现故障时切换到 CAN-High 线或 CAN-Low 线（单线工作模式）的方法不同。另外 CAN-High 线和 CAN-Low 线之间的短路会被识别出来，并且在出现故障时会关闭 CAN-Low 驱动器，在这种情况下，CAN-High 和 CAN-Low 信号是相同的。

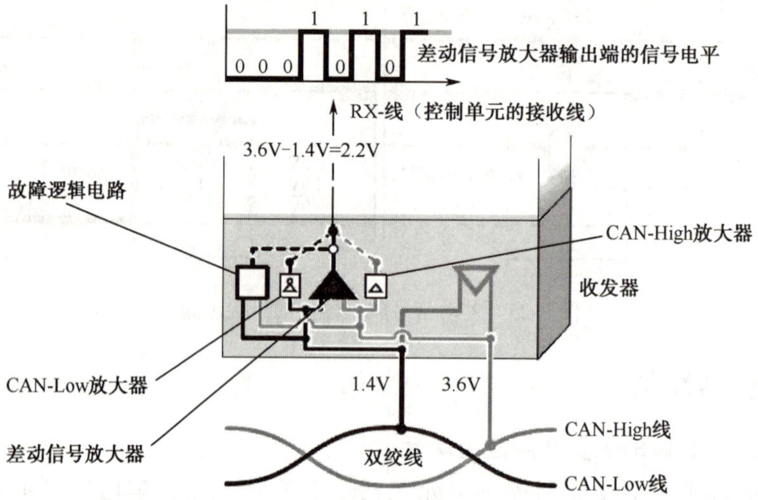

图 3-27 低速 CAN 数据总线收发器的结构

CAN-High 线和 CAN-Low 线上的数据传递由安装在收发器内的故障逻辑电路监控，故障逻辑电路检验两条 CAN 导线上的信号，如果出现故障，如某条 CAN 导线断路，那么故障逻辑电路会识别出该故障，从而使用完好的另一条导线（单线工作模式）。

在正常的工作模式下，使用的是 CAN-High “减去” CAN-Low 所得的信号（差动数据传递），于是在差动信号放大器内相减后，隐性电平为−5V，显性电平为 2.2V，那么隐性电平和显性电平之间的电压变化（电压提升）就提高到≥7.2V。这样就可将干扰对低速 CAN 数据总线的两条导线的影响降至最低（与高速 CAN 数据总线一样）。

4. 单线工作模式下的低速 CAN 数据总线

如果因断路、短路或与蓄电池电压相连而导致两条 CAN 导线中的一条不工作了，那么就会切换到单线工作模式。在单线工作模式下，只使用完好的 CAN 导线中的信号，这样就使得低速 CAN 数据总线仍可工作。同时，控制单元记录一个故障信息：系统工作在单线模式。

五、CAN 总线上的阻抗匹配

数据传输终端是一个终端电阻，防止数据在导线终端被反射产生反射波，反射波会破坏数据。在高速 CAN 系统中，它接在 CAN-High 线和 CAN-Low 线之间。标准 CAN-BUS 的原始形式中，在总线的两端接有两个终端电阻，如图 3-28 所示。

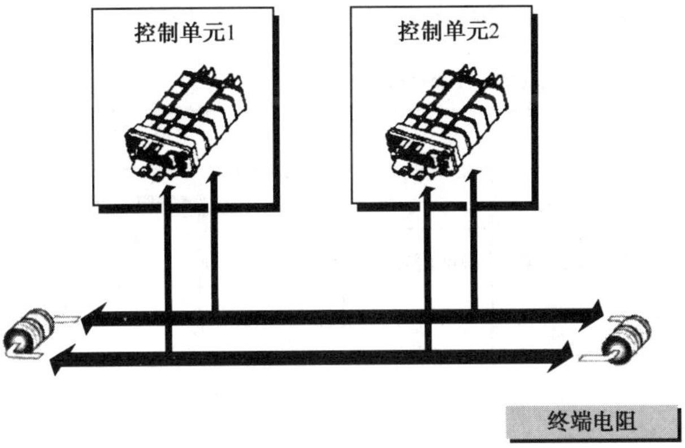

图 3-28　终端电阻布置图

现在一些车型将负载电阻分布在各个控制单元内，其中在发动机控制单元中装有“中央终端电阻”，其他控制单元中安装大电阻。例如大众品牌部分车型中设置有两种终端电阻，包括 66Ω和 2.6kΩ，如图 3-29 所示。

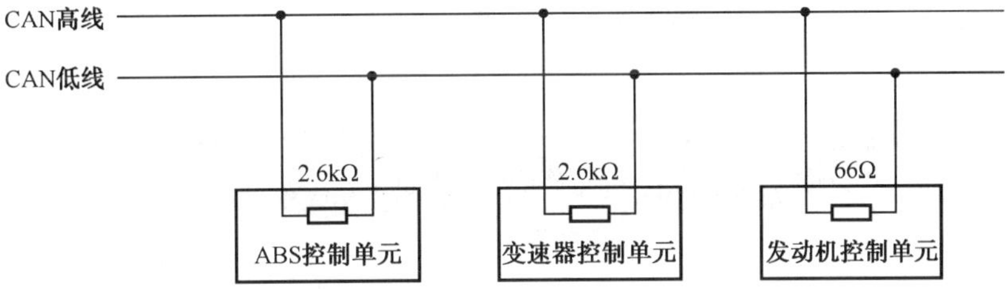

图 3-29　分布式终端电阻布置

高速 CAN 系统中 CAN-High 线和 CAN-Low 线之间的总电阻为 50～70Ω。如 15 号线（点火开关）断开，可以用电阻表测量 CAN-High 线和 CAN-Low 线之间的电阻。

低速系统 CAN 总线的特点是，控制单元的负载电阻不是在 CAN 高线和 CAN 低线之间，而是在导线与地之间。电源电压断开时，CAN-Low 线上的电阻也断开，因此不能用电阻表进行测量。

六、CAN 总线的电磁兼容原理

CAN 总线采用双绞线自身校验的结构，既可以防止电磁干扰对传输信息的影响，也可以防止本身对外界的干扰。系统中采用高低电平两根数据线，控制器输出的信号同时向两根通信线发送，高低电平互为镜像。

1. 抗干扰

如图 3-30 所示，双绞线保证外界干扰对 CAN 总线的两根数据线的干扰影响基本相同，由于 CAN 收发器利用差动放大器对两路信号进行差动运算，差动运算能够使得外界对 CAN 总线的两根数据线的干扰影响自行运算抵消，如图 3-31 所示，因此消除了外界的干扰影响。

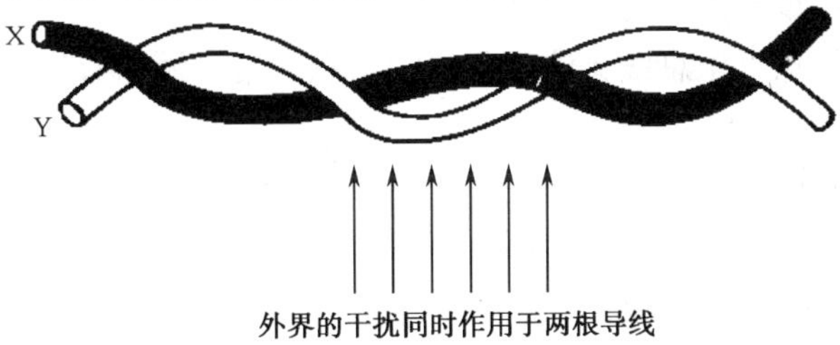

图 3-30　外界干扰同时作用于 CAN 总线

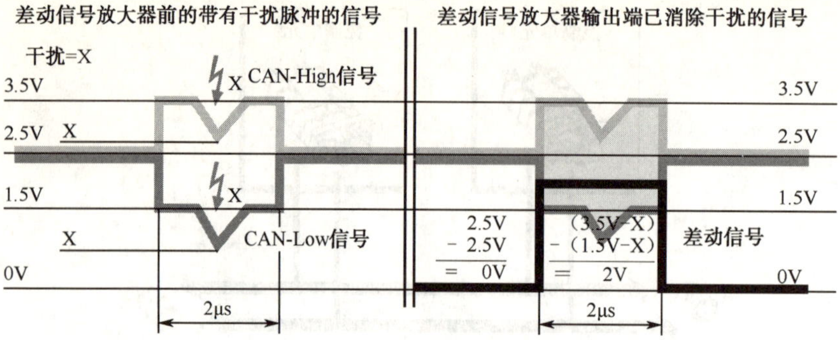

图 3-31　差动放大滤除外界干扰

2. 不干扰外界

如图 3-32 所示，双绞线保证 CAN 总线的两根数据线对外界任意一点的距离基本相同。由于 CAN 收发器发送到两根数据线上的信号成镜像关系，因此，CAN 总线的 H 线对外辐射和 L 线的对外辐射具有幅值相同、方向相反的特点。综合以上两点，使得 CAN 总线的两根数据线对外界任意一点的干扰影响自行运算抵消。

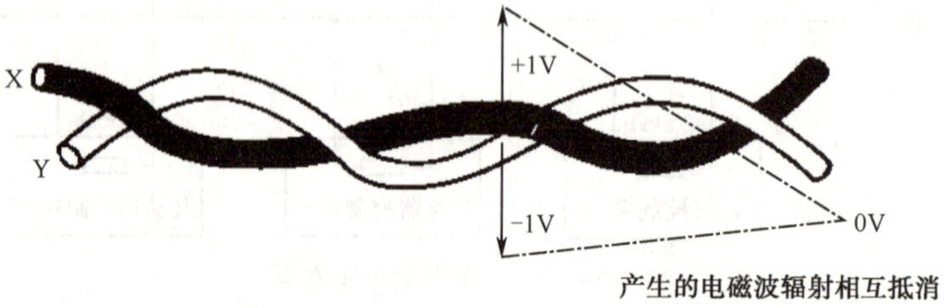

图 3-32　镜像信号抵消本身对外界的干扰

七、网络系统休眠模式

1. 休眠模式的基本概念

休眠（Standby）模式是指在发动机熄火一段时间后，整车自动进入一种耗电量非常小的状态，因而也称为“低能耗模式”。

一般来说，当汽车锁上车门 35s 以后，或者未锁车门不进行任何操作 10min 以后，系统自动进入休眠状态，此时数据总线系统由运行电流 150mA 转为休眠电流 6～8mA，给电子防盗系统供电。当网关接收到打开任一车门、发动机盖、行李箱盖或者操作遥控器的信号时，数据总线系统将结束休眠模式，系统内所有的控制单元被唤醒，唤醒电流大约为 700mA。

电控系统休眠模式来源于多路数据传输系统网关的软件设置，休眠模式所有的控制过程都是在 CAN 网络内不动声色地进行着。需要说明的是，休眠模式仅存在于 CAN 舒适总线和信息娱乐总线，动力总线系统不具有休眠模式。

导致舒适总线和信息娱乐总线无法进入休眠状态的常见原因有以下几方面（以大众车系为例）：

① 多路数据传输系统线束折断；

② 车载电源控制单元（J519）的插接器接触不良；

③ 舒适系统控制单元（J393）发生故障；

④ 车门控制单元有问题；

⑤ 风扇控制单元失常；

⑥ 发动机 ECU 主继电器等继电器工作异常（如触点粘连、非正常吸合）；

⑦ 行李箱灯、杂物箱灯等隐蔽处的照明灯损坏或者常亮；

⑧ 导线的绝缘损坏，引起短路。

2．休眠模式的进入、终止与唤醒

（1）进入休眠模式

当关闭点火开关和其他用电器开关（除车门锁按钮开关外），再关闭驾驶侧车门（目的是消除电动车窗升降控制系统中的点火钥匙拔出定时器信号，同时确认车外灯熄灭），1min 内如果不再操作车门开关、照明灯开关、发动机舱盖开关、收音机开关、尾灯继电器熔断丝等，则整车电控系统进入休眠状态。

电控系统进入休眠模式后，对于不需要工作的控制单元，多路数据传输系统将停止其信号传输，以节省蓄电池的电能，但是电子防盗系统仍然需要供电。

（2）终止休眠模式

在休眠模式下，一旦施加人为的操作（例如开启一侧车门），休眠模式将被终止。

（3）唤醒网络

当接通点火开关时，原来处于“休眠”状态的 CAN 多路数据传输系统及相关控制单元被“唤醒”，并立即开始运作。由此可见，“唤醒”ECU 的动力来源于蓄电池的电能。也就是说，唤醒电源（即信号）来自于点火开关。如果 ECU 因故接收不到唤醒电源，发动机将无法启动。另外，若操作某一个与多路数据传输控制单元相关的开关，该控制单元被“唤醒”，其所有的功能被激活。能够“唤醒”多路数据传输系统的信号装置包括遥控器以及上述各开关。接下来，如果再次关闭点火开关，关闭驾驶侧车门或前乘客侧车门，电控系统又将进入休眠模式，如此周而复始。

3．典型车型休眠模式的实例

（1）2006 年款大众速腾轿车的休眠模式

① 15 正电再激活功能：15 正电关闭以后，动力总线系统有些控制单元仍然需要交换数据，因此在网络内部，用 30 正电激活 15 正电，保证在断电以后，数据信息能够正常地传递。再激活功能的时间为 10s 到 15min。

② 休眠模式、唤醒模式的监控：当网关监控到舒适和信息娱乐总线处于空闲状态时，网关发出休眠指令，进入休眠模式。此时数据总线的电压低位线为 12V，高位线为 0。如果动力总线处于数据传递过程中，舒适和娱乐总线是不允许进入休眠状态的。当舒适总线处于数据传递的过程中，娱乐和信息总线也不肯进入休眠模式。当某一个信号唤醒相应的总线后，网关会激活其他的总线系统。

（2）雪铁龙凯旋轿车的休眠模式

凯旋轿车的网关（BSI）除了起到 CAN 多路传输系统的指挥员和协调员的“角色”外，还控制供电分配和进行电路保护。为此，在 BSI 中装有熔断器，这种熔断器的电能来自于蓄电池和点火开关。为了避免蓄电池因长时间库存而耗尽电能，采用 SH 保险保证 BSI 处于低电能消耗状态。在汽车下线时，BSI 就是设置为这个状态，被称为“库存模式”；在新车准备出售时，要将 SH 保险设置在“用户模式”。

凯旋轿车的网关（BSI）具有以下 4 种状态：

①“无效”状态：所有由 BSI 控制的输出装置都处于睡眠状态。

②“休眠”状态：没有来自 BSM 的+APC 信号。

③“唤醒”状态：所有的功能被激活，尤其是 CAN I/S 网、CAN 舒适网和 CAN 车身网的多路通信。

④“醒来”状态：指从 BSI 进入唤醒状态到 BSI 离开唤醒状态之间的这段过程。

第三节　CAN 总线应用实例

一汽大众汽车有限公司生产的宝来（Bora）轿车，于 2001 年上市，该车的驱动系统、舒适与信息系统中装用了两套 CAN 总线系统，如图 3-33 所示。

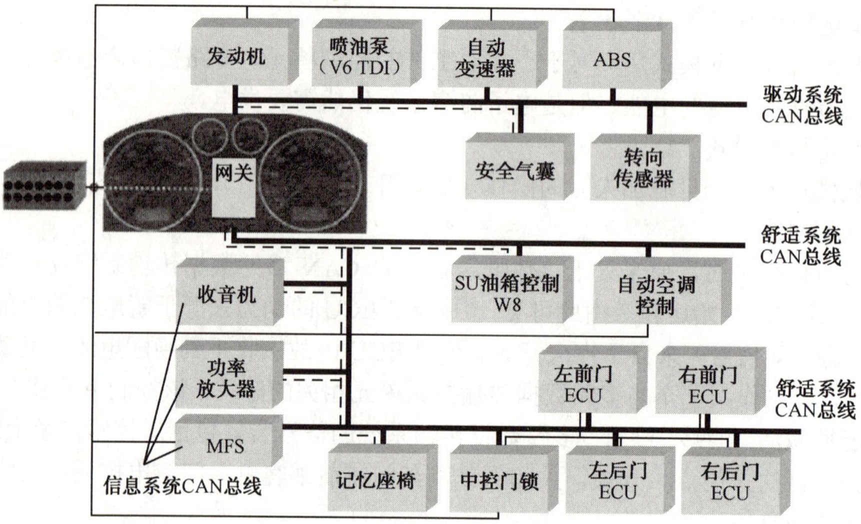

图 3-33　宝来 1.8L 数据总线系统

系统网关内置于仪表内，负责驱动系统 CAN 总线（高速）、舒适系统 CAN 总线（低速）和 K 诊断线的数据交换，如图 3-34 所示。

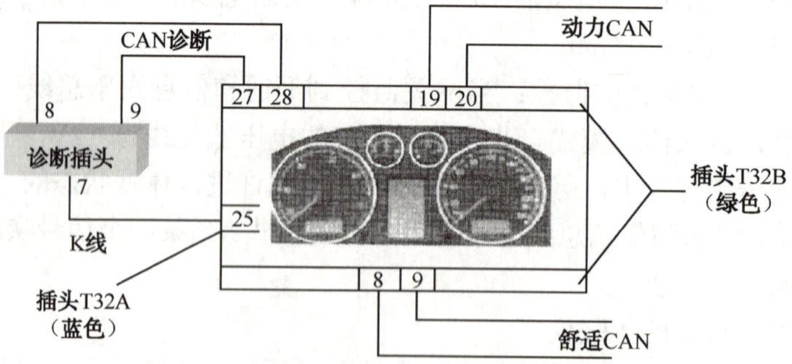

图 3-34　宝来 1.8L CAN 总线系统网关结构

CAN 导线的基色为橙色。驱动系统 CAN-High 线上的标志色为黑色；舒适系统 CAN-High 线上的标志色为绿色；信息系统 CAN-High 线上的标志色为紫色。CAN-Low 线的标志色都是棕色。

一、舒适 CAN 网络

1．舒适 CAN 网络的组成

宝来舒适系统主要包括车外后视镜调节、电动玻璃升降、中央门锁、车内灯、行李箱盖开启装置等控制功能，原车电路图见附录 A。

2．舒适 CAN 网络的电路分析

舒适 CAN 网络的简化电路如图 3-35 所示。驾驶人侧车门控制单元、副驾驶人侧车门控制单元、左后车门控制单元和右后车门控制单元分别配有两路常电源，特别注意两路电源的供电对象是有差别的，如 S37 主要负责给玻璃升降供电，而 S238 主要负责给门锁电动机和后视镜电动机供电，这一点对于故障诊断很有帮助。

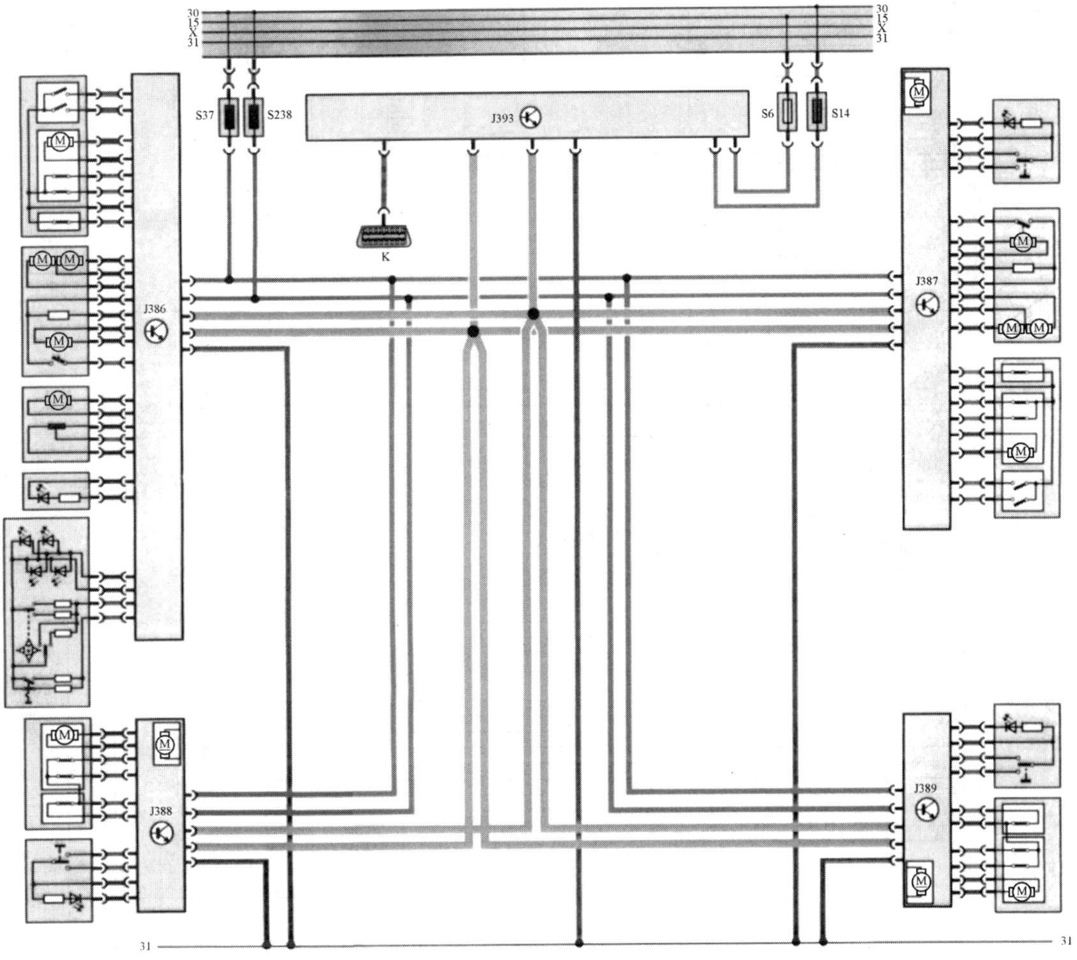

图 3-35　宝来舒适 CAN 的电路简图

宝来舒适系统和记忆功能由于采用 CAN 总线技术，所以电路图和传统电路有所差别，为此本节以宝来舒适系统电路为例进行详细的电路分析，宝来原车电路见附录 A。

（1）中控门锁电路（图 3-36、图 3-37）

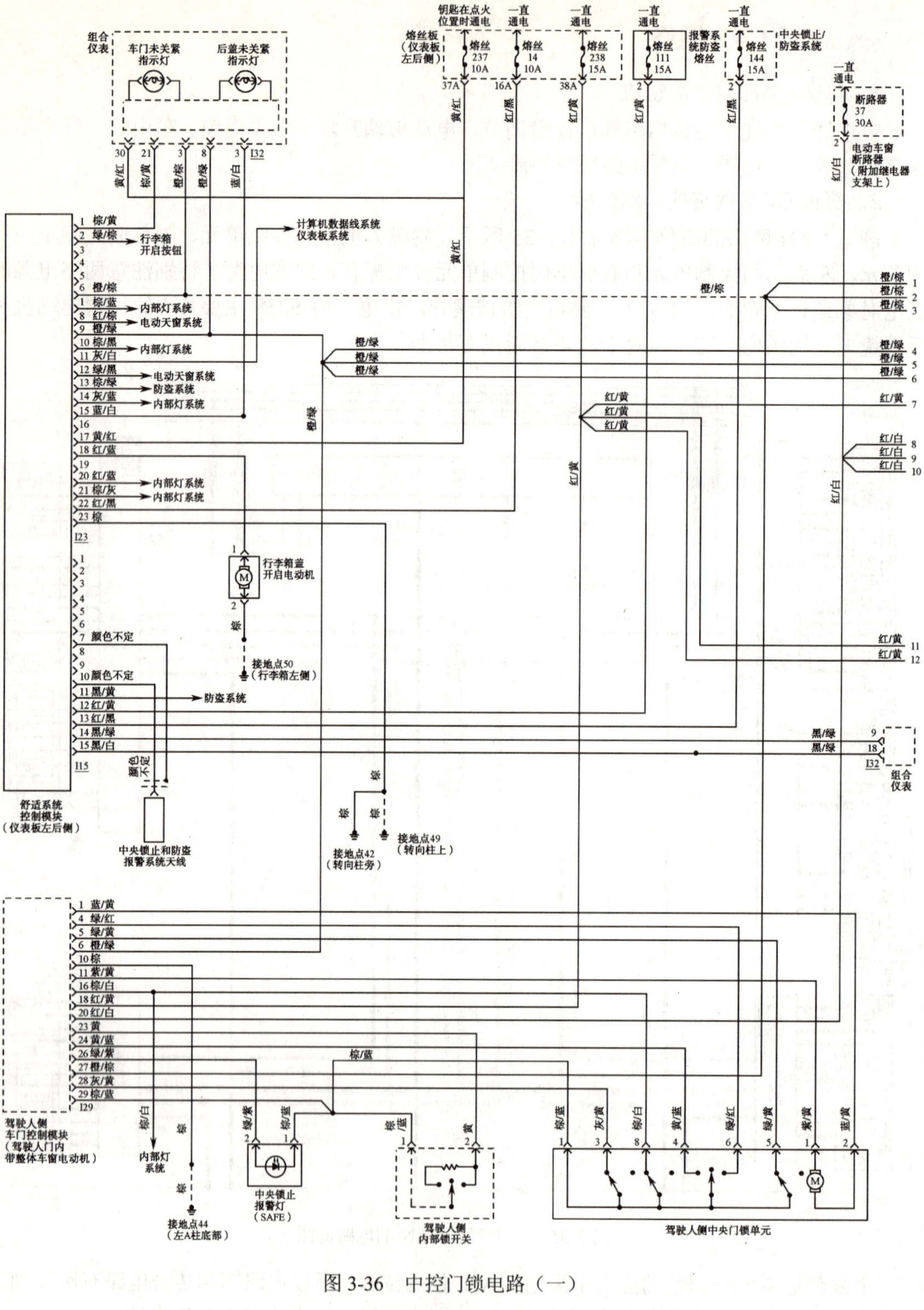

图 3-36 中控门锁电路（一）

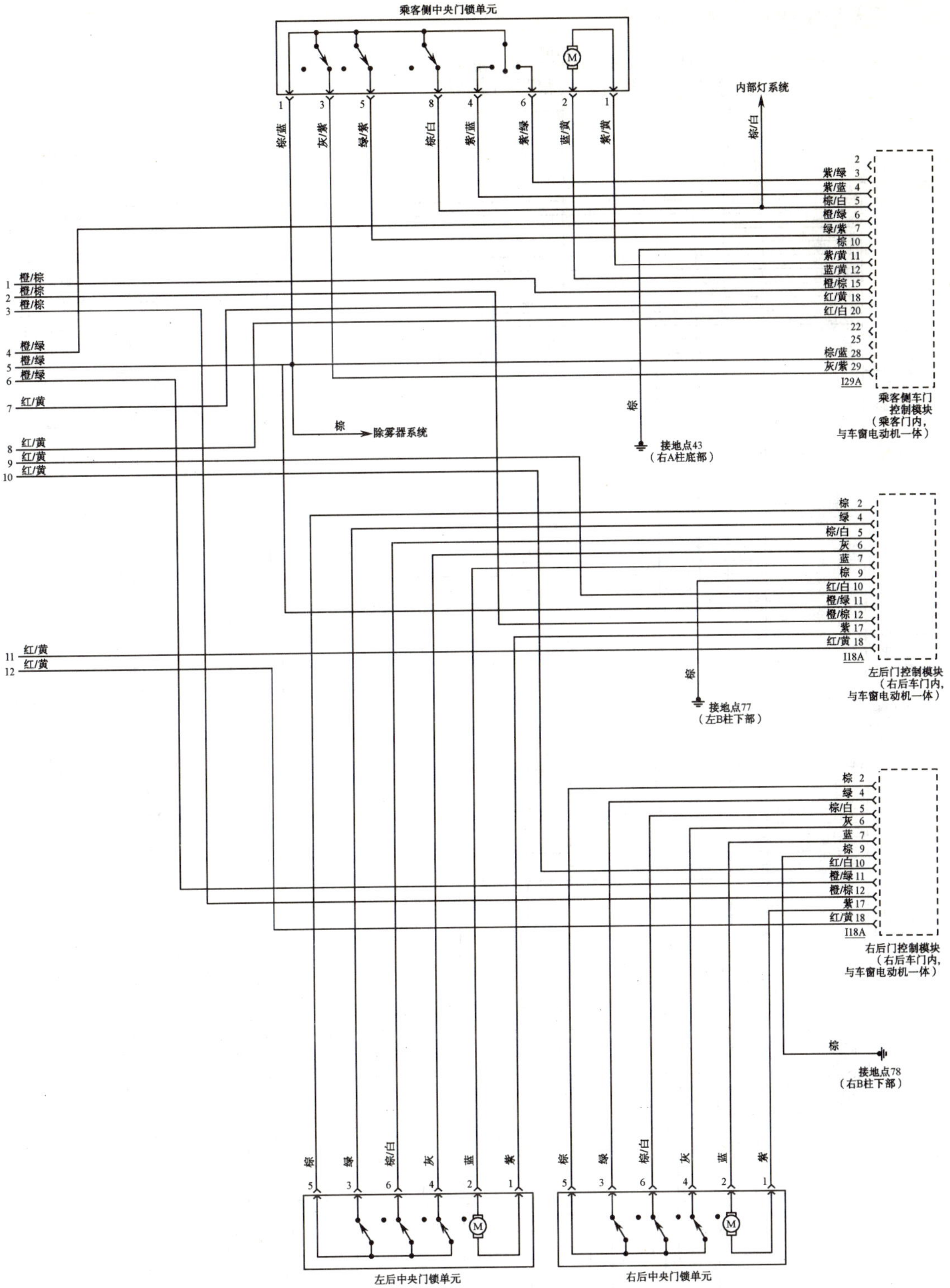

图 3-37　中控门锁电路（二）

（2）电动车窗电路（图 3-38）

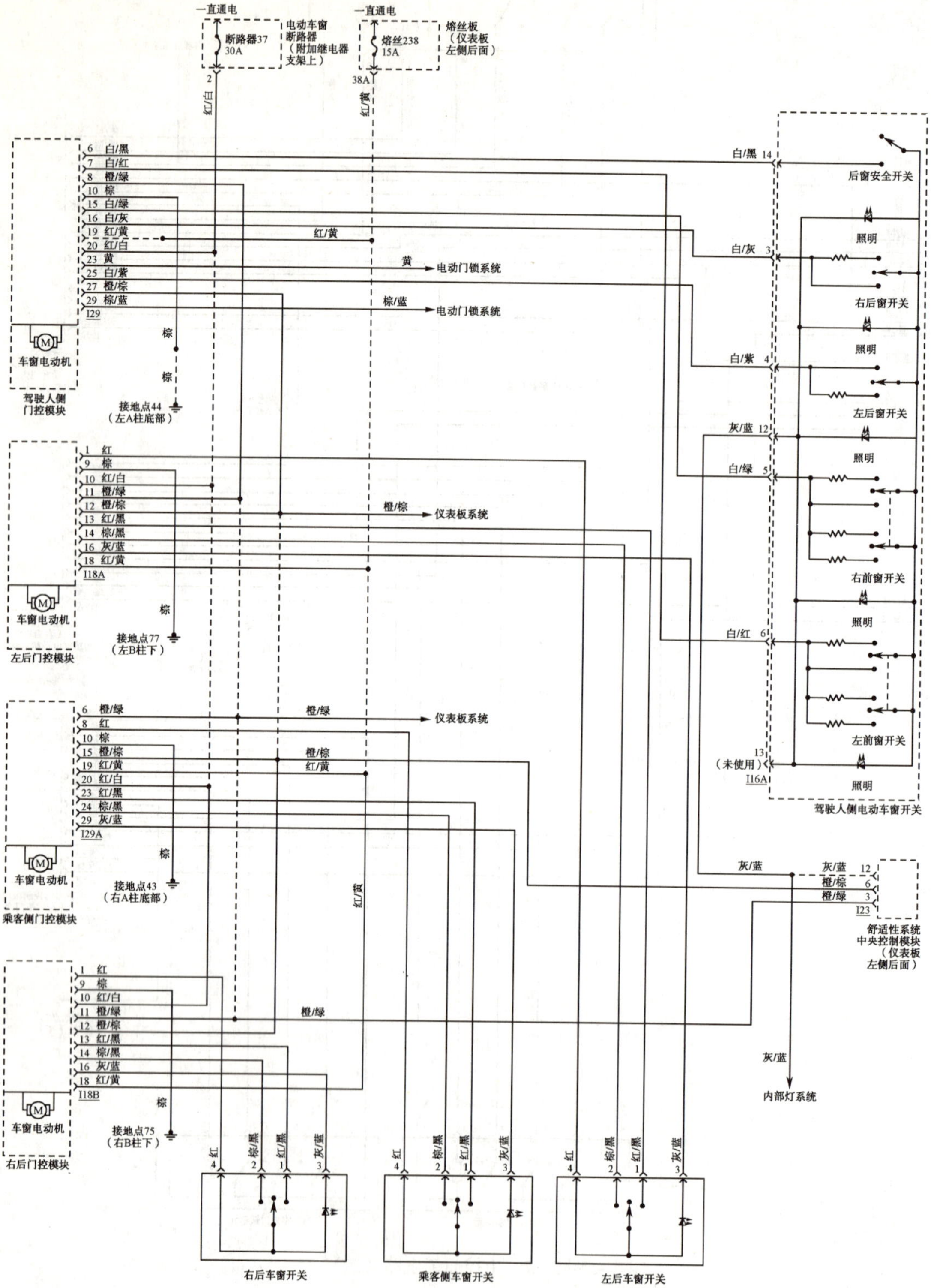

图 3-38 电动车窗电路

(3）电动后视镜电路（图 3-39）

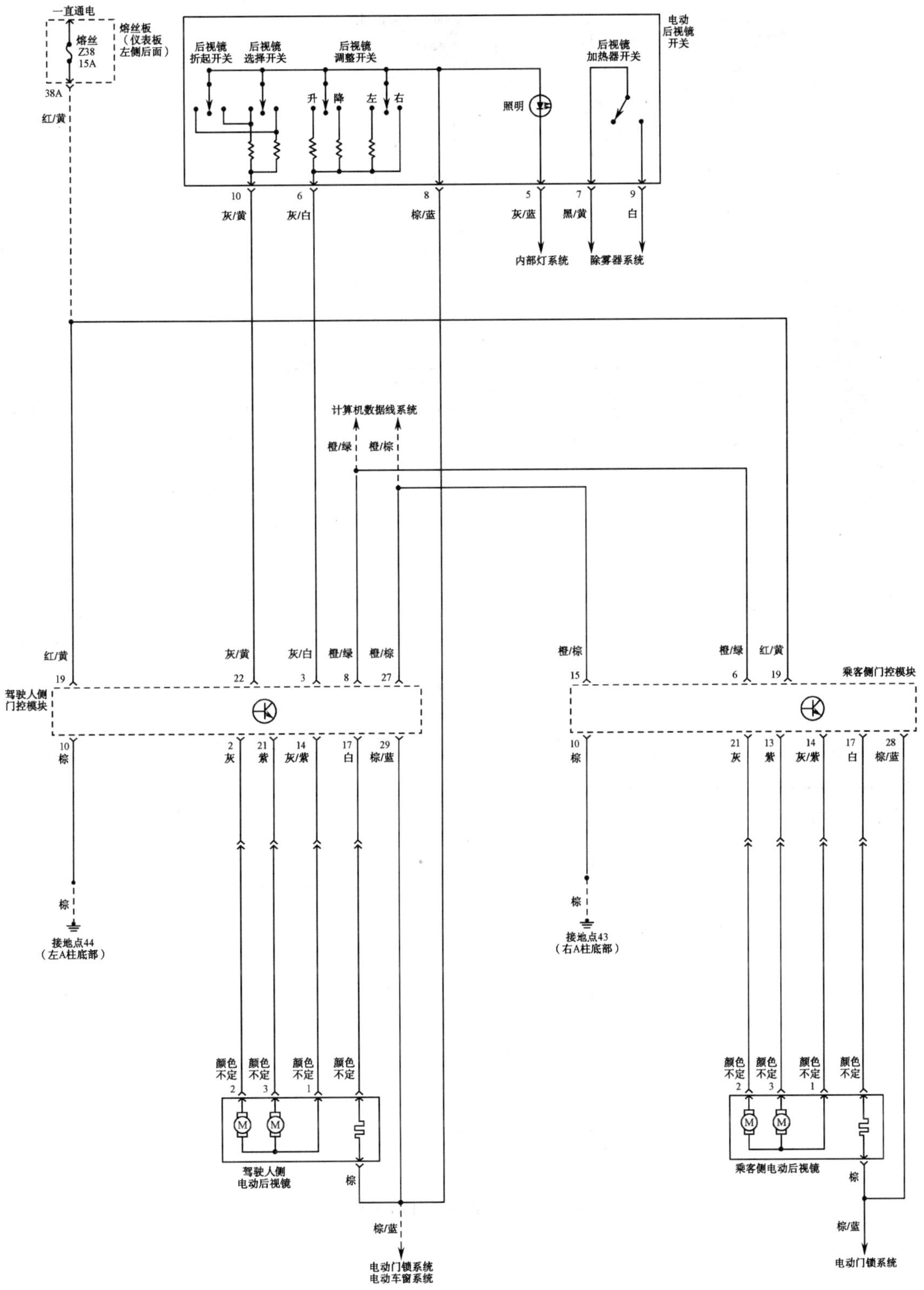

图 3-39　电动后视镜电路

（4）行李箱盖开启电路（图 3-40）

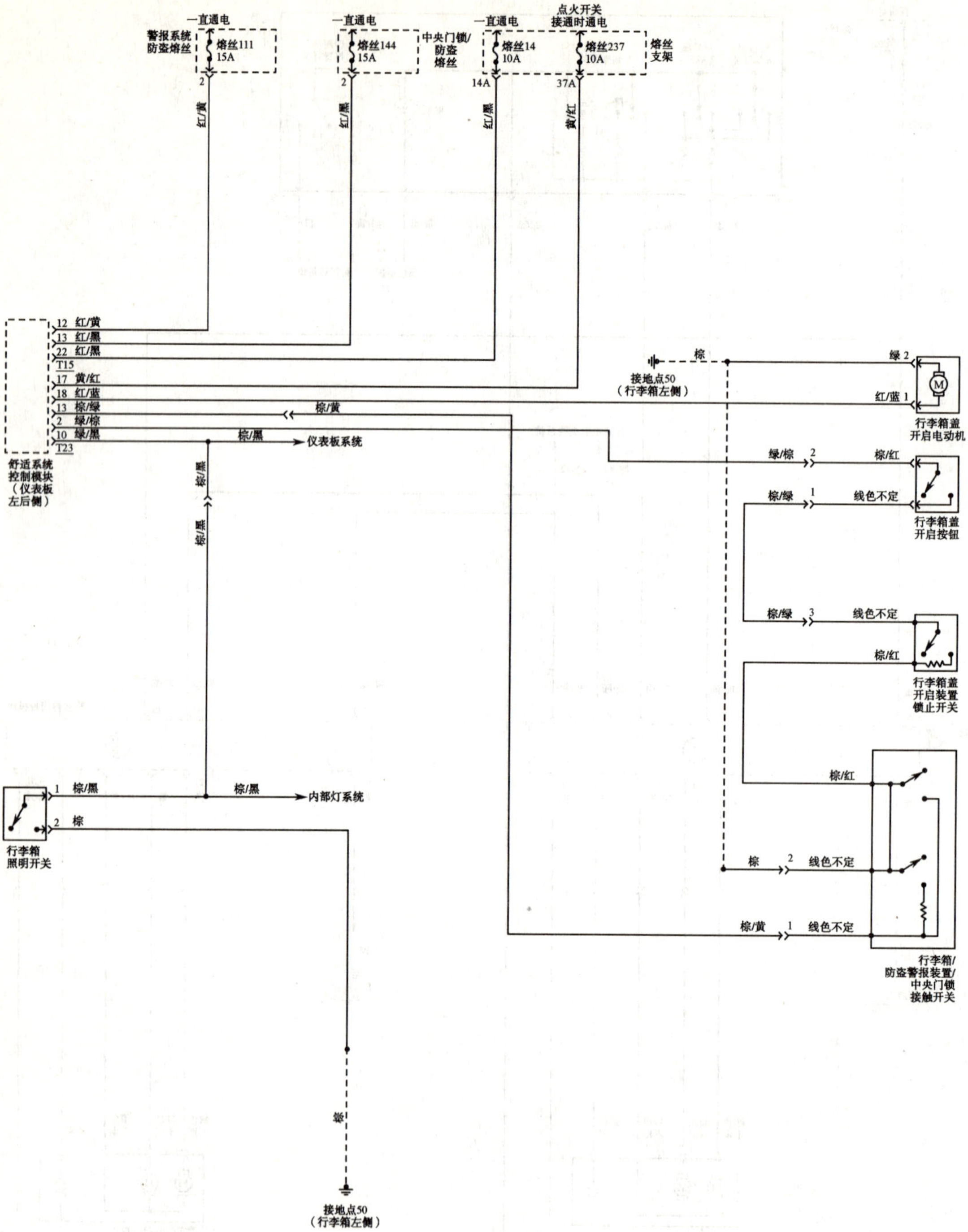

图 3-40 行李箱盖开启电路

（5）门控灯电路（图 3-41）

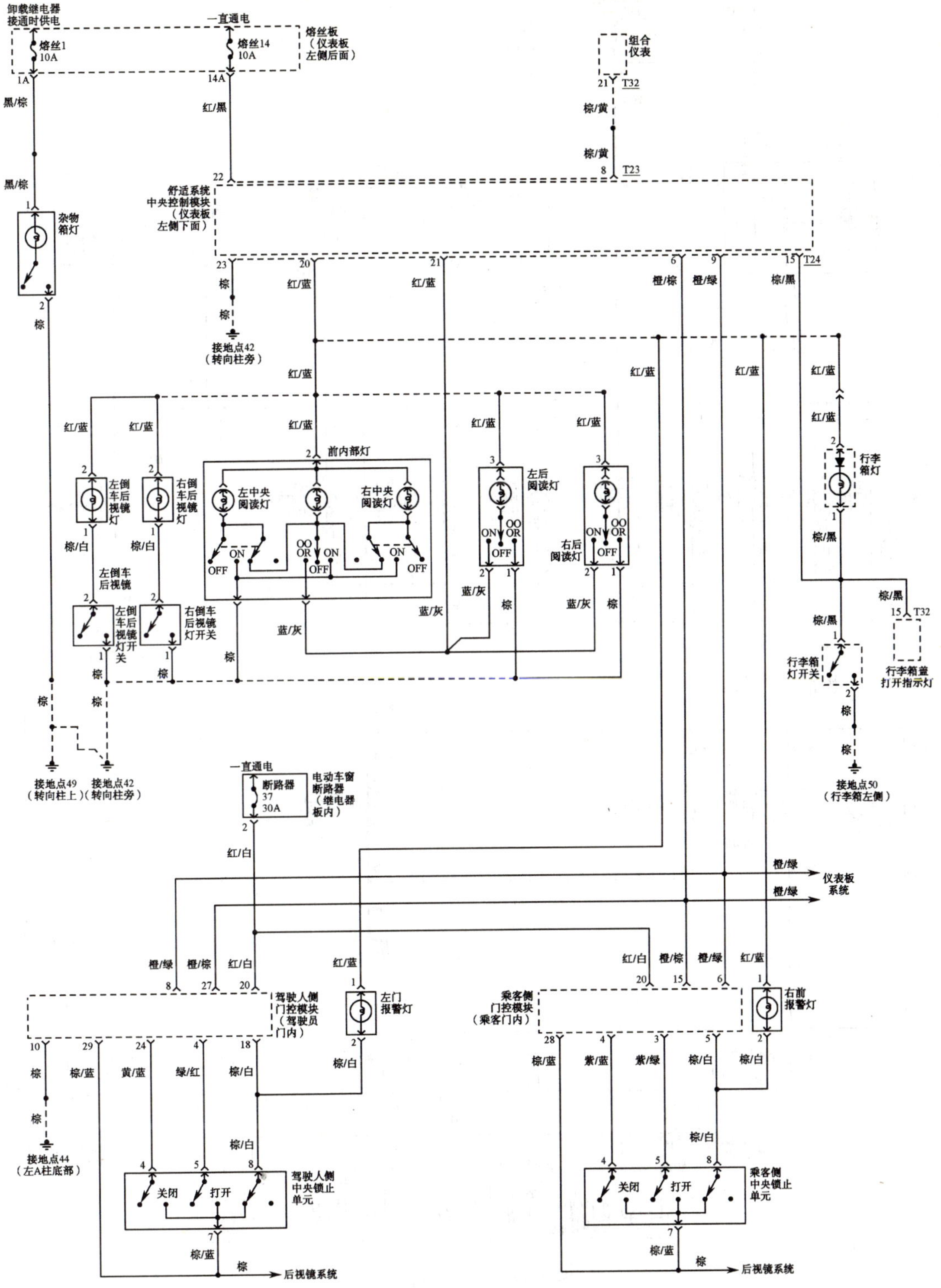

图 3-41　门控灯电路

（6）背光照明电路（图 3-42）

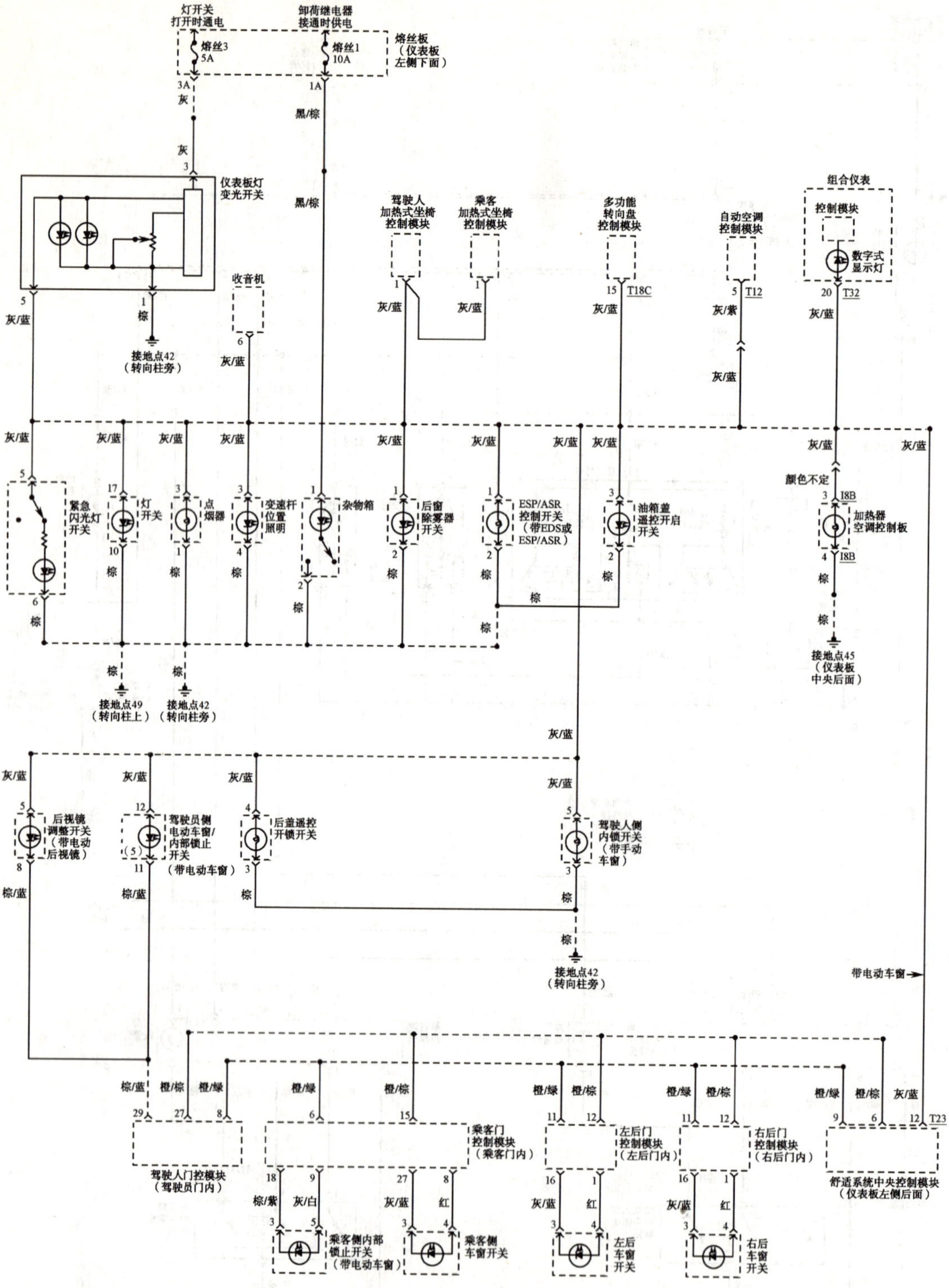

图 3-42　背光照明电路

3．舒适 CAN 的自诊断

检测仪 VAG 1552 可以查询故障存储器和对控制模块编码，其功能与 VAS 5051 的自诊断功能相同。在诊断系统中 VAS 5051 的“故障查询向导”功能可用于进行故障查找。

由于临时性的导线开路或插头松动引起的故障也将被存储。这类故障作为偶发故障用“SP”显示。

舒适系统的典型故障码如下：

（1）故障码 01328：舒适系统数据总线故障

可能原因：①导线或插头故障；②控制模块损坏。

故障排除：①按照电路图检查导线和插头，导线完好，然后拔下所有的车门主插头，再依次插好，同时观察数据流；②更换数据总线阻断的控制模块。新的故障被存储，这些故障码必须清除；③读取数据流：显示号 012，显示区 1；④更换合适的控制模块。

（2）故障码 01329：舒适系统数据总线处于紧急模式

可能原因：导线或插头故障。

故障排除：①按照电路图检查导线和插头。确定导线完好后，拔下所有的车门主插头，再依次插好，同时观察数据流；②更换总线阻断的控制模块。新的故障被存储，这些必须清除；③更换合适的控制模块；④读取数据流：显示组号 012，显示区 1。

（3）故障码 01330：舒适系统的中央控制模块（J393）损坏、供电电压过高/过低

可能原因：①舒适系统的中央控制模块损坏；②蓄电池损坏或没电；③电压调节器损坏；④发电机损坏。

故障排除：①更换舒适系统中央控制模块；②按照电路图检查导线和插头；③读取数据流，显示组号 014，显示区 1。

（4）故障码 01331：驾驶员侧车门控制模块（J386）损坏、无通信、供电电压过高/过低

可能原因：①驾驶员侧车门控制模块（J386）损坏；②导线或插头故障；③蓄电池损坏或没电；④电压调节器损坏；⑤发电机损坏。

故障排除：①更换驾驶员侧车门控制模块（J386）；②按照电路图检查导线和插头；③系统正常（虽然有故障记忆），清除故障存储器，执行功能检查；④读取数据流：显示组号 012，显示区 20，可以检查是否安装了车门控制模块；⑤读取数据流：显示组号 014，显示区 1。

（5）故障码 01332：前乘客车门控制模块损坏、无通信、供电电压过高/过低

可能原因：①前乘客车门控制模块（J387）损坏；②导线或插头故障；③蓄电池损坏或没电；④电压调节器损坏；⑤发电机损坏。

故障排除：①更换前乘客侧车门控制模块（J387）；②按照电路图检查导线和插头；③系统正常（虽然有故障记忆），清除故障记忆，进行功能检查；④读取数据流：显示组号 012，显示区 20 可以检查是否安装了车门控制模块；⑤读取数据流：显示组号 014，显示区 1。

（6）故障码 01333：左后车门控制模块（J388）损坏、无通信、供电电压过高/过低

可能原因：①左后车门控制模块（J388）损坏；②导线或插头故障；③蓄电池损坏或没电；④电压调节器损坏；⑤发电机损坏。

故障排除：①更换左后车门控制模块（J388）；②按照电路图检查导线和插头；③系

统正常（虽然有故障记忆）。清除故障存储器，执行功能检查；④读取数据流：显示组号012，显示区 3，可以检查是否安装了车门控制模块；⑤读取数据流：显示组号 014，显示区 1。

（7）故障码 01334：右后车门控制模块（J389）损坏、无通信、供电电压过高/过低

可能原因：①右后车门控制模块（J389）损坏；②导线或插头故障；③蓄电池损坏或没电；④电压调节器损坏；⑤发电机损坏。

故障排除：①更换右后车门控制模块（J389）；②按照电路图检查导线和插头；③系统正常（虽然有故障记忆），清除故障存储器，执行功能检查；④读取数据流：显示组号012，显示区 3。可以检查是否安装了车门控制模块；⑤读取数据流，显示组号 014，显示区 1。

（8）故障码 01335：驾驶员座椅/后视位置控制模块不确定信号、无通信

特别提示：控制模块存储了座椅和后视镜的位置而且能够重新设置这些位置。

可能原因：①导线或插头故障；②座椅记忆控制模块诊断（与车门控制模块诊断无通信）。

故障排除：①按照电路图检查导线插头；②读取数据流：显示组号 012，显示区 4；③座椅存储器有自己的 K 线，可以通过地址码“36”读出。

二、动力 CAN 网络

1. 动力 CAN 网络的组成

如图 3-43 所示，动力 CAN 网络主要包括：发动机 Motronic 控制单元、自动变速器控制单元、ABS/EDL 控制单元、转向角度传感器、四轮驱动控制单元、安全气囊控制单元、仪表控制单元（内置网关）。

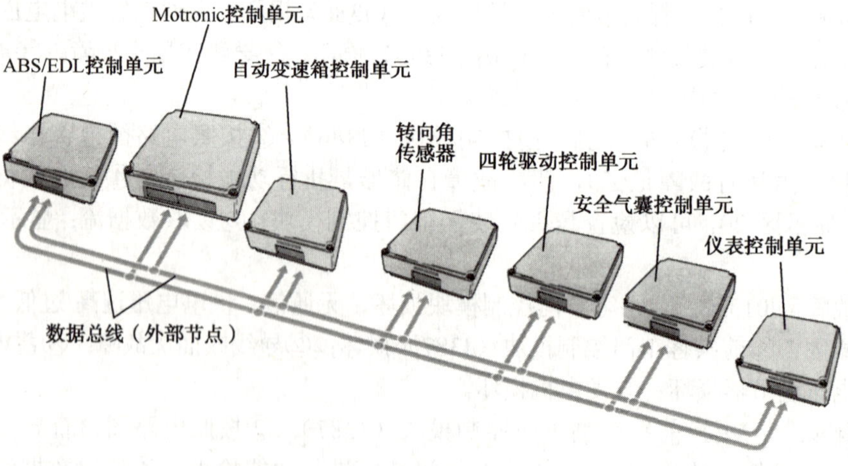

图 3-43　动力 CAN 网络

2. 动力 CAN 网络的电路

宝来轿车动力 CAN 网络的电路如图 3-44 和图 3-45 所示。

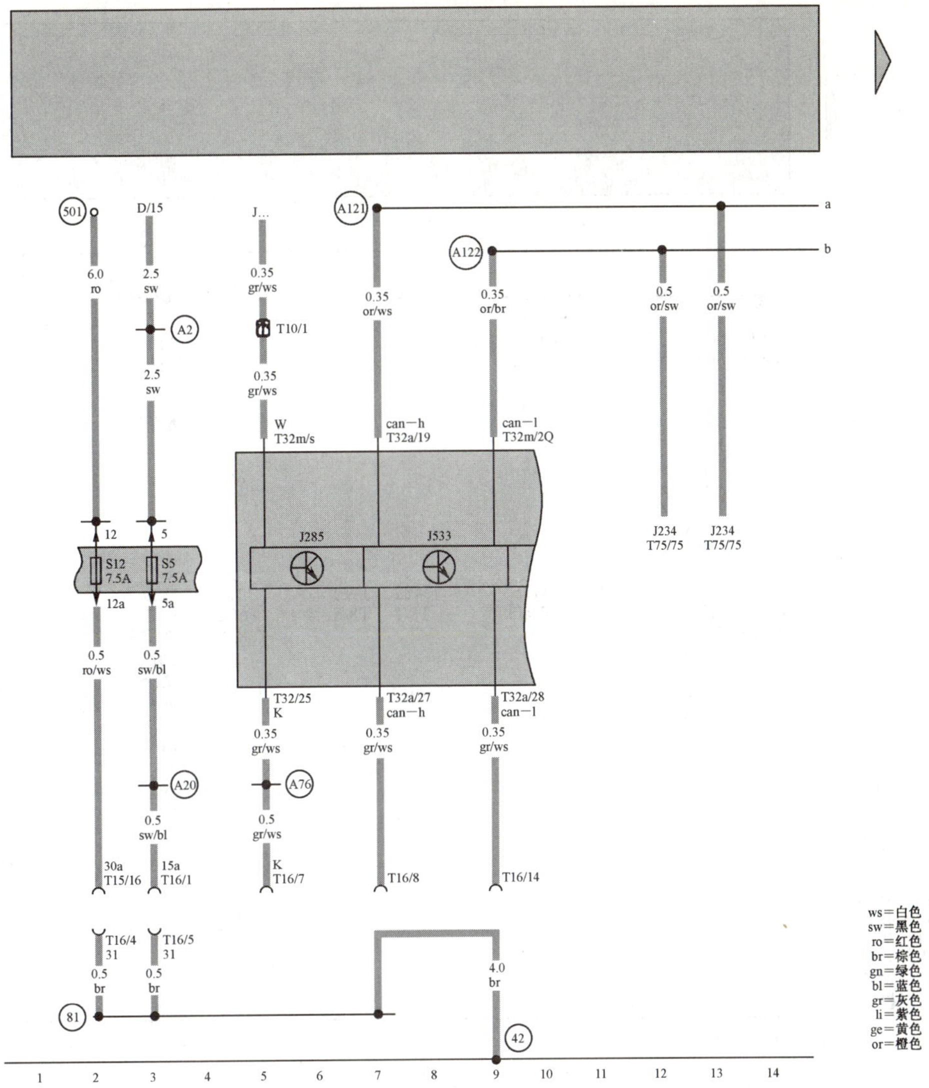

D　—点火开关

J234 —安全气囊控制单元

J285 —带显示器的控制单元,在组合仪表内

J533 —数据总线诊断接口,在组合仪表内

J…　—发动机控制单元

S5　—保险丝支架上5号保险丝

S12　—保险丝支架上12号保险丝

T10　—插头,10孔,橙色,在插头保护壳体内,流水槽左侧

T16　—插头,16孔,在仪表板中部,自诊断接口

T32　—插头,32孔,蓝色

T32a —插头,32孔,绿色

T75　—插头,75孔

(42) —接地点,在转向柱旁

(81) —接地连接—1—,在仪表板线束内

(501) —螺栓连接—2—（30）,在继电器盘上

(A2) —正极连接（15）,在仪表板线束内

(A20) —连接（15a）,在仪表板线束内

(A76) —连接（自诊断K线）,在仪表板线束内

(A121) —连接（High-Bus）,在仪表板线束内

(A122) —连接（Low-Bus）,在仪表板线束内

图 3-44　宝来轿车动力 CAN 网络的电路图（一）

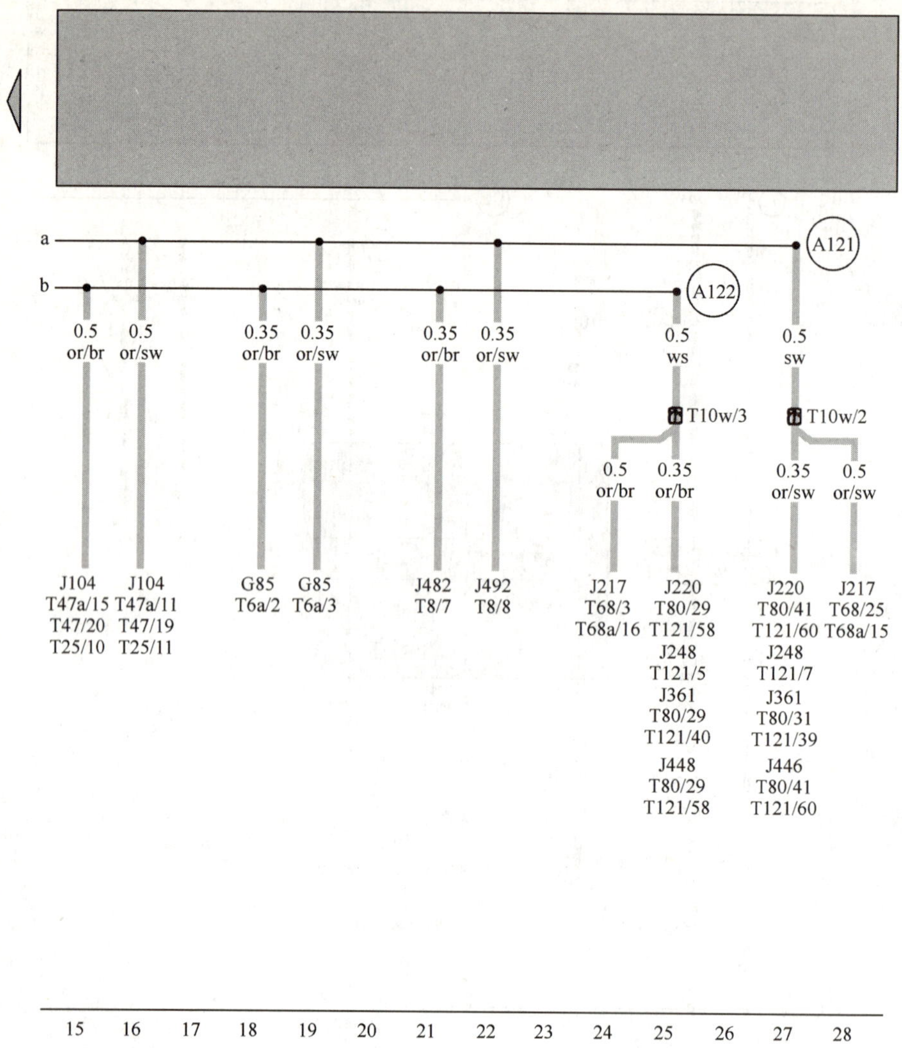

ws—白色
sw—黑色
ro—红色
br—棕色
gn—绿色
bl—蓝色
gr—灰色
li—紫色
ge—黄色
or—橙色

G85 —转向角传感器,在转向柱上
J104 —ABS/带EDS的ABS控制单元
J217 —自动变速器控制单元
J220 —多点喷射控制单元
J248 —柴油直喷控制单元
J361 —Simos控制单元
J448 —4AV/4LV/4MV控制单元
J492 —四轮驱动控制单元,在后桥附近
T6a —插头,6孔
T8 —插头,8孔
T10w—插头,10孔,白色,在插头保护壳体内,在流水槽左侧
T25 —插头,25孔,在ABS/带EDS的ABS控制单元上
T47 —插头,47孔,在带EDS/ASR/ESP的ABS控制单元上(2000年7月前)
T47a —插头,47孔,在ABS带EDS/ASR/ESP的ABS控制单元上(2000年8月后)
T68 —插头,68孔,指装有4挡自动变速器的车
T68a —插头,68孔,指装有5挡自动变速器的车
T80 —插头,80孔
T121 —插头,121孔
(A121) —连接(High-Bus),在仪表板线束内
(A122) —连接(Low-Bus),在仪表板线束内

图 3-45 宝来轿车动力 CAN 网络的电路图(二)

3．动力 CAN 的自诊断

通过组合仪表内的数据总线自诊断接口（J533），数据总线与自诊断 K 线可实现数据交换。更换组合仪表后，必须按照车上装备来对数据总线的自诊断接口（J533）进行编码，即使已存有正确的编码也如此。数据总线自诊断接口（J533）有一个自诊断地址。自诊断进入系统流程如下：

（1）连接故障解码器，接通点火开关，按动“PRINT”键接通打印机（键内指示灯亮），按动“1”键，选择“快速数据传递”。显示屏显示：

英文显示	Rapid data transfer　HELP Enter address word ××
中文含义	快速数据传递　帮助 输入地址码××

（2）按动“1”和“9”键选择“入口”。显示屏显示：

英文显示	Rapid data transfer　Q 19--Gateway
中文含义	快速数据传递　确认 19-网关

（3）按动“Q”键确认输入。显示屏显示：

英文显示	Rapid data transfer　Q Tester sends the address word 19
中文含义	快速数据传递　确认 检测仪发送地址码 19

（4）按动“0”键确认输入。显示屏显示：

英文显示	6N0909901　Gateway　K Coding×××××　WSC×××××
中文含义	6N0909901　网关　K 编码×××××　服务商代码×××××

（5）按动“—”键，显示屏显示：

英文显示	Rapid data transfer HELP Select function ××
中文含义	快速数据传递　帮助 选择功能 ××

计算机数据总线的解码器 1552 功能：02-查询故障存储器，05-清除故障存储器，06-结束输出，07-控制模块编码，08-读取数据流。具体操作和舒适系统相同，在此不再赘述。总线系统的典型故障代码如下：

（1）故障码 00778：转向角度传感器（G85）无法通信

可能故障：转向角传感器通过数据总线的数据接收不正常。

可能影响：与数据总线相连的系统功能不正常。

故障排除：①检查数据总线自诊断接口的编码；②查询 ABS 控制模块故障存储器并排除故障；③按照电路图检查接转向角传感器的数据总线。

（2）故障码 01044：控制模块编码错误

可能故障：①与数据总线相连的某控制模块编码错误；②与数据总线相连的某控制模块损坏。

可能影响：①行驶性能不良（换挡冲击，负荷变化冲击）；②无行驶动力控制。

故障排除：①读取数据流；②查询与数据总线相连的所有控制模块故障存储器，并排除故障；③检查并改正控制模块编码，如果需要，更换控制模块。

（3）故障码 01312：数据总线损坏

可能故障：①数据线有故障；②数据总线在“Bus-off”状态。

可能影响：①行驶性能不良（换挡冲击，负荷变化冲击）；②无行驶动力控制。

故障排除：①读取数据流；②检查控制模块编码；③按照电路图检查数据总线；④更换损坏的控制模块。

（4）故障码 01314：发动机控制模块无法通信

可能故障：发动机控制模块通过数据总线的数据接收不正常。

可能影响：①行驶性能不良（换挡冲击，负荷变化冲击）；②无行驶动力控制。

故障排除：①读取数据流；②查询发动机故障存储并排除故障；③按照电路图检查发动机控制模块数据总线。

（5）故障码 01315：变速器控制模块无法通信

可能故障：变速器控制模块通过数据总线的数据接收不正常。

可能影响：①行驶性能不良（换挡冲击，负荷变化冲击）；②无行驶动力控制。

故障排除：①读取数据流；②查询发动机控制模块故障存储器并排除故障；③按照电路图检查发动机控制模块的数据总线。

（6）故障码 01316：制动控制模块无法通信

可能故障：ABS 控制模块通过数据总线的数据接收不正常。

可能影响：①行驶性能不良（换挡冲击，负荷变化冲击）；②无行驶动力控制。

故障排除：①读取数据流；②查询 ABS 控制模块故障存储器并排除故障；③按照电路图检查 ABS 控制模块的数据总线。

（7）故障码 01317：组合仪表内控制模块（J285）无法通信

可能故障：①控制模块数据线有故障；②控制模块损坏。

可能影响：①行驶性能不良（换挡冲击，负荷变化冲击）；②无行驶动力控制。

故障排除：①读取数据流；②查询与数据总线相连的所有控制模块的故障存储器并排除故障；③按照电路图检查数据总线。

（8）故障码 01321：安全气囊控制模块（J234）无法通信

可能故障：安全气囊控制模块通过数据总线的数据接收不正常。

可能影响：安全气囊警告灯亮。

故障排除：①读取数据流；②查询安全气囊控制模块的故障存储器并排除故障；③按照电路图检查安全气囊控制模块的数据总线。

（9）故障码 01324：四轮驱动控制模块（J492）无法通信

可能故障：四轮驱动控制模块通过数据总线的数据接收不正常。

可能影响：①行驶性能不良（换挡冲击，负荷变化冲击）；②无行驶动力控制。

故障排除：①读取数据流；②查询四轮驱动控制模块故障存储器并排除故障；③按照电路图检查四轮驱动控制模块的数据总线。

第四节　CAN 总线的故障类型与诊断方法

一、CAN 总线系统的故障类型

1．汽车电源系统故障引起的总线系统故障

（1）故障机理

车载网络传输系统的核心部分是含有通信芯片的电控模块 ECM，电控模块 ECM 的正常工作电压在 10.5～15.0V 的范围内。如果汽车电源系统提供的工作电压低于该值，就会造成一些对工作电压要求高的电控模块 ECM 出现短暂的停滞工作，从而使整个车载网络传输系统出现短暂的无法通信。这种现象就如同用故障诊断仪在未启动发动机时就已经设定好要检测的传感器界面，当发动机启动时，由于电压下降导致通信中断，致使故障诊断仪又回到初始界面。

（2）故障实例

① 故障现象。一辆上海别克轿车，在车辆行驶过程中，时常出现转速表、里程表、燃油表和水温表指示为零的现象。

② 故障检测过程。用 TECH2 故障诊断仪读取故障代码，发现各个电控模块均没有当前故障代码，而在历史故障代码中出现多个故障代码。其中，SDM（安全气囊控制模块）中出现 U1040——失去与 ABS 控制模块的对话，U1000——二级功能失效，U1064——失去多重对话，U1016——失去与 PCM 的对话；IPC（仪表控制模块）中出现 U1016——失去与 PCM 的对话；BCM（车身控制模块）中出现 U1000——二级功能失效。

③ 故障分析和排除。经过故障代码的读取可以知道，该车的多路信息传输系统存在故障，因为 U 字头的故障代码为车载网络传输系统的故障代码，其车载网络联结关系如图 3-46 所示。通过查阅上海别克轿车的电源系统的电路图发现上面的电控模块共用一根电源线，并且通过前围板。由于故障代码为间歇性的，初步断定可能是这根电源线发生间歇性断路故障。经检查发现，该电源线由于磨损导致接触不良，经过维修处理后故障排除。

2．节点故障

（1）故障机理

节点是车载网络传输系统中的电控模块，因此节点故障就是电控模块故障，包括软件故障和硬件故障。软件故障即传输协议或软件程序有缺陷或冲突，从而使车载网络传输系统通信出现混乱或无法工作，这种故障一般成批出现，且无法维修。硬件故障一般由于通信芯片或集成电路故障，造成车载网络传输系统无法正常工作。

（2）故障实例

① 故障现象。一辆上海帕萨特 B5 轿车在使用中出现机油压力报警灯与安全气囊故障指示灯报警，同时发动机转速表不能运行等故障。

② 故障检测。用 V.A.G 1552 故障阅读仪读取仪表系统的故障代码为：01314049—到发

动机控制单元无通信；01321049—到安全气囊控制单元无通信。

③ 故障分析与排除。通过读取故障代码可以初步判断故障在于车载网络传输系统。通过对汽车电气线路进行分析，电源系统引起故障的概率很小，故障很可能是节点或链路故障。用替换法尝试安全气囊控制单元，故障得以排除。

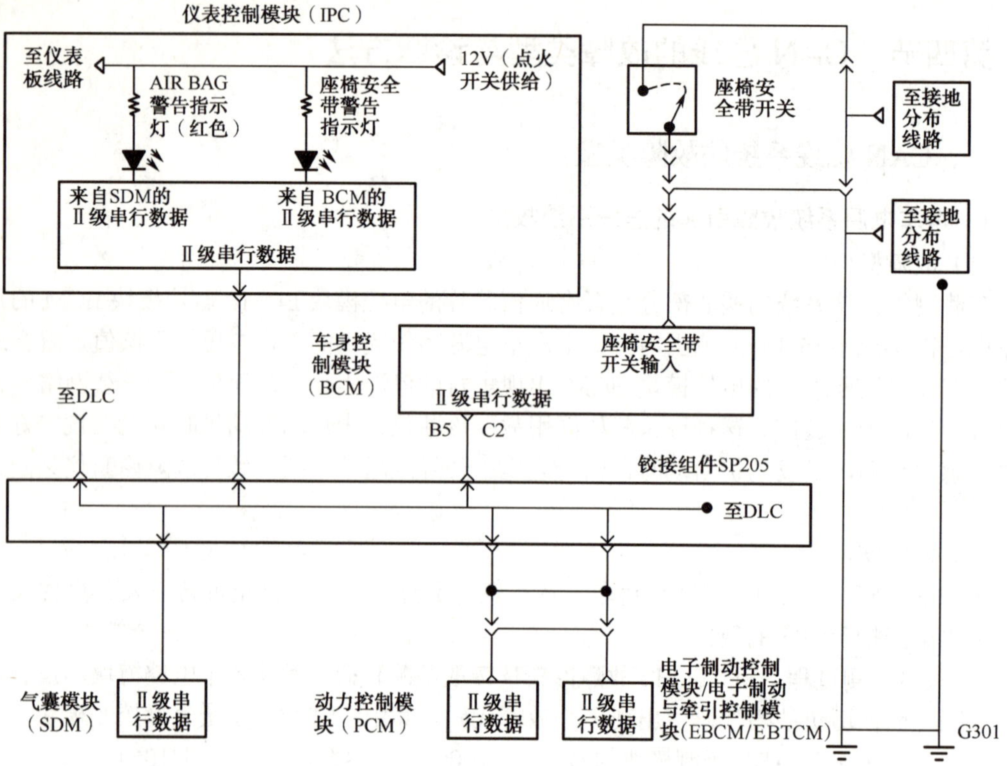

图 3-46 上汽通用别克轿车多路传输电路

3. 链路故障

（1）故障机理

当车载网络传输系统的链路出现故障时，如通信线路的短路、断路以及线路物理性质引起的通信信号衰减失真，都会引起多个电控单元无法工作或电控系统错误动作。判断是否为链路故障时，一般采用示波器或汽车专用光纤诊断仪来观察通信数据信号是否与标准通信数据信号相符。

（2）故障实例

① 故障现象。一辆奥迪 100 轿车自动空调系统在开关接通的情况下，鼓风机能工作，但是空调系统却不制冷。

② 故障检测与排除。通过观察，发现空调压缩机的电磁离合器不吸合，但发动机工作正常。检查电磁离合器线路的电阻值，电阻值符合规定值，检查空调控制单元的数据端没有数据信号。此时用 V.A.G 1552 故障阅读仪读取发动机控制系统和空调控制系统的故障代码，均无故障代码。用 V.A.G 1552 故障阅读仪读取空调控制单元的数据流，发动机转速数据为零。由于发动机工作正常，发动机控制单元接收的发动机转速信号应该正常，检查发动机控制单元和空调控制单元之间的通信线路，发现两者之间的通信线的接脚变形造成链路断路，修复接插件后故障排除。

二、CAN 总线系统的基本诊断步骤和检测方法

1. 基本诊断步骤

通过对以上三种车载网络传输系统故障的分析，可以总结出该系统一般诊断步骤为：

① 了解该车型的车载网络传输系统特点（包括：传输介质、各种子网及车载网络传输系统的结构形式等）。

② 车载网络传输系统的功能，如：有无唤醒功能和休眠功能等。

③ 检查汽车电源系统是否存在故障，如：交流发电机的输出波形是否正常（若不正常将导致信号干扰等故障）等。

④ 检查车载网络传输系统的链路是否存在故障，采用替换法或采用跨线法进行检测。

⑤ 如果是节点故障，只能采用替换法进行检测。

2. 双线式车载网络传输系统的检测方法

在检查车载网络传输系统前，须保证所有与车载网络传输系统相连的控制单元无功能故障。功能故障指不会直接影响车载网络传输系统，但会影响某一系统的功能流程的故障。例如：传感器损坏，其结果就是传感器信号不能通过车载网络传输系统传递。这种功能故障对车载网络传输系统有间接影响。这会影响需要该传感器信号的控制单元的通信。如存在功能故障，先排除该故障。记下该故障并消除所有控制单元的故障代码。排除所有功能故障后，如果控制单元间数据传递仍不正常，检查车载网络传输系统。检查车载网络传输系统时，须区分以下两种可能的情况。

（1）两个控制单元组成的双线式数据总线系统的检测

检测时，关闭点火开关，断开两个控制单元，如图 3-47 所示。检查车载网络传输系统是否断路、短路或对正极/地短路。如果车载网络传输系统无故障，更换较易拆下（或较便宜）的一个控制单元试一下。如果车载网络传输系统仍不能正常工作，更换另一个控制单元。

（2）三个或更多控制单元组成的双线式车载网络传输系统的检测

检测时，先读出控制单元内的故障代码。如图 3-48 所示，如果控制单元 1 与控制单元 2 和控制单元 3 之间无通信。关闭点火开关，断开与车载网络传输系统相连的控制单元，检查车载网络传输系统是否断路。如果车载网络传输系统无故障，更换控制单元 1。如果所有控制单元均不能发送和接收信号（故障存储器存储“硬件故障”），则关闭点火开关，断开与车载网络传输系统相连的控制单元，检测车载网络传输系统是否短路，是否对正极/地短路。

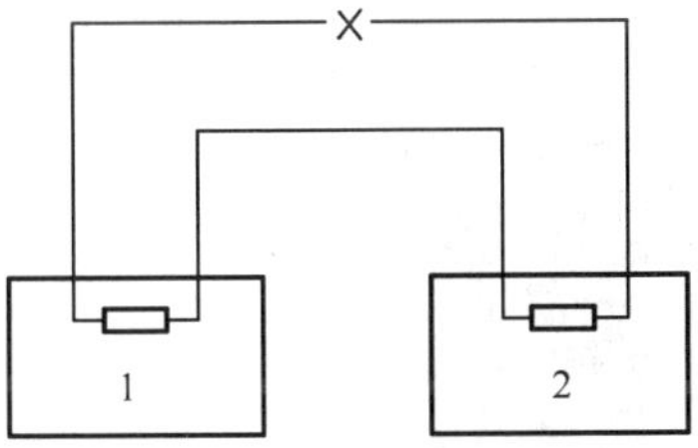

图 3-47　两个控制单元组成的双线式车载网络传输系统

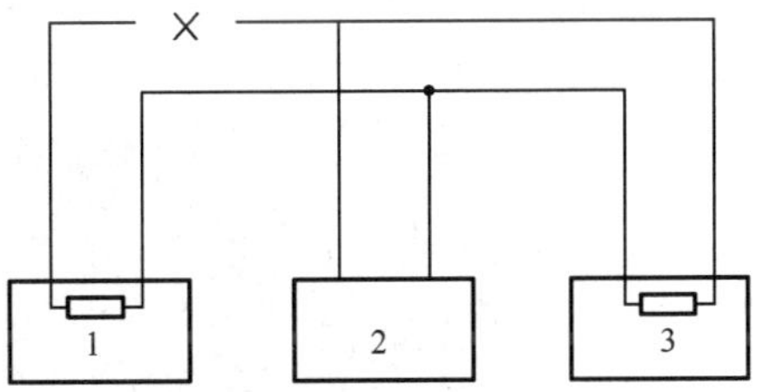

图 3-48　三个控制单元组成的双线式车载网络传输系统

如果车载网络传输系统上查不出引起硬件损坏的原因，检查是否某一控制单元引起该故障。断开所有通过 CAN 车载网络传输系统传递数据的控制单元，关闭点火开关，接上其中一个控制单元，连接 VAG 1551 或 VAG 1552，打开点火开关，清除刚接上的控制单元的故障代码。用功能 06 来结束输出，关闭并再打开点火开关，打开点火开关 10s 后用故障阅读仪读

出刚接上的控制单元故障存储器内的内容。如显示“硬件损坏”，则更换刚接上的控制单元；如未显示“硬件损坏”，接上下一个控制单元，重复上述过程。

连接蓄电池接线柱后，输入收音机密码，进行玻璃升降器单触功能的基本设定及时钟的调整，对于汽油发动机的汽车，还应进行节气门控制单元的自适应。

第五节　CAN 总线的仪器检测

一、CAN 总线的万用表检测

CAN 数据总线可以采用数字万用表进行电压信号测试，大致判断数据总线的信号传输是否存在故障，检测方法如图 3-49 所示。

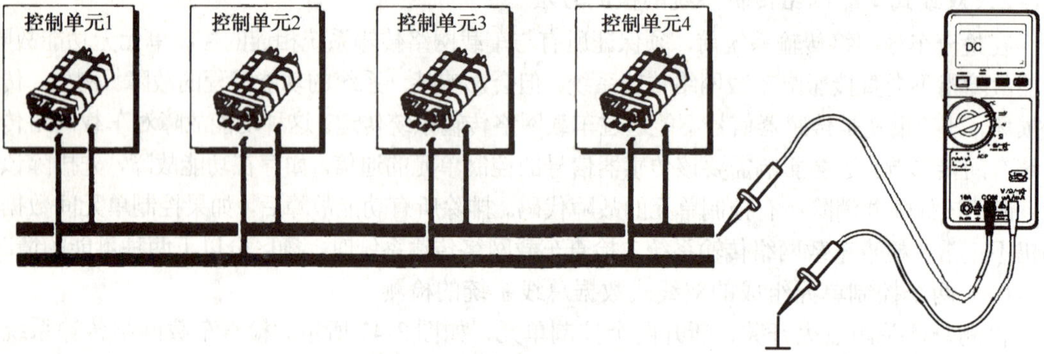

图 3-49　CAN 总线的万用表检测

用数字万用表在测量频率信号时，万用表具有分段采集和有效值运算的工作特性，因此，数字万用表的显示值只能反映被测信号的主体信号电压值，不能显示被测信号的每个细节。由此可见，采用数字万用表测量 CAN 总线的信号电压时，万用表的显示值和 CAN 总线的主体信号电压值具有对应关系。下面根据动力 CAN 和舒适 CAN 的信号特点分别分析万用表测量时的显示值。

1. 用万用表测量动力 CAN 总线

动力 CAN 的信号如图 3-50 所示。CAN-H 信号在总线空闲时的电压约为 2.5V，总线上有信号传输时总线上的电压值在 2.5V 和 3.5V 之间高频波动，因此 CAN-H 的主体电压应是 2.5V，所以万用表的测量值为 2.5～3.5V 之间，大于 2.5V 但靠近 2.5V。

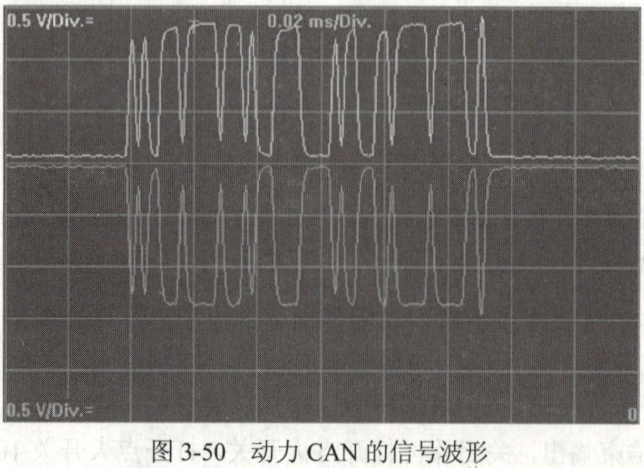

图 3-50　动力 CAN 的信号波形

同理，CAN-L 信号在总线空闲时的电压约为 2.5V，总线上有信号传输时总线上的电压值在 2.5V 和 1.5V 之间高频波动，因此 CAN-H 的主体电压应是 2.5V，所以万用表的测量值为 1.5～2.5V 之间，小于 2.5V 但靠近 2.5V。

2．用万用表测量舒适 CAN 总线

舒适 CAN 的信号如图 3-51 所示。CAN-H 信号在总线空闲时的电压约为 0V，总线上有信号传输时总线上的电压值在 0V 和 5V 之间高频波动，因此 CAN-H 的主体电压应是 0V，所以万用表的测量值为 0.35V 左右。

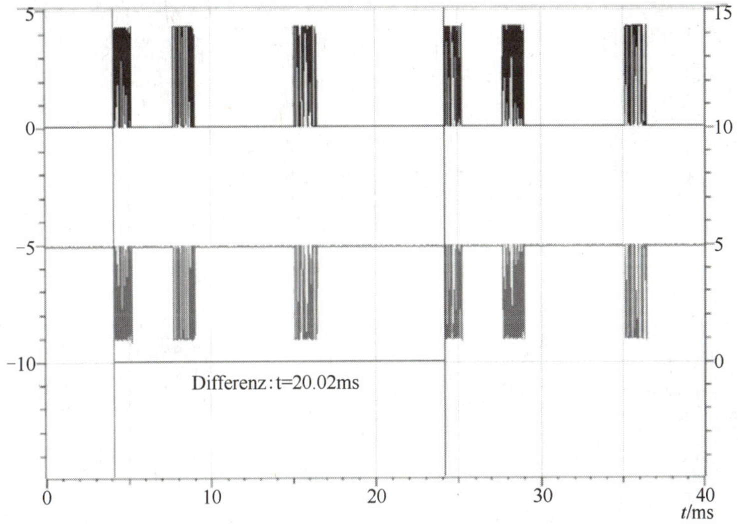

图 3-51　舒适 CAN 的信号波形

同理，CAN-L 信号在总线空闲时的电压约为 5V，总线上有信号传输时总线上的电压值在 5V 和 0V 之间高频波动，因此 CAN-H 的主体电压应是 5V，所以万用表的测量值为 4.65V 左右。

二、CAN 总线的波形检测

1．在双通道模式下检测舒适 CAN

（1）检测电路连接（图 3-52）

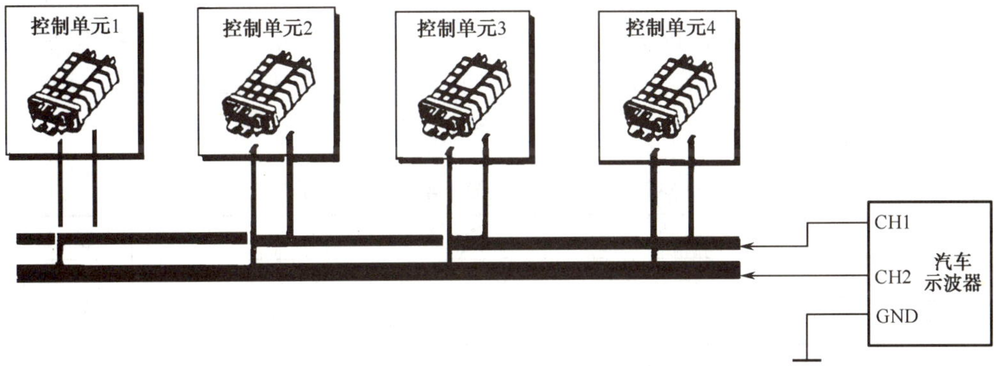

图 3-52　双通道模式检测电路连接

（2）波形显示（图 3-53、图 3-54）

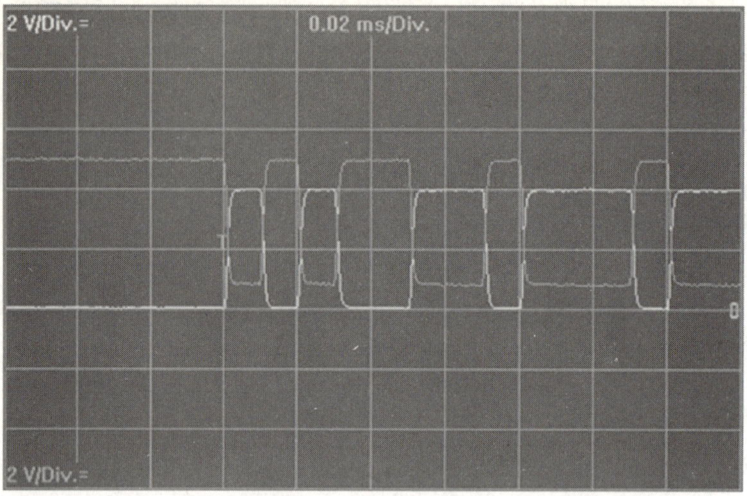

图 3-53　同一零点坐标下的双通道波形

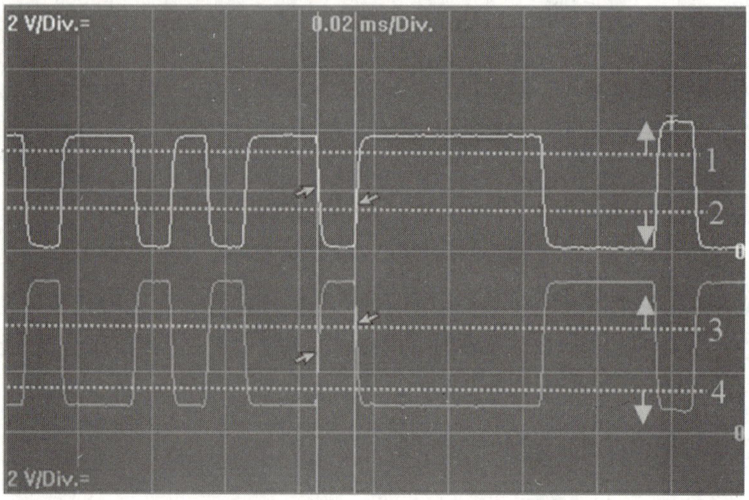

图 3-54　不同零点坐标下的双通道波形

舒适 CAN 的信号电位见表 3-2，电压电位必须达到最小的规定区域，在示波器屏幕上用蓝线给出界限值。例如：CAN-High 的显性电压电位至少达到 3.6V。如果未达到区域要求范围，控制单元将不能准确地判定电压电位是逻辑值 0 或者 1。这将导致出现故障存储或者单线工作状态。

表 3-2　舒适 CAN 的信号电压域值范围

电　　位	$U_{CAN-High}$	$U_{CAN-Low}$	电　位　差
显性	4V（>3.6V 蓝线 1）	1V（<1.4V 蓝线 4）	3V
隐性	0V（<1.4V 蓝线 2）	5V（>3.6V 蓝线 3）	−5V

2. 在单通道模式下检测舒适 CAN

（1）检测电路连接（图 3-55）

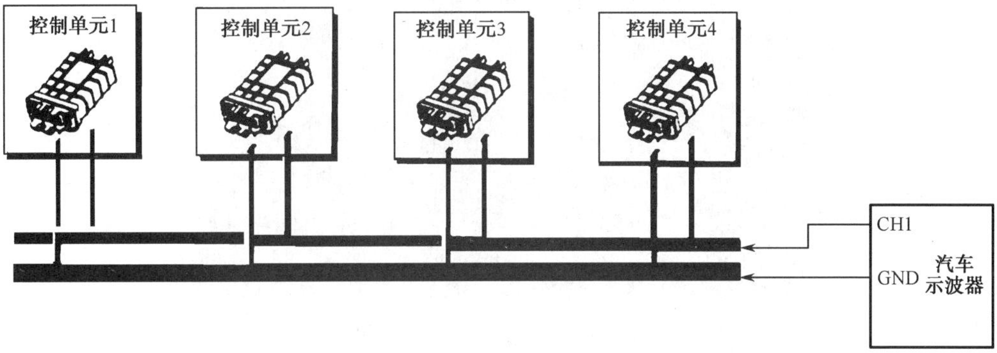

图 3-55　单通道模式检测电路连接

（2）波形显示（图 3-56）

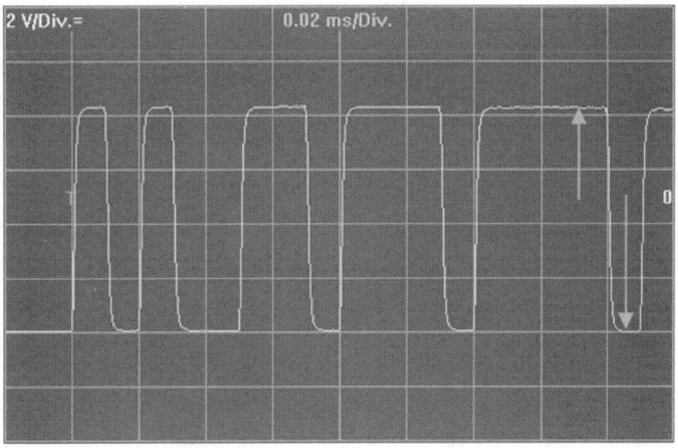

图 3-56　单通道模式下检测波形

当用示波器的单通道模式对两个 CAN 信号进行测量，显示为电压差值，其中显性电压为 3V，隐性电压为−5V。该测量形式不如双通道测量形式便于故障查询。单线工作模式主要用于快速查看总线是否为激活状态。

3. 动力 CAN 的故障波形

当故障存储记录“动力 CAN 总线故障”时，用示波器进行检测是必要的，可以确定故障点的位置以及故障引发的原因。在下面的故障波形分析中，用通道 A 测量 CAN-High 的电压，用通道 B 测量 CAN-Low 的电压。

（1）故障波形 1-CAN-High 与 CAN-Low 短路（图 3-57）

电压电位置于隐性电压值(大约 2.5V)。通过插拔动力 CAN 总线上的控制单元可以判断，是由于控制单元引起的短路还是由于 CAN-High 和 CAN-Low 线路连接引起的短路。当为线路短路引起的短路，需要将 CAN 线组（CAN-High 和 CAN-Low）从线节点处依次拔取，同时注意数字示波器的波形。当故障线组被取下后，数字示波器的波形恢复正常。

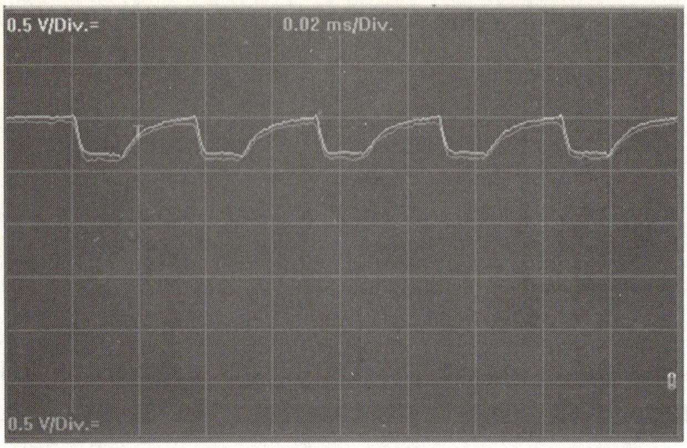

图 3-57　CAN-High 与 CAN-Low 短路故障的波形

（2）故障波形 2-CAN-High 对正极短路（图 3-58）

CAN-High 线的电压电位被置于 12V，CAN-Low 线的隐性电压也被置于大约 12V。这是由于在控制单元的收发器内的 CAN-High 和 CAN-Low 的内部连接关系引起的。该故障的判断方法与故障 1 相同。

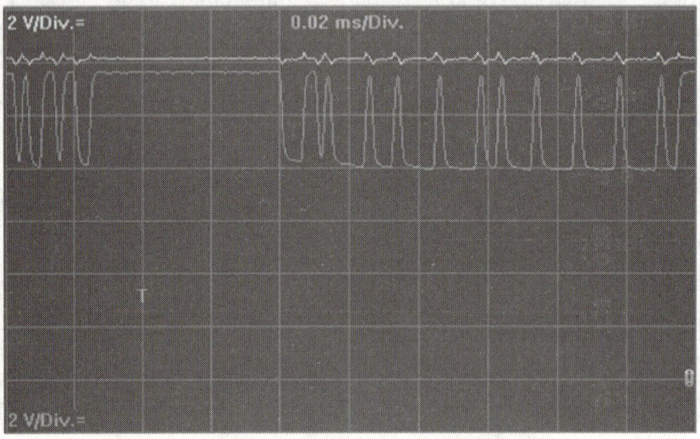

图 3-58　CAN-High 对正极短路故障的波形

（3）故障波形 3-CAN-High 对地短路（图 3-59）

CAN-High 的电压位于 0V，CAN-Low 的电压也位于 0V。可是在 CAN-Low 线上还能够看到一小部分的电压变化。该故障的判断方法与故障 1 相同。

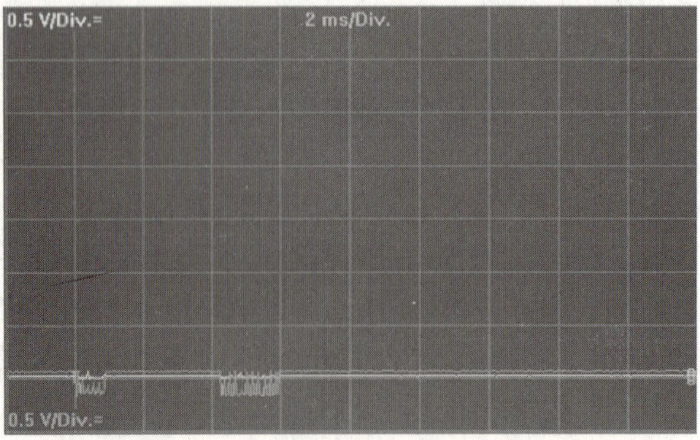

图 3-59　CAN-High 对地短路故障的波形

（4）故障波形 4-CAN-Low 对地短路（图 3-60）

CAN-Low 的电压大约为 0V，CAN-High 线的隐性电压也被降至 0V。该故障的判断方法与故障 1 相同。

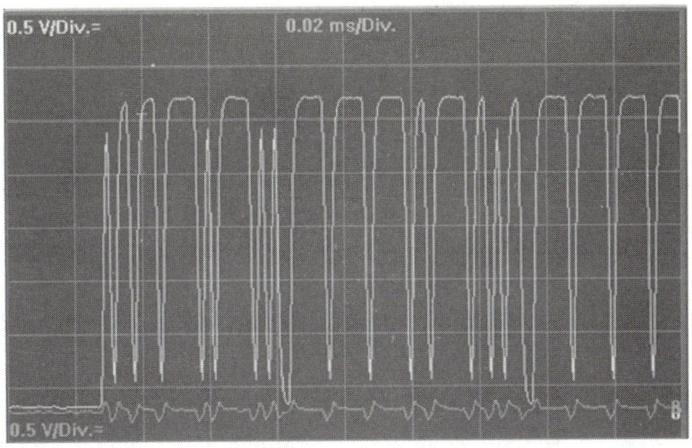

图 3-60　CAN-Low 对地短路故障的波形

（5）故障波形 5-CAN-Low 对正极短路（图 3-61）

两条总线电压都大约为 12V。该故障的判断方法与故障 1 相同。

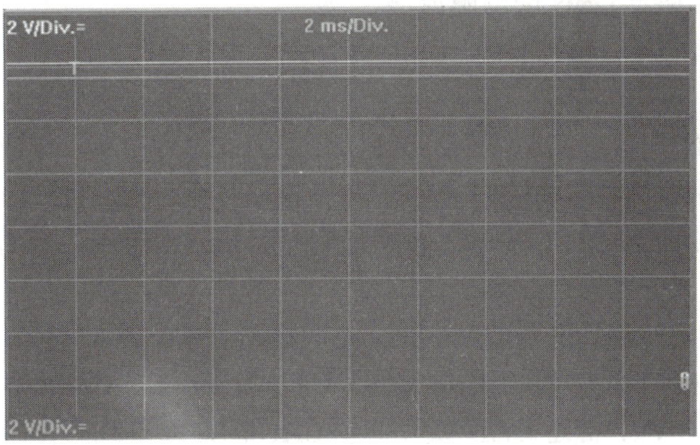

图 3-61　CAN-Low 对正极短路故障的波形

（6）故障波形 6-CAN-High 断路（图 3-62）

由于电流无法再流向中央终端电阻通过 CAN-Low 线，两条导线电压均接近 1V。如果还有其他控制单元在工作，那么图中显示出的电平就会与CAN-High线上的正常电压一同在变化。

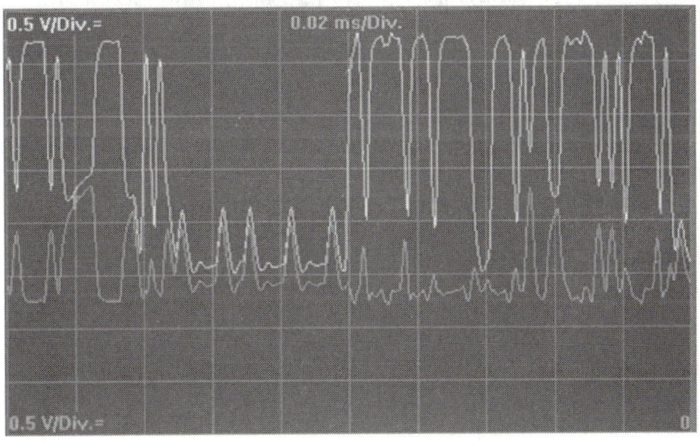

图 3-62　CAN-High 断路故障的波形

（7）故障波形 7-CAN-Low 断路（图 3-63）

由于电流无法再流向中央终端电阻通过 CAN-High 线，两条导线电压均接近 5V。如果还有其他控制单元在工作，那么图中显示出的电平就会与 CAN-Low 线上的正常电压一同在变化。

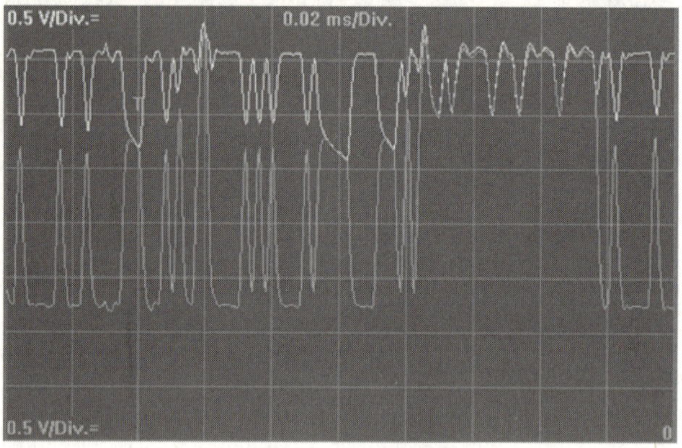

图 3-63　CAN-Low 断路故障的波形

4．舒适 CAN 和信息 CAN 的故障波形

当故障存储记录“舒适总线故障”时，用数字示波器进行检测可以确定故障点的位置以及故障引发的原因。

此外，舒适 CAN 和信息 CAN 具有单线工作能力。这意味着，在故障存储记录中有“舒适总线单线工作”故障时，可以用数字示波器进行检测，确定两条 CAN 总线中哪一条有故障。

在下面的故障波形分析中，用通道 A 测量 CAN-High 的电压，用通道 B 测量 CAN-Low 的电压。

（1）故障波形 1-CAN-High 与 CAN-Low 之间短路

CAN-High 和 CAN-Low 的电压电位相同。CAN-High 与 CAN-Low 之间短路影响所有的舒适 CAN 或者信息 CAN。舒适 CAN 或者信息 CAN 因此而单线工作。这意味着，通信仅为一条线路的电压电位起作用（见读取测量数据块部分）。控制单元利用该电压电位对地值确定传输数据。

在图 3-64 中，数字示波器波形为通道 A 和通道 B 的零线坐标重叠。通过设置，可以看出 CAN-Low 线和 CAN-High 线的电压电位是相同的。

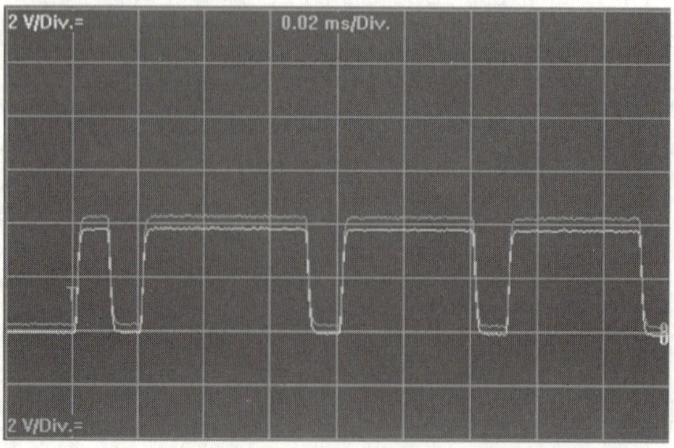

图 3-64　CAN-High 与 CAN-Low 之间短路故障的零线坐标重叠波形

在图 3-65 中，波形也为相同信号，只是将两个通道的零线坐标分开。

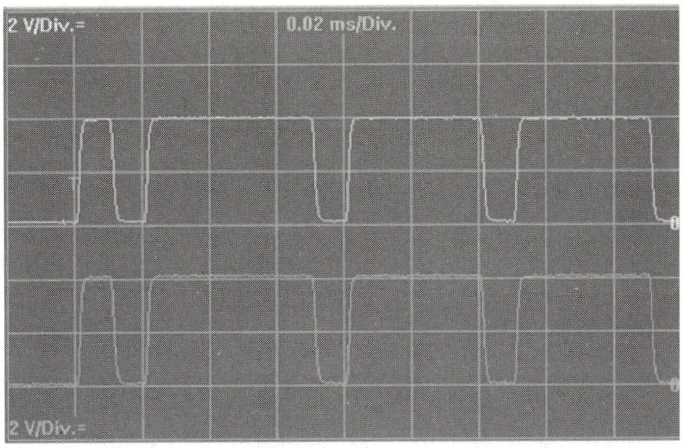

图 3-65　CAN-High 与 CAN-Low 之间短路故障的零线坐标分开波形

（2）故障波形 2-CAN-High 对地短路（图 3-66）

CAN-High 的电压置于 0V，CAN-Low 的电压电位正常。在该故障情况下，所有舒适 CAN 或信息 CAN 变为单线工作。人们可能第一眼便猜测，该故障是由于 CAN-High 断路引起的。但是，断路的波形与之不同（见故障波形 7）。

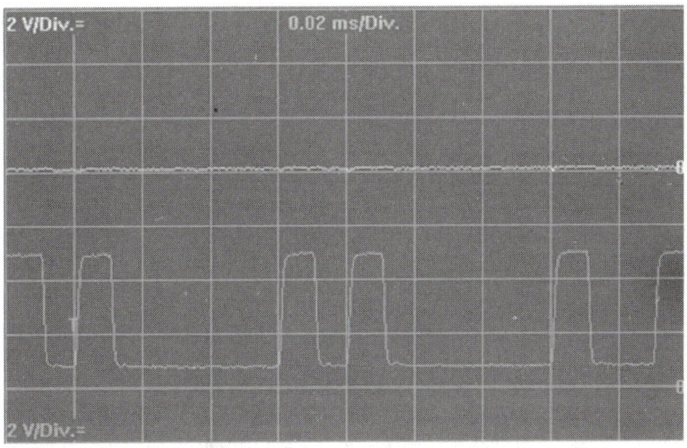

图 3-66　CAN-High 对地短路故障的波形

（3）故障波形 3-CAN-High 对正极短路（图 3-67）

CAN-High 线的电压电位大约为 12V 或者蓄电池电压。CAN-Low 线的电压电位正常。在该故障情况下，所有舒适 CAN 或者信息 CAN 变为单线工作。

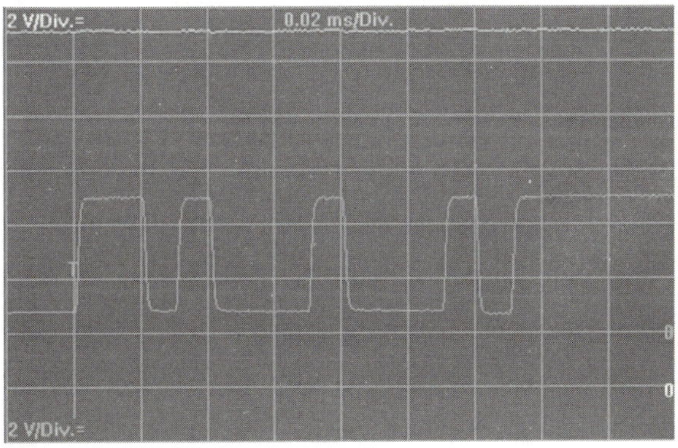

图 3-67　CAN-High 对正极短路故障的波形

（4）故障波形 4-CAN-Low 对地短路（图 3-68）

CAN-Low 的电压置于 0V，CAN-High 的电压电位正常。在该故障情况下，所有舒适 CAN 或者信息 CAN 变为单线工作。人们可能第一眼便猜测，该故障是由于断损的 CAN-Low 引起的。但是，断损的波形与之不同（见故障波形 6）。

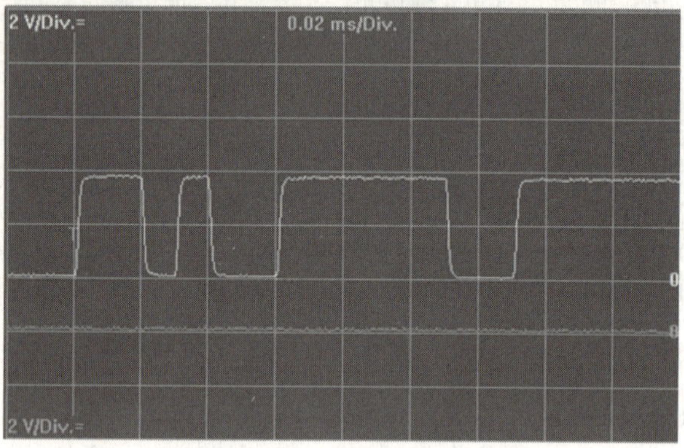

图 3-68　CAN-Low 对地短路故障的波形

（5）故障波形 5-CAN-Low 对正极短路（图 3-69）

CAN-Low 线的电压电位大约为 12V 或者蓄电池电压。CAN-High 线的电压电位正常。在该故障情况下，所有舒适 CAN 或者信息 CAN 变为单线工作。

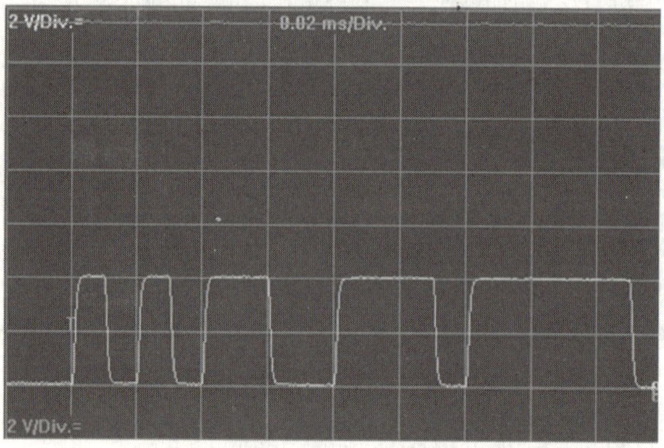

图 3-69　CAN-Low 对正极短路故障的波形

（6）故障波形 6-CAN-Low 线断路

在图 3-70 中，多个控制单元组成的系统发生 CAN-Low 线断路故障，检测波形如图 3-71 所示。CAN-High 线电压电位正常。在 CAN-Low 线上为 5V 的隐性电压电位和一个比特长的 1V 显性电压电位。当一个信息内容被正确地接受，则控制单元发送这个显性电压电位。“A”部分是信息的一部分，该信息被一个控制单元所发送。在“B”时间点接收到正确的信息内容，则接收控制单元用一个显性的电压电位给予答复。在“B”时间点因为收到正确的信息，则所有控制单元都同时发送一个显性的电压电位，正因为如此，该比特的电位差要大一些。

在图 3-72 的波形中，用较大的时间/单位值显示同一个故障。这里可以看出来，在信息“1”仅在 CAN-High 线上被发送，但是在 CAN-Low 线上的“A”处也给予确认答复。同样在信息 2 在 B 处给予答复。信息 3 在两条线被发送。CAN-Low 显示信息 3 的电压电位。A、B、D 为单线工作，C 为双线工作。

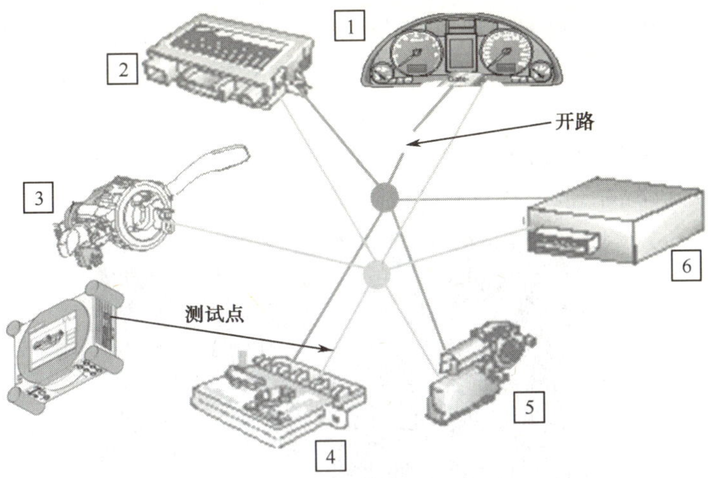

图 3-70　多个控制单元系统的 CAN-Low 线断路故障和检测

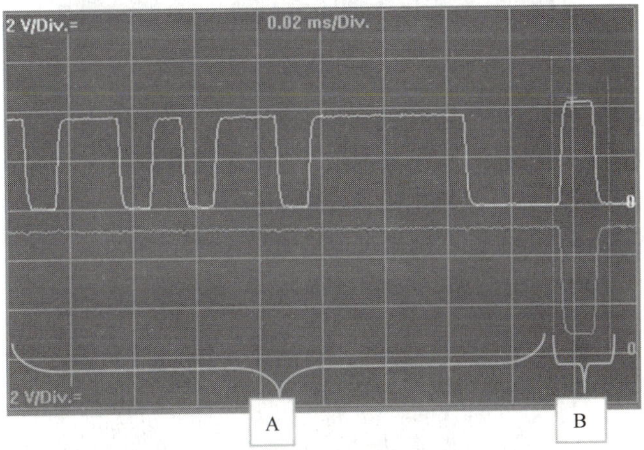

图 3-71　CAN-Low 线断路故障的波形

控制单元 1 发送一条信息，因为线路断路，所以其他的控制单元仅能够单线接受（如图 3-72 中 1、2 和 4）。通过对控制单元 4 连接测量，数字示波器显示控制单元 1 的发送为单线工作。控制单元 2、3、4、5 和 6 对接受给予确认答复，在数字示波器的两个通道上都有显示（如图 3-72 中的 A、B 和 D 处）。

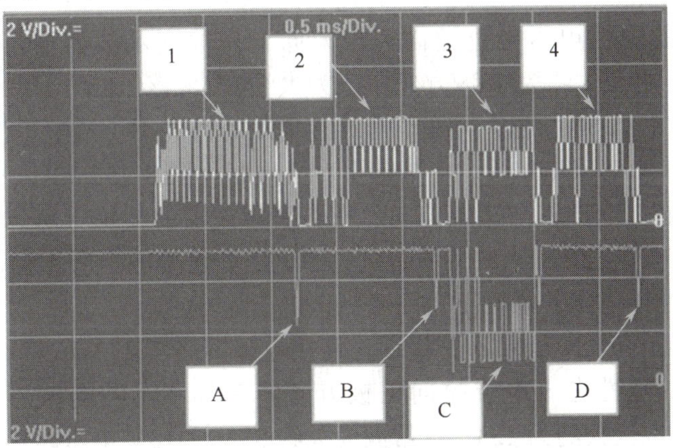

图 3-72　在较大的时间/单位值显示同一个故障

这说明这些控制单元之间没有线路断路的情况。例如：控制单元 2 发送一个信息，所有控制单元接受该信息，该信息被双线工作传送（如图 3-72 中数字示波器信息 3 和位置 C）控制单元 1 为单线接受。

（7）故障波形 7-CAN-High 断路（图 3-73）

CAN-High 线断路故障波形特点如同故障波形 6。

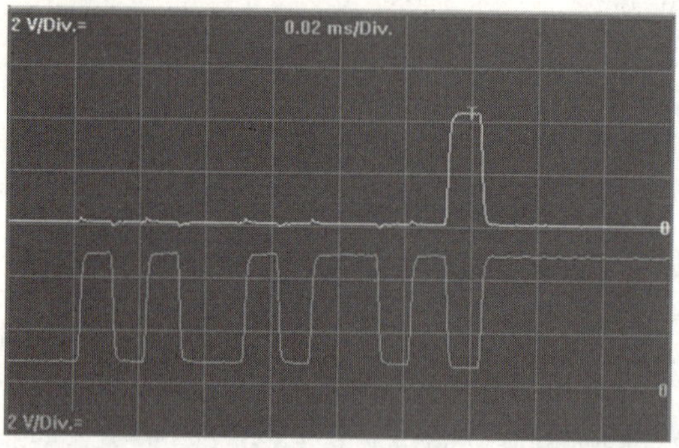

图 3-73　CAN-High 断路故障的波形

前面介绍的短路都是没有电阻连接的直接线路短路。在实际中经常出现，由于破损的线束导致的短路。破损的线束靠近接地或者正极，经常还带有潮气。这将使该处产生连接电阻。下面数字示波器波形显示的为有连接电阻情况的短路。

（8）故障波形 8-CAN-High 对正极通过连接电阻短路（图 3-74）

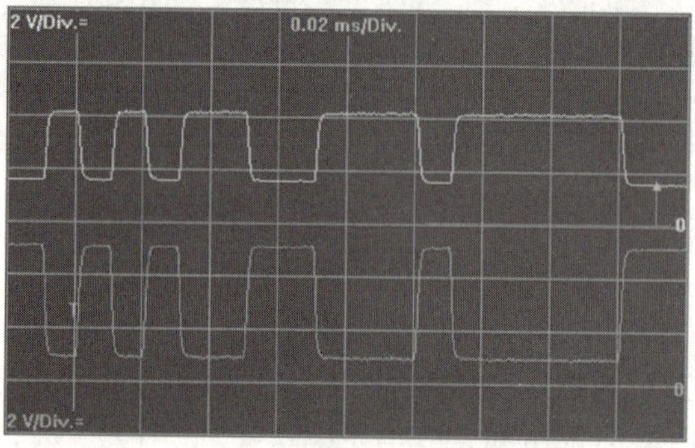

图 3-74　CAN-High 对正极通过连接电阻短路故障的波形

CAN-High 线的隐性电压电位拉向正极方向。在数字示波器波形上人们可以看出，CAN-High 隐性电压电位大约为 1.8V，正常应为大约 0V，该 1.8V 电压是由于连接电阻引起的。电阻越小则隐性电压电位越大。在没有连接电阻的情况下，该电压值为蓄电池电压。

（9）故障波形 9-CAN-High 通过连接电阻对地短路（图 3-75）

CAN-High 的显性电位移向接地方向。在数字示波器的波形上可以看出来，CAN-High 的显性电压大约为 1V，正常的大约为 4V，1V 的电压受连接电阻所影响，电阻越小，则显性电压越小。在没有连接电阻的情况下短路，则该电压为 0V。

（10）故障波形 10-CAN-Low 对正极通过连接电阻短路（图 3-76）

CAN-Low 线的隐性电压电位拉向正极方向。在数字示波器波形上人们可以看出，CAN-Low 隐性电压电位大约为 13V，正常应为大约 5V，该 13V 电压是由于连接电阻引起的。电阻越小则隐性电压电位越大。在没有连接电阻的情况下，该电压值为蓄电池电压。

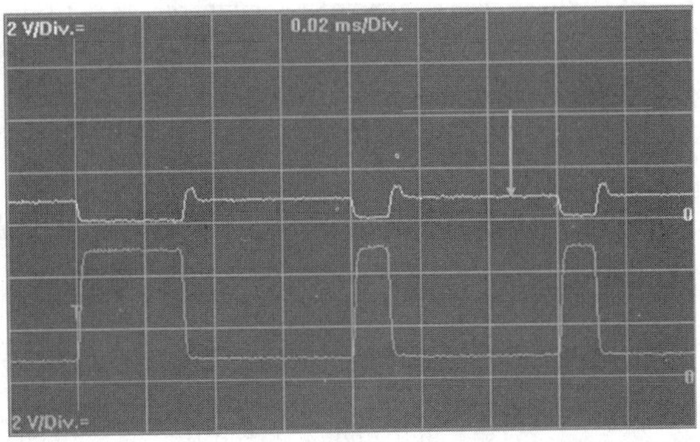

图 3-75　CAN-High 通过连接电阻对地短路故障的波形

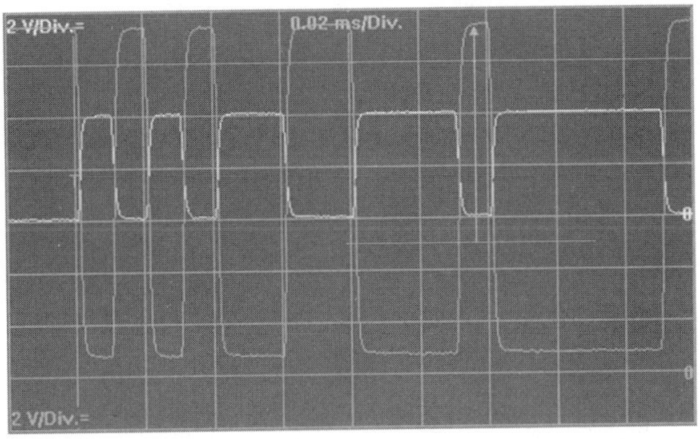

图 3-76　CAN-Low 对正极通过连接电阻短路故障的波形

（11）故障波形 11-CAN-Low 通过连接电阻对地短路（图 3-77）

CAN-Low 线的隐性电压电位拉向 0V 方向。在数字示波器波形上人们可以看出，CAN-Low 隐性电压电位大约为 3V，正常应为大约 5V，该 3V 电压是由于连接电阻引起的。电阻越小则隐性电压电位越小。在没有连接电阻的情况下，该电压值为 0V 电压。

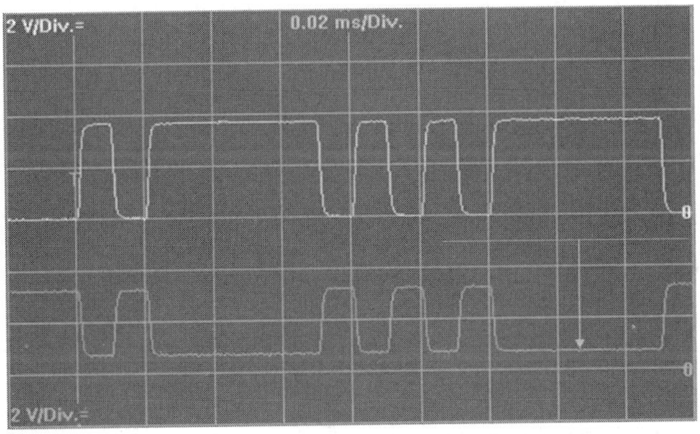

图 3-77　CAN-Low 通过连接电阻对地短路故障的波形

（12）故障波形 12-CAN-High 与 CAN-Low 之间通过连接电阻短路（图 3-78）

在短路的情况下，CAN-High 与 CAN-Low 的隐性电压电位相互靠近。CAN-High 的隐性电压大约为 1V，正常值为 0V，CAN-Low 的电压大约为 4V，正常值为 5V，CAN-High 与 CAN-Low 的显性电压电位为正常。

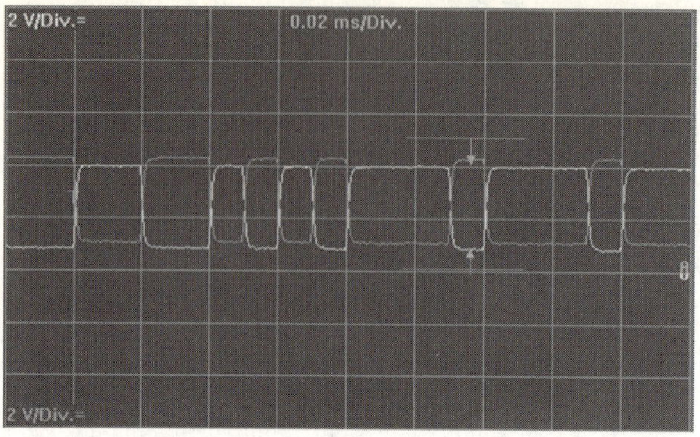

图 3-78　CAN-High 与 CAN-Low 之间通过连接电阻短路故障的波形

三、CAN 总线系统自诊断

带有 CAN 数据总线的多路传输系统，支持自诊断功能，但是由于 CAN 数据总线不同于普通 K 线的传递方式，对检测仪的要求很高，也就是说普通的解码器不能满足带有 CAN 数据传输系统的检测要求，但是支持带有 CAN 数据传输系统解码器却能兼容具有 K 线传递的系统。

1．故障自诊断原理

在汽车电子控制系统设计的同时，增加了故障自诊断功能模块，故障自诊断模块监测的对象是电控汽车上的各种传感器、电子控制系统本身以及各种执行元件，故障判断正是针对上述三种对象进行的。故障自诊断模块共用汽车电子控制系统的信号输入电路，在汽车运行过程中不断监测上述三种对象的输入信号，当某一信号超出对应的范围或元件出现故障，将把这一故障以故障码的形式存入内部存储器，同时点亮仪表盘上的故障指示灯。针对三种监控对象产生的故障，故障自诊断模块采取不同的应急措施：

① 当某一传感器或电路产生了故障后，其信号就不能再作为汽车的控制参数，为了维护汽车的运行，故障自诊断模块便从其程序存储器中调出预先设定的经验值，作为该电路的应急输入参数，保证汽车可以继续工作。

② 当电子控制系统自身产生故障时，故障自诊断模块便触发备用控制回路对汽车进行应急的简单控制，使汽车可以开到修理厂进行维修，这种应急功能叫做“安全回家功能”。

③ 当某一执行元件出现可能导致其他元件损坏或严重后果的故障时，为了安全起见，故障自诊断模块采取一定的安全措施，自动停止某些功能的执行，这种功能称为故障保险。如：当点火器出现故障，故障自诊断模块就会切断燃油喷射系统电源，使喷油嘴停止喷油，防止未燃烧混合气体进入排气系统，引起爆炸。

2．自诊断系统的功能

（1）发现故障

输入到微处理器的电压信号，在正常状态下有一定的范围，如果此范围以外的信号被输入时，ECU 就会诊断出该信号系统处于异常状态下。例如，发动机冷却水温信号系统规定正常状态时，传感器的电压为 0.08～4.8V（-50～+139℃），超出这一范围即被诊断为异常。如果微机本身发生故障则由设有紧急监控定时器（WDT）的限时电路加以监控。如果出现程序异常，则定期进行的时限电路的再设置停止工作，以便采用微机再设置的故障检测方法。

（2）故障分类

当微处理器工作正常时，通过诊断用程序检测输入信号的异常情况，再根据检测结果分为轻度故障、引起功能下降的故障以及重大故障等，并且将故障按重要性分类，预先编辑在程序中。当微处理器本身发生故障时，则通过 WDT 进行故障分类。

（3）故障报警

一般通过设置在仪表板上报警灯的闪亮来向车主报警。在装有显示器的汽车上，也有直接用文字来显示报警内容的。

（4）故障存储

当检测故障时，在存储器中存储故障部位的代码，一般情况下，即使点火开关处于断开位置，微处理器和存储部分的电源也保持接通状态而不使存储的内容丢失。只有在断开蓄电池电源或拔掉熔丝时，由于切断了微处理器的电源，存储器内的故障码才会被消除。

（5）故障处理

在汽车运行过程中如果发生故障，为了不妨碍正常行驶，由微处理器进行调控，利用预编程序中的代用值（标准值）进行计算以保持基本的行驶性能，待停车后再由车主或维修人员进行相应的检修。

（6）故障自诊断模块

从上述基本工作原理分析来看，故障自诊断模块应该包括：监测输入、逻辑运算及控制、程序及数据存储器、备用控制回路、信息和数据驱动输出等模块。

3．具有 CAN 总线系统车辆对故障诊断仪的要求

（1）能够自动识别汽车控制计算机的型号和版本

能够自动识别当前测试车型控制计算机型号和版本，而不用人工选择车款、车型、诊断插座类型等信息。一旦识别了 ECU 的型号，相应的故障码、清码方法、数据流内容、执行元件、特殊功能等都确定了。

（2）能够完全访问汽车控制计算机上开放的存储资源

在汽车故障自诊断系统的设计过程中，预留了很多供外部诊断设备访问的存储单元，这些存储单元存放了反映汽车运行非常重要的数据。外部诊断设备要能够安全访问这些存储资源，必须 100%地按照该车型的诊断通信协议的所有通信方式进行访问。

（3）能够不失真地按照原厂要求显示从汽车控制计算机上获取的数据

完全按照诊断通信协议获得诊断数据之后，必须按照原厂要求显示这些数据，每一项数据都有一定的显示格式。如：对应不同的数据，它显示的整数位、小数位、单位以及空白位置等都有明确的规定。

（4）必须支持以下五个功能

① 读取故障码；

② 清除故障码；

③ 动态数据分析；

④ 执行元件测试；

⑤ 对特定的车系/车型支持专业功能。如提供系统基本调整、自适应匹配（含防盗计算机及钥匙匹配）、编码、单独通道数据、登录系统、传送汽车底盘号等专业功能。

4．CAN 总线自诊断系统所能识别的故障记忆

① 一条或两条数据线断路；

② 两数据线同时断路；

③ 数据线对地短路或对正极短路；

④ 一个或多个控制单元有故障。

第六节 CAN 总线相关故障实例

一、CAN 总线系统不休眠导致漏电故障

1. 故障现象

一辆奔驰 S350，底盘 220、发动机型号 272，车主反映此车有漏电现象，停放一晚上就无法启动。要跨接电池，或重新充电后才能启动。

2. 故障诊断

对于漏电，首先要确定是用电设备、还是 CAN 总线没有进入休眠状态造成的，或者是电池自身原因内部漏电造成的。首先我们要检查静态电流消耗是多少。

关掉所有车上用电设备，关掉所有车门并锁好。但后备箱还必须打开，把后备箱锁锁好就行了，否则无法测静态电流。

将带电流钳的万用表卡在电源线上或万用表电流挡串在电池负极线与电池负极头上，再断开电池负极线，按照维修资料介绍要等 20min 再记录当前的数据。检查维修资料的数据，静态电流消耗正常只有 50mA 左右，最多不能超过 60mA。

经检查，静态电流在 1～0.9A 之间变动，静态电流消耗超出正常值范围。接下来就要通过电源确定发生故障的用电设备，看哪个熔断器支路存在漏电。经过查找，发现拔掉后熔断器继电器盒上的 62 号熔断器后，静态电流就恢复到正常水平。查找维修资料，62 号熔断器是带组合功能的气动控制单元，简称 PSE 控制模块。PSE 控制模块位置在后备箱左侧轮罩上方的镶板上，PSE 控制模块的功能是气动促动中央锁止系统、折合式后座头枕、伺服门锁系统、多仿形座椅控制、遥控开启和锁止后备箱。双压泵被集成到 PSE 控制模块以达到气压过量和真空供应。

接下来检查 PSE 控制模块漏电原因。在正常情况下，关掉点火开关以后，把车门锁好，等一阵 PSE 控制模块就会进入休眠状态，就不会再有那么大的放电电流。PSE 控制模块是否进入休眠状态，要用示波器看它的 CAN 信号的波形。在前驾驶座椅下找到 CAN 总线接线座，把示波器连上，调好仪器，看是否有波形。如果系统进入休眠，示波器就不会有波形，而是一个高电压和低电压两个 CAN 信号。关好所有车门并锁好，等了好长的时间 CAN 线都没有进入休眠状态。一拔掉 PSE 控制模块保险很快进入休眠状态，这就是说这个控制模块不能够进入休眠状态。为什么 PSE 控制模块不进入休眠状态？读取 PSE 控制模块故障码，显示后备箱开关故障。查看实际值，后备箱按钮开关一直在关。打开后备箱，按动开关发现锁的按钮有点卡，卡在按下位置弹不回来。多按几下就弹回来了，这时再去看它的 CAN 信号波形，等一阵就进入休眠了。此时再看放电电流只有 60 多毫安，基本符合标准。这是由于行李箱按钮开关卡在关闭位置，长时间都有锁后备箱的信号到 PSE 控制模块，从而 PSE 控制模块不能进入休眠，向 CAN 发送信号。

3. 故障排除

更换后备箱开关，故障排除。

二、CAN 总线故障导致 ABS 灯亮以及灯光不受控制

1. 故障现象

一辆 2006 年生产的东风日产天籁汽车，用户报修项目为前照灯无法关闭；ABS 灯亮；前雾灯无法打开，后雾灯正常；转向灯和警示灯正常；小灯和前照灯不受灯光组合开关控制，常亮，但是仪表各种灯光的指示灯正常。同时伴有刮水器电动机不受开关控制，但是喷水正常；车速里程表不工作。

2. 故障诊断

用 X-431 进入各个系统，读取发动机系统故障码 U1001（CAN 通信线）、ABS 和 BCM 故障码 U1000（CAN 通信线）。查阅维修手册，日产对此两个故障码的解释都是本控制单元不能与其他控制单元通信，看来是 CAN 线路出问题了。

向用户仔细询问故障出现的次数和情形，故障是当天出现，但是以前曾经有过晚上在坏路上颠簸一下就出现灯光自动熄灭的情况，然后又自动好了。从用户反映的情况来看，也应该是线路导致的问题。结合故障码和用户反映的情况，决定先从 CAN 线路开始检查，CAN 系统电路图如图 3-79、图 3-80 和图 3-81 所示。

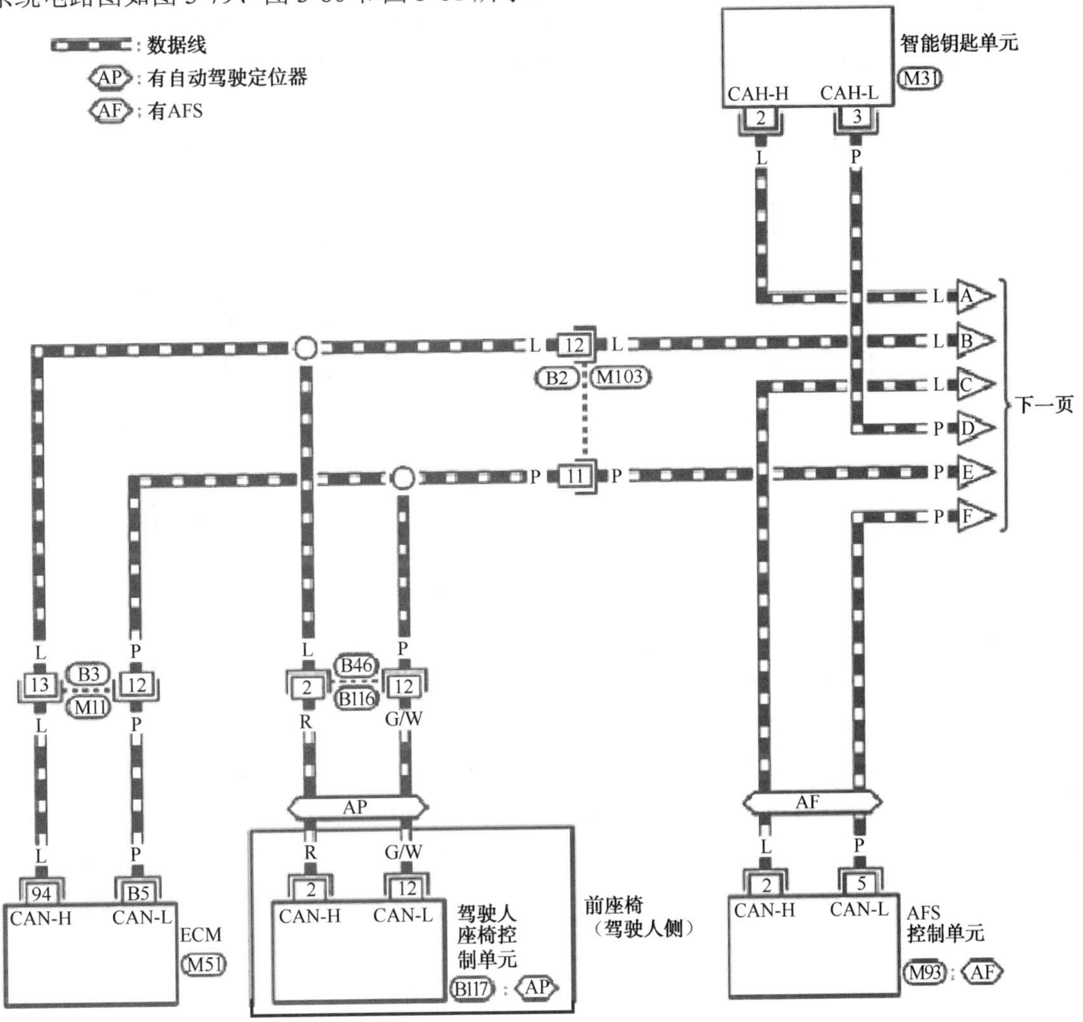

图 3-79　CAN 系统图（1）

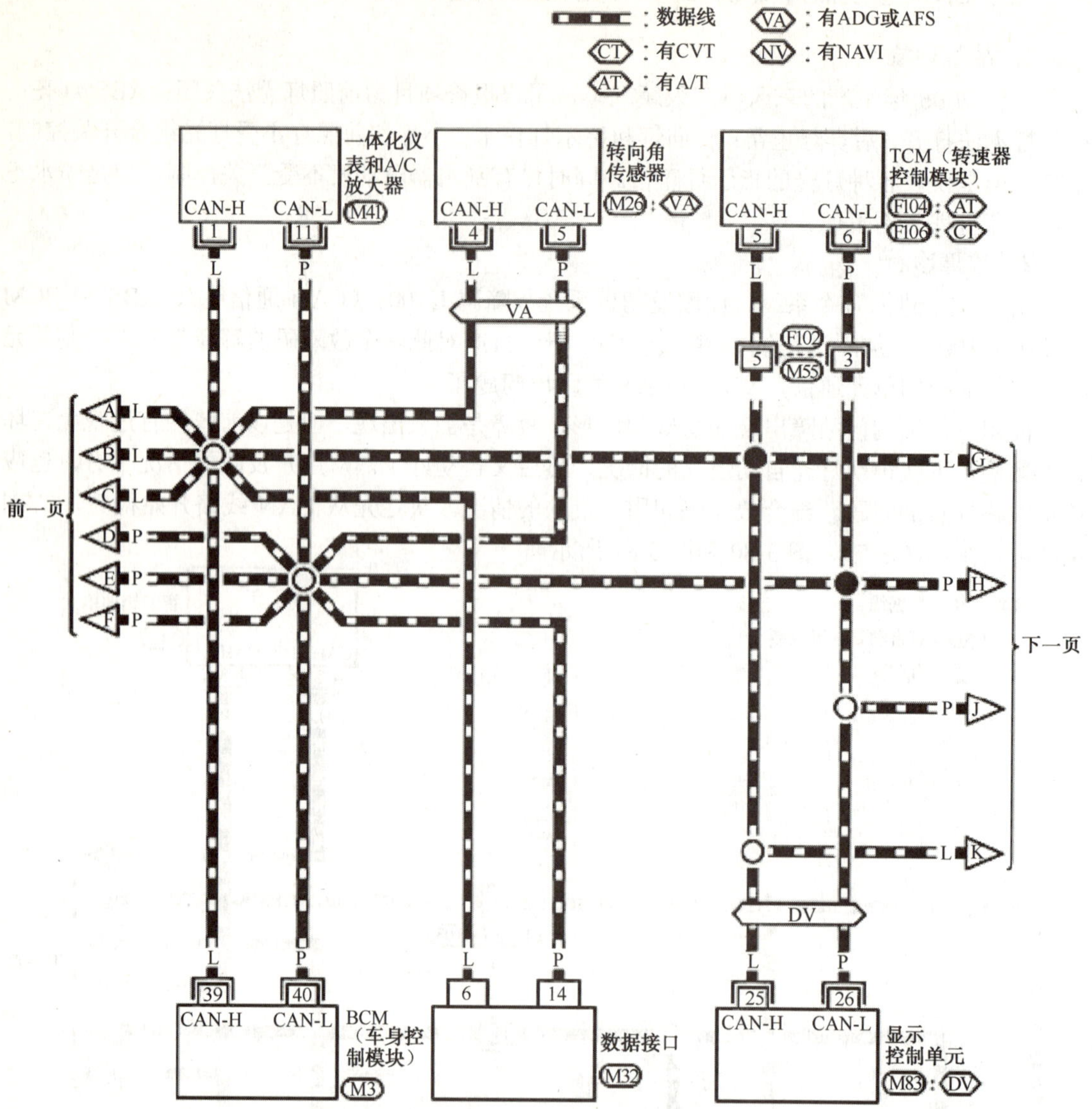

图 3-80　CAN 系统图（2）

天籁车的前远近光灯、前雾灯、驻车灯、牌照灯、尾灯都是由 BCM 接收到灯光组合开关的请求信号，然后从 39 和 40 号脚，如图 3-80 所示，经过 CAN 线传送到发动机室智能电源分配模块的 48 和 49 号脚，如图 3-81 所示，由 IPDM E/R 控制相应的灯光点亮；转向灯和危险警告灯则是 BCM 接收到开关请求信号直接由 BCM 控制点亮；同时 BCM 通过 CAN 通信线向一体化仪表和 AC 放大器 1 和 11 号脚发送信号，仪表点亮各种灯光指示灯。IPDM E/R 根据来自 BCM 的 CAN 信号，对前刮水器电动机进行控制，而前刮水器喷水是由刮水器组合开关直接控制的。

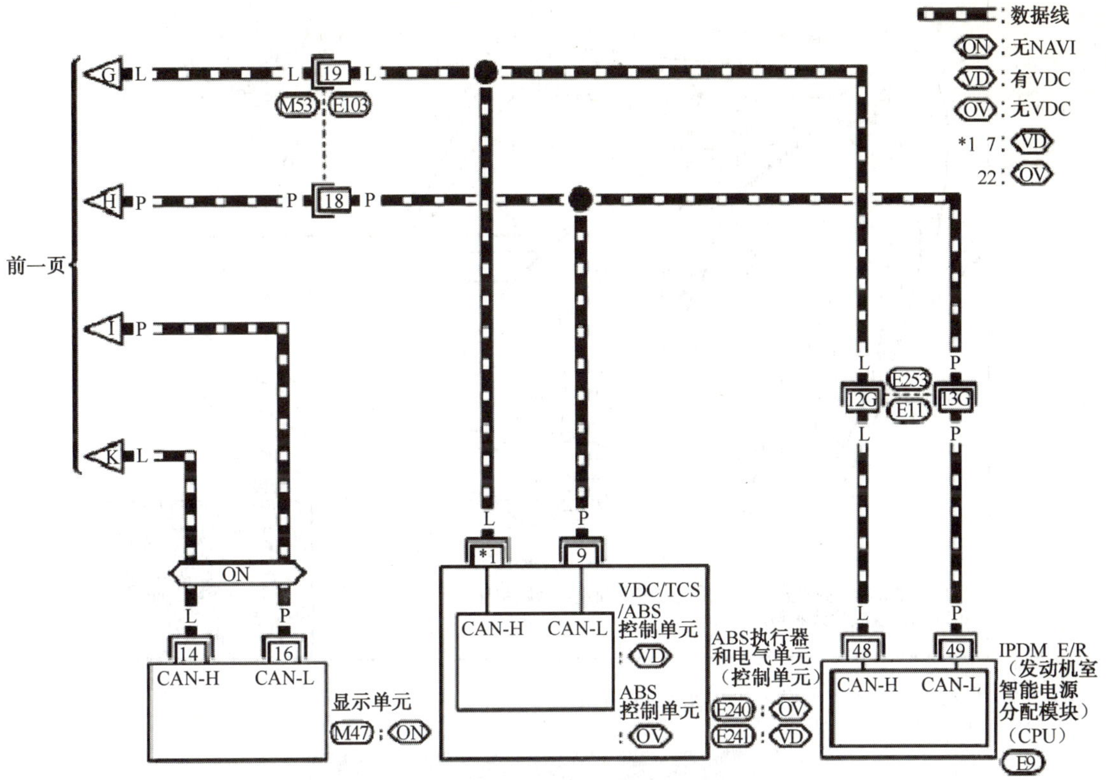

图 3-81　CAN 系统图（3）

从 BCM 读取各个灯光开关和雨刮组合开关的信号，发现正常，这就证明了灯光开关和刮水器组合开关的各种开关信号已经正常传递到了 BCM。从故障现象看，应该是通往 IPDM E/R 的 CAN 线路出了问题或者 IPDM E/R 本身问题，从 CAN 系统图上可以看出，CAN 线从驾驶舱内出来经过了 E103 插头的 18 和 19 号脚，如图 3-81、图 3-82 所示，然后穿过发动机室防火墙从右前翼子板内到达 IPDM E/R 的 E253 插头的 48 和 49 号脚。测量 E103 插头的 18 和 19 号脚到 IPDM E/R 的 E253 插头的 48 和 49 号脚发现，E103 插头的 19 号脚到 IPDM E/R 的 E253 插头的 48 号脚不通（CAN-H），看来问题就出在这段线路上。拆下右前照灯和右前翼子板，发现了该车曾经出过大事故，从驾驶室内出来的那段线束在事故的时候撞断过，在其他修理厂修理的时候还曾经接过一段线，当时 CAN-H 没有接牢靠，而且 CAN 的双线没有互绞在一起，如图 3-83 所示。而且该段线束也正通往 ABS 控制单元插头 E240，如图 3-82 所示，这也是为什么 ABS 灯会点亮而且车速里程表不工作的原因，ABS 无法将车速信号经过 CAN 通信线路传送到一体化仪表和 AC 放大器。

3．故障排除

将 CAN 线重新接好并且互绞再仔细包好，清除故障码启动车辆，一切都恢复正常。

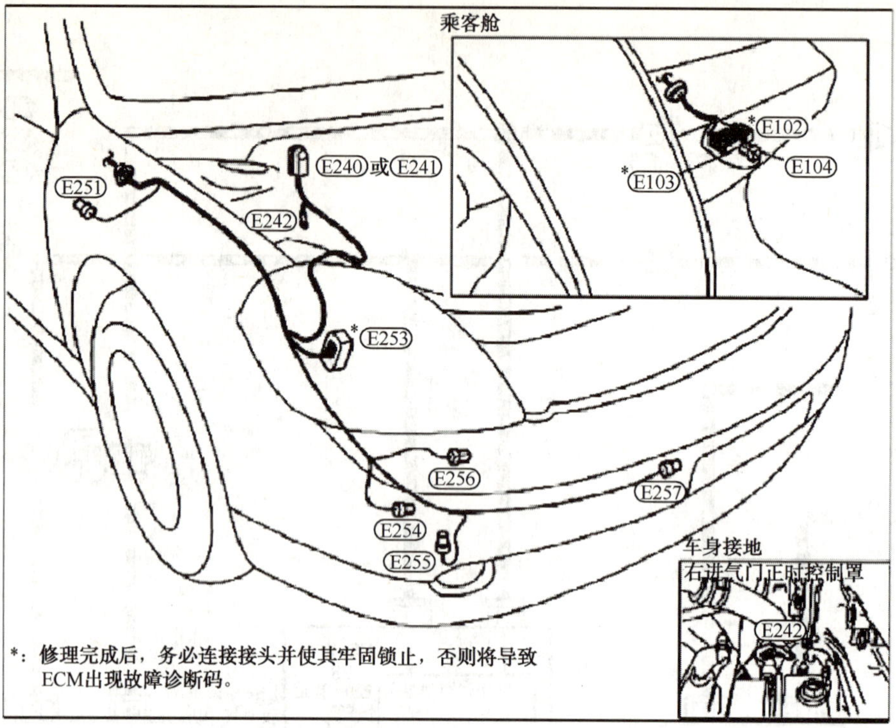

图 3-82　CAN 线束布置示意图

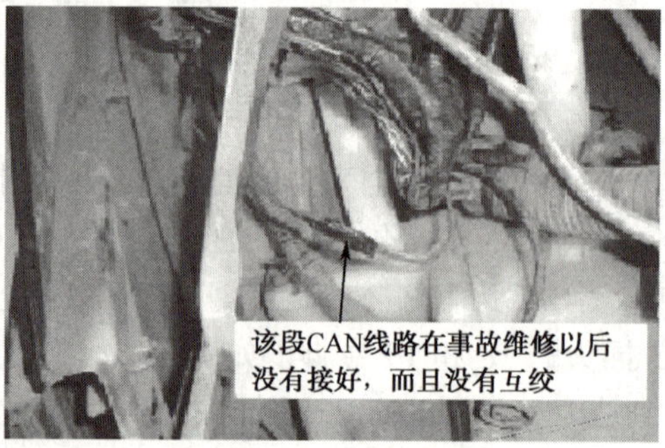

图 3-83　未接好的 CAN 线束

第四章　LIN 总线传输系统原理与检修

第一节　LIN 总线工作原理

一、LIN 总线简介

LIN 是 Local Interconnect Network 的缩写。Local Interconnect（局域互联）表示所有的控制单元都装在一个有限的空间内（如车顶），所以它也被称为“局域子系统”。LIN 是一种针对某一功能的局部网络系统，主要应用在精度误差不是很苛求的部件的控制上，例如转向定时速度控制、雨刮器控制、车灯控制、后视镜控制、电动车窗、电动座椅调整、发电系统、空调控制等。图 4-1 为奥迪 A8 中带有 LIN 总线单元的舒适系统。

A 级网络目前首选的标准是 LIN 总线。LIN 总线是用于汽车分布式电控系统的一种新型低成本串行通信系统，主从结构的单线 12V 的总线通信系统，主要用于智能传感器和执行器的串行通信，这正是 CAN 总线的带宽和功能所不要求的部分。

LIN 的标准简化了现有的基于多路解决方案，同时将降低汽车电子装置的开发、生产和服务费用。它的媒体访问采用单主/多从的机制，不需要进行仲裁，在从节点中不需要晶体振荡器而能进行自同步，极大地减少了硬件平台的成本。

LIN 的目标是为现有汽车网络（例如 CAN 总线）提供辅助功能，因此 LIN 总线是一种辅助的总线网络，在不需要 CAN 总线的带宽和多功能的场合比如智能传感器和制动装置之间的通信使用 LIN 总线可大大节省成本。LIN 的主要特性如下：

① 低成本，基于通用 UART 接口，几乎所有微控制器都具备 LIN 必需的硬件；

② 只需要一根数据传输线；

③ 传输速率最高可达 20kbit/s；

④ 单主控器/多从设备模式无需仲裁机制，通过单主/多从的原则保证系统安全；

⑤ 从节点不需晶振或陶瓷振荡器就能实现自同步，节省了从设备的硬件成本；

⑥ 保证信号传输的延迟时间；

⑦ 不需要改变 LIN 从节点的硬件和软件就可以在网络上增加节点；

⑧ 通常一个 LIN 网络上节点数目小于 12 个，共有 64 个标志符。

车上各个 LIN 总线系统之间的数据交换是由主控制单元通过 CAN 数据总线实现的，例如，奥迪 A6 05 空调系统的 LIN 总线子系统如图 4-2 所示。

LIN 总线系统是单线式，底色是紫色，有标志色。该线的横截面面积为 0.35mm^2，无需屏蔽。该系统允许一个 LIN 主控制单元最多与 16 个 LIN 从控制单元进行数据交换，如图 4-3 所示。

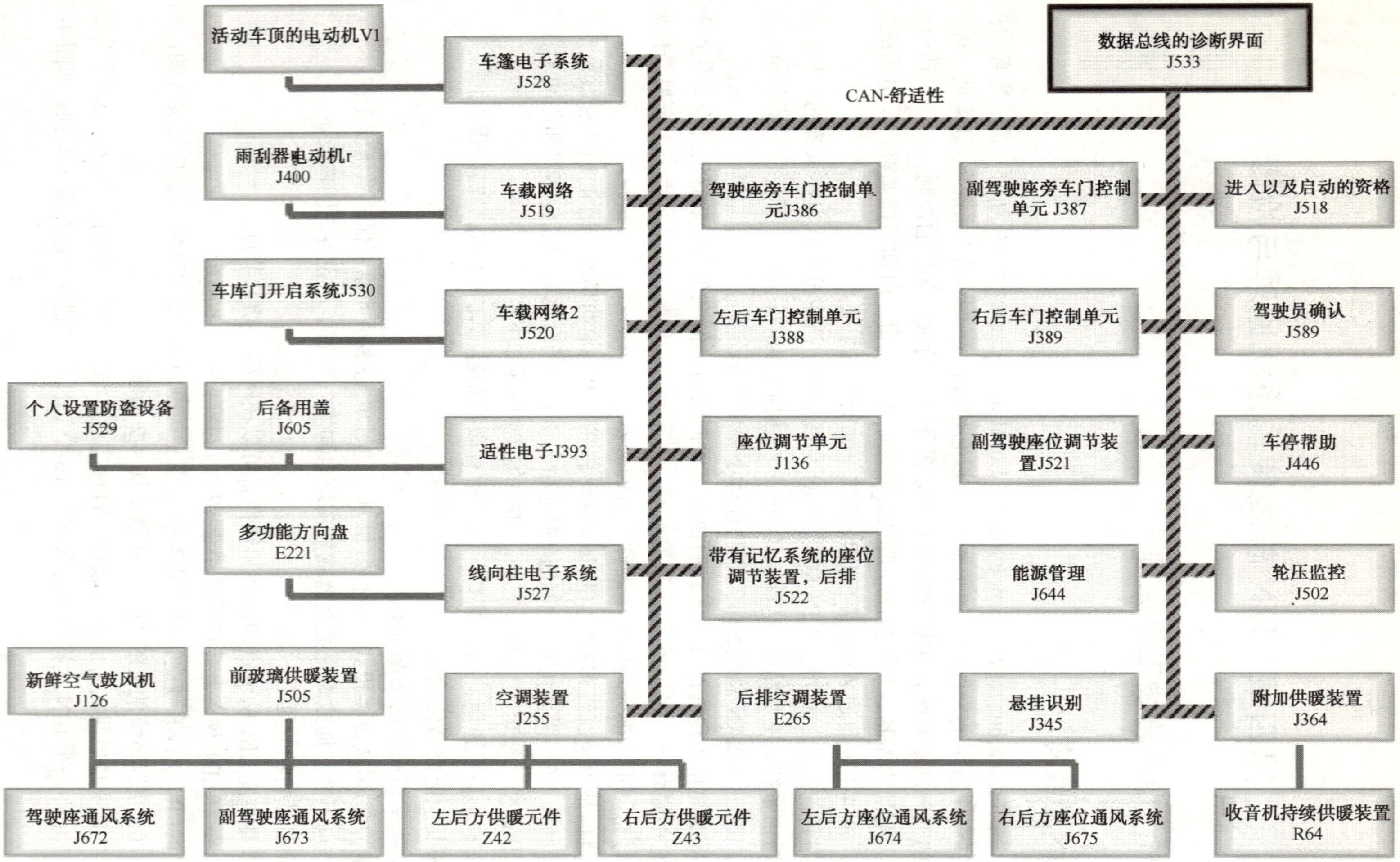

图 4-1　奥迪 A8 中带有 LIN 总线单元的舒适系统

单粗线—LIN 总线；斜纹线—CAN 总线

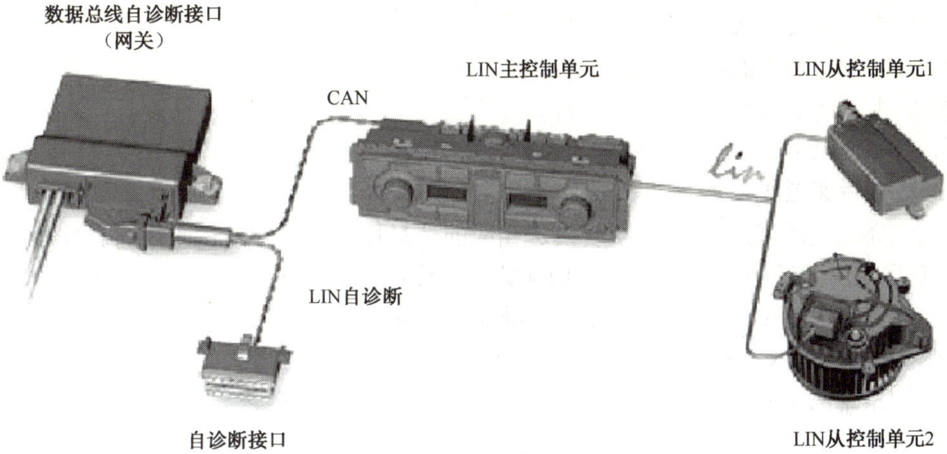

图 4-2　奥迪 A6 05 空调系统的 LIN 总线子系统实物图

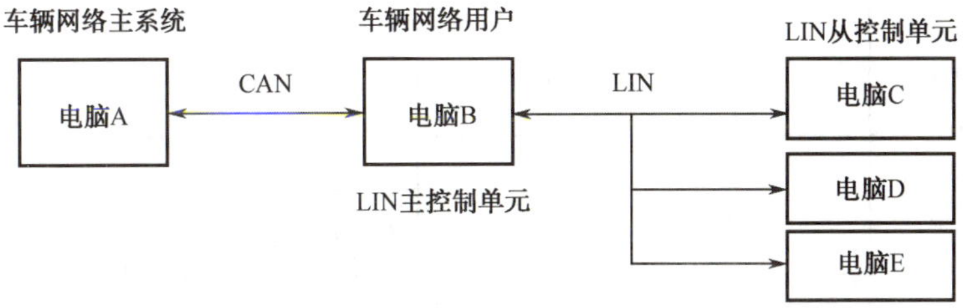

图 4-3　LIN 网络基本结构

二、LIN 总线组成和工作原理

1. LIN 主控制单元

该控制单元连接在 CAN 数据总线上，如图 4-3 所示，它执行 LIN 的主功能。其主要作用如下：

① 监控数据传递和数据传递的速率，发送信息标题。

② 该控制单元的软件内已经设定了一个周期，这个周期用于决定何时将哪些信息发送到 LIN 数据总线上多少次。

③ 该控制单元在 LIN 数据总线与 CAN 总线之间起“翻译”作用，它是 LIN 总线系统中唯一与 CAN 数据总线相连的控制单元。

④ 通过 LIN 主控制单元进行 LIN 系统自诊断。

2. LIN 从控制单元

在 LIN 数据总线系统内，单个的控制单元、传感器及执行元件都可看作 LIN 从控制单元。传感器内集成有一个电子装置，该装置对测量值进行分析。数值是作为数字信号通过 LIN 总线传递的。有些传感器和执行元件只使用 LIN 主控制单元插口上的一个针脚。

LIN 执行元件都是智能型的电子或机电部件，这些部件通过 LIN 主控制单元的 LIN 数字信号接受任务。LIN 主控制单元通过集成的传感器来获知执行元件的实际状态，然后就可以进行规定状态和实际状态的对比。LIN 从控制单元的特点如下：

① 接收、传递或忽略与从主系统接收到的信息标题相关的数据；

② 可以通过一个“叫醒”信号叫醒主系统；

③ 检查对所接收数据的检查总量；

④ 对所发送数据的检查总量进行计算；

⑤ 同主系统的同步字节保持一致；

⑥ 只能按照主系统的要求同其他子系统进行数据交换。

3．数据传递过程

一个LIN子系统总是当由主系统发送相应的信息标题要求它发送时才向LIN数据总线系统发送数据。所发送的数据可供每个LIN数据总线参与单元接收。工作流程如图4-4所示，LIN-信息1表示主系统要求子系统1提供数据；LIN-信息2表示主系统要求子系统2提供数据；LIN-信息3表示主系统为子系统发送数据，比如向子系统2。例如，如图4-5所示奥迪A6 05空调系统的LIN子系统，其LIN总线数据传递过程如下：

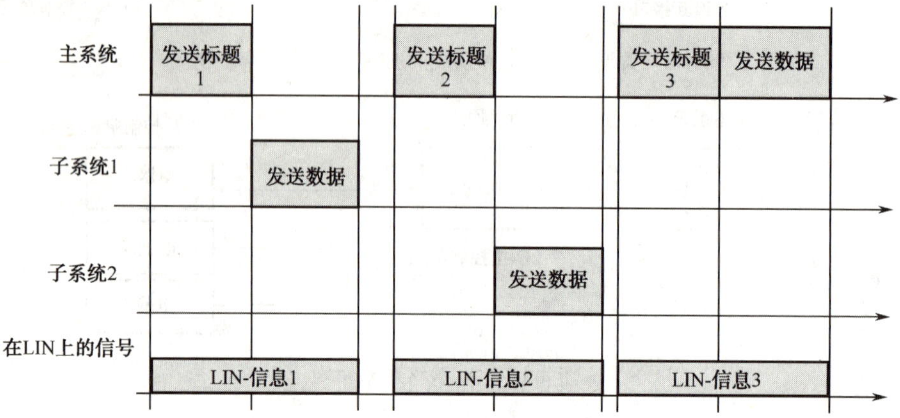

图4-4　LIN总线的数据传递流程

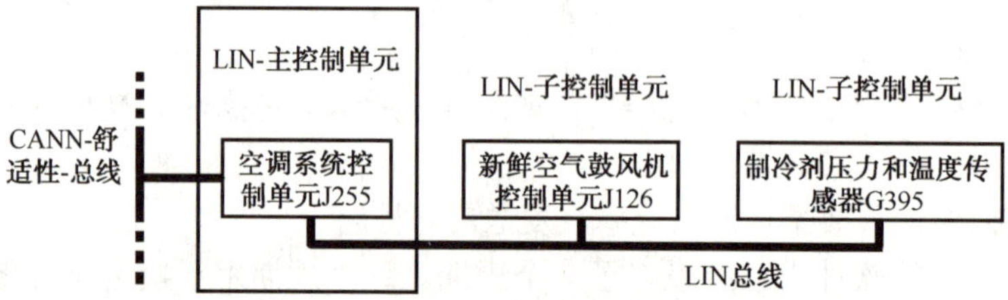

图4-5　奥迪A6 05空调系统的LIN子系统框图

（1）带有子反馈的空调装置LIN信息传递流程（图4-6）

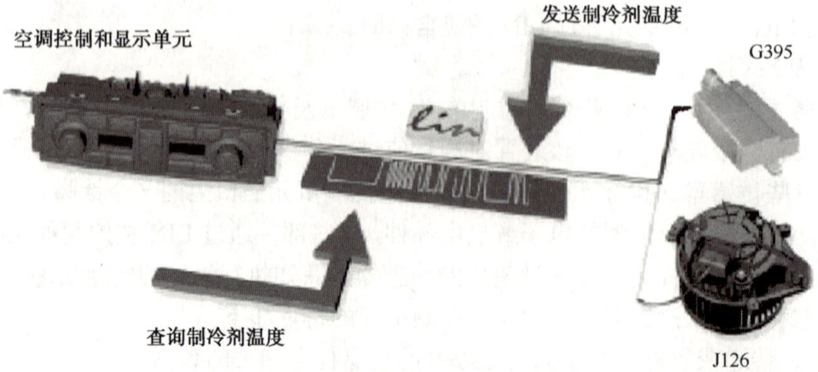

图4-6　带有子反馈的空调装置LIN信息传递流程

① 空调装置在 LIN 总线系统上发送标题——查询制冷剂温度；
② 传感器 G395 读取标题，转换过来，然后将当时的制冷剂温度值放到 LIN 总线系统上；
③ 制冷剂温度被空调装置识别。

（2）带有主反馈的空调装置 LIN 信息传递流程（图 4-7）

① 空调装置在 LIN 总线系统上发送标题——调节鼓风机的等级；
② 所发送的标题用于新鲜空气鼓风机等级的调节；
③ 空调装置发送所希望的鼓风机等级；
④ 新鲜空气鼓风机读取信息，相应地控制鼓风机。

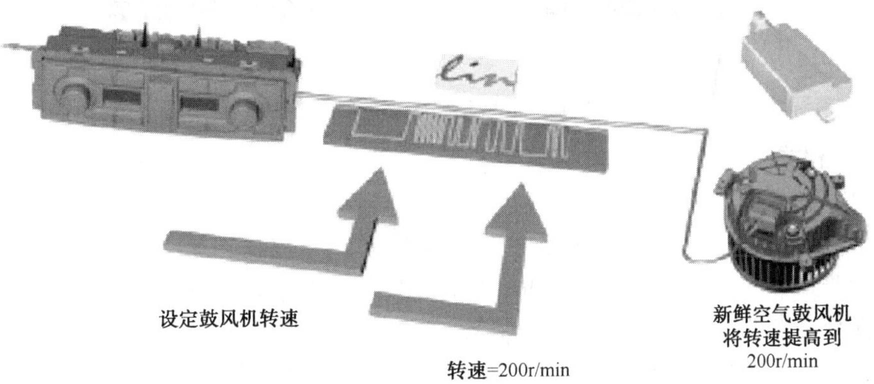

图 4-7　带有主反馈的空调装置 LIN 信息传递流程

4. 信号

（1）信号电平

隐性电平：如果无信息发送到 LIN 数据总线上或者发送到 LIN 数据总线上的是一个隐性信号，那么数据总线导线上的电压就是蓄电池电压。

显性电平：为了将显性信号传到 LIN 数据总线上，发送控制单元内的收发报机将数据总线导线接地，如图 4-8 所示。

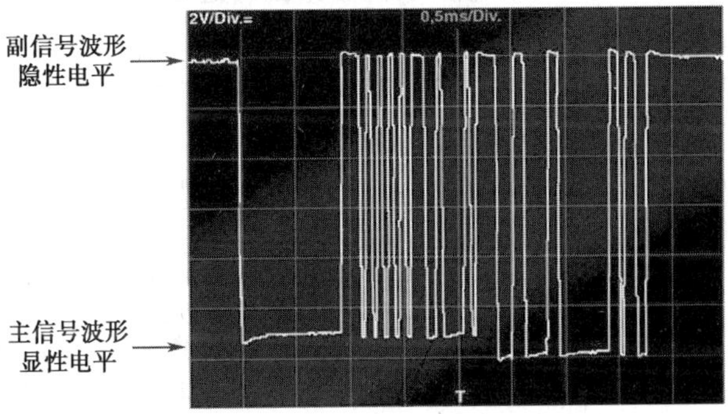

图 4-8　LIN 总线上的信号电平

（2）信号传递安全性

在隐性电平和显性电平的收发时，通过预先设定公差值来保证数据传输的稳定性，发送信号电压必须满足隐性电平大于电源电压的 80%，显性电平小于电源电压的 20%，如图 4-9 左侧所示。为了能在有干扰辐射的情况下仍能收到有效的信号，允许接收的电压值范围要宽一些，隐性电平大于电源电压的 60%，显性电平小于电源电压的 40%，如图 4-9 右侧所示。通过这种方式确保 LIN 总线信号传递的安全性。

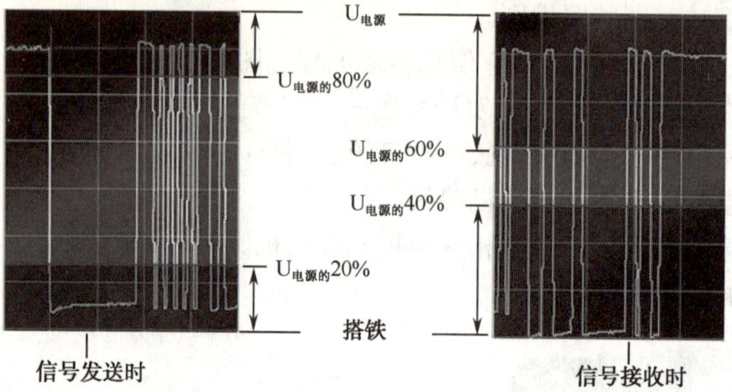

图 4-9　LIN 总线信号传递的电压范围要求

5．信息格式

（1）信息标题的格式（图 4-10）

① 同步暂停区。同步暂停区的长度至少为 13 位（二进制的），以显电平发送。这 13 位的长度是必需的，这样才能准确地通知所有的 LIN 子控制单元有关信息的起始点的情况。其他的信息是以最长为 9 位（二进制的）显电平来一个接一个传递的。同步暂停会连同主波形（Low-Signal 低-信号）一起被发送并且明确地确定这是一个信息的开始。

② 同步限制区。同步限制区会连同从属波形一起被发送（High-Signal 高信号），并且表明这是同步暂停的结束。同步限制区至少为 1 位，且为隐性。

③ 同步区。同步区由 0101010101 这个二进制位序构成，所有的 LIN 子控制单元通过这个二进制位序来与 LIN 主控制单元进行匹配（同步）。所有控制单元同步对于保证正确的数据交换是非常必要的。如果失去了同步性，那么接收到的信息中的某一数位值就会发生错误，该错误会导致数据传递错误。

④ 确认区。确认区的长度为 8 位，前 6 位是回应信息识别码和信息长度。回应数据区的个数在 0～8 之间。后两位是校验位，用于检查数据传递是否有错误。当出现识别码传递错误时，校验可防止与错误的信息适配。

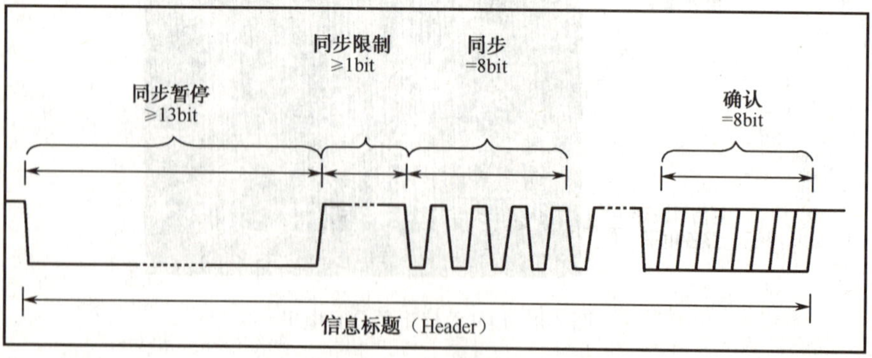

图 4-10　信息标题格式

（2）信息内容的格式（图 4-11）

在信息内容中，确认领域中确定的数据领域个数会被传输。每个数据领域都以一个主导初始符开始，紧跟着要传输的数据字节，并以一个从属终止符结束。这样，每个数据领域的长度为 10 个位。同样也适用于检查总量，检查总量用于识别传输的错误。

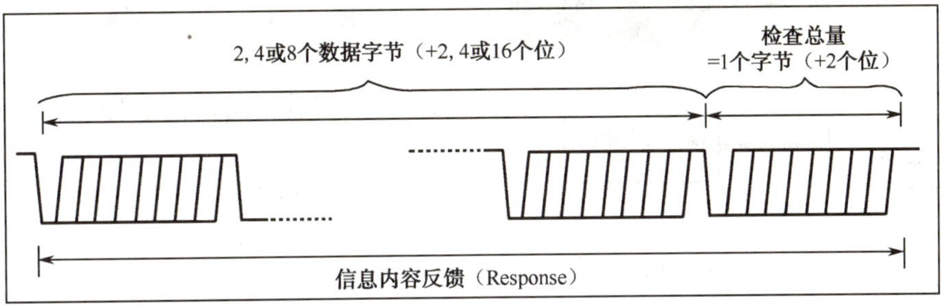

图 4-11　信息内容格式

6. LIN 总线系统的物理结构

LIN 总线系统的物理结构如图 4-12 所示，4 个信号收发两用机的任何一个都可以接通所属的晶体管，由此将 LIN 总线电线与负极连接。在这种情况下，会由一个发送器传输一个主导位。如果晶体管都不导通，在 LIN 总线电路上为高电压。

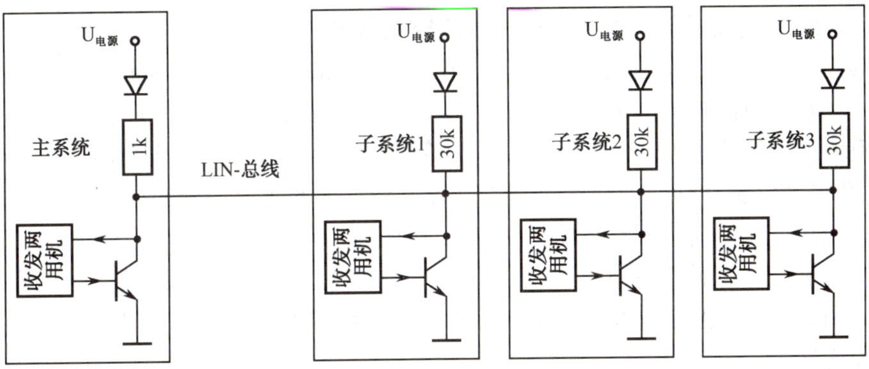

图 4-12　LIN 总线系统的物理结构

第二节　LIN 总线应用及故障实例

一、LIN 总线在汽车上的应用

1. LIN 在汽车上的应用范围

典型的 LIN 总线应用是汽车中的联合装配单元，如门、方向盘、座椅、空调、照明灯、湿度传感器、交流发电机等。对于这些成本比较敏感的单元，LIN 可以使那些机械元件如智能传感器制动器或光敏器件得到较广泛的使用，这些元件可以很容易连接到汽车网络中并得到十分方便的维护和服务，在 LIN 实现的系统中通常将模拟信号量用数字信号量所替换，这将使总线性能优化。在以下的汽车电子控制系统中，使用 LIN 来实现将得到非常完美的效果：

① 车顶：湿度传感器、光敏传感器、信号灯控制、汽车顶篷等。

② 车门：车窗玻璃、中控锁、车窗玻璃开关、吊窗提手等。

③ 车头：传感器、小电机、方向盘、方向控制开关、挡风玻璃上的擦拭装置、方向灯、无线电、空调、座椅、座椅控制电机、转速传感器等。

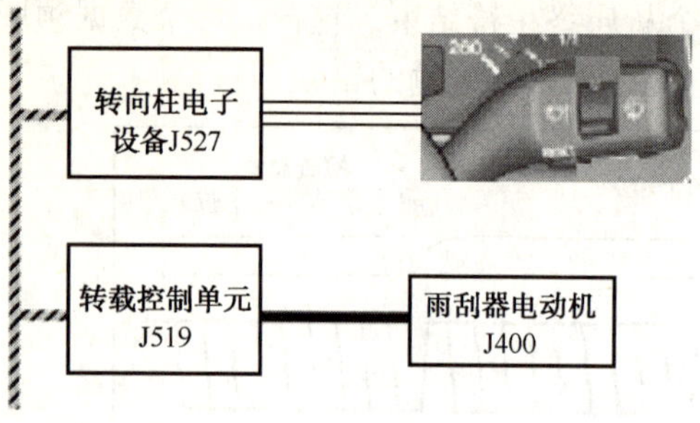

图 4-13　雨刮器操控电路

单细线—普通导线；单粗线—LIN 总线；斜纹线—CAN 总线

2. LIN 总线应用实例

（1）速腾轿车雨刮控制

如图 4-13 所示，雨刮器操纵信号控制流程如下：

① 驾驶员将雨刮器杆放到雨刮器间歇位置；

② 转向柱电子设备 J257 读取雨刮器杆的实际位置；

③ J257 经由舒适性 CAN 向车载控制单元发送此信息；

④ 车载控制单元 J517 通过 LIN 向雨刮器 J400 发出指令，运行间歇位置模式。

（2）凯旋轿车随动转向前大灯

东风雪铁龙公司生产的凯旋轿车的随动转向前大灯，其功能是在车身高度变化及转向时改变大灯照射的角度，从而使驾驶员视线范围更有效，从而提高舒适性和安全性。

图 4-14 为凯旋轿车的转向前照灯的 LIN 网络原理图，各元件名称见表 4-1。粗实线表示网络线连接，细实线表示普通电线连接；智能控制盒 BSI1 为网关；发动机控制单元 1320、自动变速器控制单元 1630，ABS 控制单元 7020（或 ESP 控制单元 7800）、转向盘：位置传感器 7700 及前照灯控制单元 6606 为 CAN I/S 系统关系网连接，传输速率为：500Kbit/s；转向盘转换模块 CV00 为 CAN 车身网连接，传输速率为：125Kbit/s；多功能显示屏 7215，收放机 8410 及组合仪表 0004 为 CAN 舒适网连接，传输速率为：125Kbit/s；各 CAN 网络通过网关 BSI1 信息共享。左前照灯 2610、右前照灯 2615 和前照灯控制单元 6606 为 LIN 网连接及普通电线连接，左前照灯 2610、右前照灯 2615 为从控制单元，前照灯控制单元 6606 为主控制单元。左右前轮防抱死传感器 7000～7005 与 ABS 控制单元 7020（或 ESP 控制单元 7800）为普通电线连接。

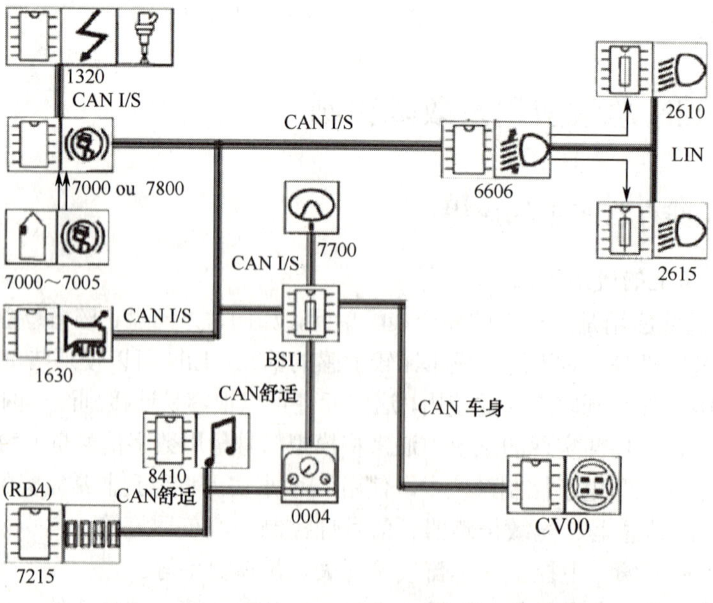

图 4-14　凯旋轿车转向前照灯 LIN 网络原理图

表 4-1　前照灯 LIN 网络系统相关元件名称

原 件 编 号	元 件 名 称
BSI1	智能控制盒
CV00	转向盘转换模块
0004	组合仪表
1320	发动机控制单元
1630	自动变速器控制单元
2610	左前照灯
2615	右前照灯
7000～7005	左前、右前轮防抱死传感器
7020	ABS 控制单元（根据选项 ESP 控制单元-7800）
7215	多功能显示屏
7700	转向盘位置传感器
6606	前照灯控制单元
8410	收放机

其中，发动机控制单元 1320 提供发动机运转信息，左右前轮防抱死传感器 7000～7005 通过 ABS 控制单元 7020（或 ESP 控制单元 7800）提供车速信息，自动变速器控制单元 1630 提供挡位信息，转向盘转换模块 CV00 传递驾驶员的各种操纵信息，多功能显示屏 7215、收放机 8410 及组合仪表 0004 提供信号灯指示以及前照灯左右转向矫正功能的关闭与激活的控制信息。

当满足下列条件时，转向前照灯开始正常工作：

① 汽车速度非零；

② 未选择倒挡；

③ 选择前照灯转向矫正功能激活；

④ 转向盘转向角超过 15°。

该系统的工作原理：向前照灯主控制单元 6606 通过 CAN 总线接收来自转向盘角度传感器 7700 的 CAN 报文，将其转变为 LIN 报文，接着通过 LIN 总线向左右前照灯从控制单元发出报文，例如前照灯主控制单元从 CAN 总线上接收到“大灯左摆”的报文，它会将该报文转变成 LIN 协议，并发送给左右两个前照灯从控制单元。从控制单元收到报文，则利用摆动角驱动器使前照灯向左摆动。

此外，前照灯控制单元还处理来自车身高度传感器的信息，并通过普通电线连接控制左右前照灯上下摆动。

二、LIN 总线故障实例

1．控制单元内部短路导致 LIN 总线不能通信

（1）故障现象

一辆 2010 款奥迪 Q5 车，搭载 2.0TSI 发动机（CDN），行驶里程为 5006km，前刮水器失灵，天窗打不开，车顶卷帘也不能开启。

（2）故障诊断

接通前风窗玻璃刮水器开关间歇挡，刮片始终快速工作，调节刮水器开关无效；然后，连接 VAS5052A，显示前风窗玻璃后视镜底座上雨量和光照识别传感器（G397）有故障，更换 G397 后前刮水器工作恢复正常，但天窗和车顶卷帘还是打不开。

连接 VAS5052A，进入舒适系统控制单元（J393），显示“本地数据总线 3 通信故障”。由于该车故障是天窗和车顶卷帘打不开，根据图 4-15 所示，判断本地数据总线 3 应是 J245（天窗控制单元），J394（车顶卷帘控制单元），E284（车库门操作开关），G578（防盗装置传感器），G355（湿度传感器）这一路到 J393 的 LIN 数据总线。读数据流 39 组，LIN 数据总线电平如下：位 0-“空”；位 1-“天窗总线电平错”；位 2-“警报喇叭总线电平错”；位 3-“本地总线 4 电平错”。

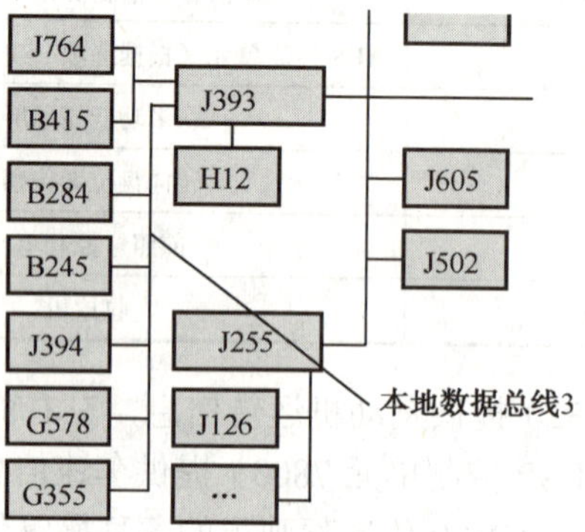

图 4-15　网络拓扑图

E284—车库门操作开关；E415—进入及启动开关；G355—湿度传感器；G578—防盗装置传感器；H12—报警喇叭；J126—新鲜空气鼓风机控制单元；J245—天窗控制单元；J255—自动空调控制单元；J393—舒适系统控制单元；J394—车顶卷帘控制单元；J502—轮胎压力监控控制单元；J605—行李箱盖控制单元；J764—电子转向控制器

从数据流分析，这路 LIN 数据总线故障有两个可能：一是这路 LIN 数据总线上某控制单元或传感器有故障，导致 LIN 数据总线无法通信；二是这路 LIN 数据总线本身有问题，但要报故障的 LIN 数据总线对接地或对正极短路/断路。

J393 与从控单元（如 J245，J394，G578，G355，E284 等）相连，作为 CAN 数据总线与 LIN 数据总线间的网关。J393 根据协议通过总线进行控制，控制何时通过总线发送何种信息并负责处理所有发生的故障，LIN 数据总线连接了多个从控单元，当主控单元发送了正确 ID 时，从控单元会接收。当某一从控单元出现故障时，LIN 数据总线上的其他从控单元被关闭。

现在故障是从 J393 里读取的，数据流也显示天窗总线电平错，但不能就认为 J245 或 J393 一定有问题。G397 既然已损坏，应分析其损坏的原因。G397 是通过另一路 LIN 数据总线将信号输送到车载电网控制单元（J519），由 J519 控制刮水器动作。询问驾驶人得知，上述故障是在汽车装潢店为前风窗玻璃贴太阳膜后出现的。而 G397 与 G355 是装在前风窗玻璃后视镜底座上的，拆下后视镜底座，将 G355 拆下打开，发现 G355 有进水痕迹，G355 电路板上存在氧化物。

G355 是湿度传感器，用于测量空气湿度、传感器周围温度和前风窗玻璃温度。该车具有自动除霜功能，当车内温度较高而车外温度较低，风窗玻璃出现结雾时，J393 根据 G355 的信号判断结雾趋势，适时启动除霜功能，以防风窗玻璃上结雾。由于 G355 进水导致内部电路短路，使其无法与 J393 通信，J393 将无法联络 LIN 数据总线上所有的从控单元，J245 和 J394 等从控单元被关闭，所以天窗和卷帘无法工作。

（3）故障排除

G355 传感器外围电路正常，供电和接地良好，LIN 数据总线连接正常。更换一只 G355 价格近千元，于是就用棉球粘上酒精，清洗电路板及外壳，然后晾干，装复试机，天窗和车顶卷帘启闭正常。

2．线路短路造成 LIN 总线不通信

（1）故障现象

一辆 2006 年出厂的上海大众波罗（POLO）自动挡轿车，采用 BCC 发动机，累计行驶约 8.1 万 km，出现右前、右后、左后电动车窗不能升降，左前电动车窗能正常工作的现象。

（2）故障诊断

通过检查发现，操纵驾驶人侧车窗升降开关（E40），驾驶人侧车窗能正常升降；操纵驾驶人侧电动窗主开关板上的右前车窗升降开关（E8l）、右后车窗升降开关（E55）、左后车窗升降开关（E53），车窗均不能升降。分别按动右前、右后、左后车门上的车窗升降开关也不能控制该侧车窗升降。连接 VAS505lB，接通点火开关，点击引导性功能，查询舒适系统控制单元内的故障储存，没有发现故障代码；转到自诊断功能，进入 4（舒适系统）查看舒适系统控制单元编码是否正确，编码为 19，正常。因为该车的车门控制单元采用 LIN-BUS 总线控制，其控制原理为：左前车门的控制单元是 LIN-BUS 主控制单元，右前、右后、左后的车门控制单元是 LIN-BUS 从控制单元，当按动驾驶人侧主开关板上右前车窗升降开关（E8l）时，开关信号传送给驾驶人侧车门控制单元（J386），J386 将开关信号转换为数字信号，通过 LIN-BUS 总线传输到右前车门控制单元，右前车门控制单元接收到相应的信号，执行右前电动车窗升降。两后门车窗的控制原理也是一样的。因为驾驶人侧车窗升降开关（E40）直接将开关信号输送给 J386，J386 接收到开关信号即执行左前车门的电动车窗升降，因此左前车门的电动车窗升降和 LIN-BUS 总线没有关系。

经过查阅电路图，4 个车门控制单元的电源都是由 S163 熔丝供给的。S163 熔丝在发动机室内蓄电池熔丝架上，该熔丝还给燃油泵继电器、X 触点继电器、燃油泵预供电继电器、转向信号灯开关供电。发动机能正常启动，转向信号灯能正常工作，因此可以判定熔丝 S163 正常；4 个车门控制单元的接地点在换挡杆前的中央通道上，是共用的接地点。怀疑可能是线路内部断路造成这种现象，为了排除这种可能性，拆开右前门内饰板，拔下右前车门控制单元上的 8 针黑色导线侧连接器，测量其上端子 2（与红/黄色导线相连）、端子①（与棕色导线相连）间的电压，结果约为蓄电池电压，说明供电正常。根据以上分析和测量结果，认为其他 3 个车门电动车窗不能升降的原因与 LIN-BUS 总线有直接的关系。

接着检查 LIN-BUS 总线的通信是否存在断路。测 J386 与右前车门控制单元（J387）导线连接器间的 LIN-BUS 总线（白/紫色导线）是否导通，结果电阻为无穷大，表明该线路断路。查阅布线图得知 J386 与 J387 间的 LIN-BUS 总线（紫/白）中间有 2 个线束连接器，分别在左前、右前 A 柱中部。接下来进行分段测量该 LIN-BUS 总线。测量 J386 与左前 A 柱中部连接器间该导线的电阻，为无穷大。把左前车门的线束抽出检查，发现 LIN-BUS 总线（紫/白）已经折断。

（3）故障排除

修复折断的 LIN-BUS 总线。

第五章 MOST 总线传输系统原理与检修

第一节 MOST 总线工作原理

一、MOST 总线简介

MOST 总线（MOST 是 Media Oriented System Transport 的缩写）是一种用于多媒体数据传送的网络系统。MOST 总线采用塑料光纤（POF）作为传输介质。例如在 AUDI 车上，MOST 技术用于信息系统的数据传递，信息系统能提供很多信息及娱乐多媒体服务，如图 5-1 所示。

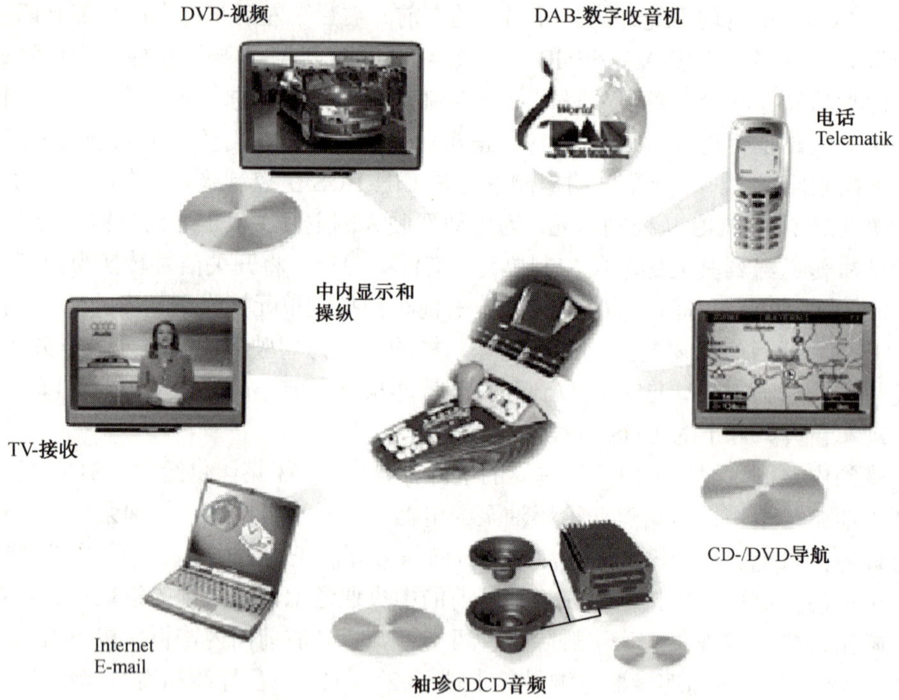

图 5-1 基于 MOST 总线的信息系统

1．多媒体传输的速率

这种光纤数据传输对于实现信息系统的所有功能具有重要意义，因为以前所使用的 CAN 数据总线系统的传输速度无法满足相应的数据量的传送。视频和音频所要求的数据传输速率达 Mbit/s 级别，如图 5-2 所示。仅仅是带有立体声的数字式电视信号，就需要约 6Mbit/s 的传输速度。MOST 总线的传输速率可达 21.2Mbit/s。

以前的视频和音频信号都只能以模拟信号传送，使得线束的用量很大，如图 5-3 所示。CAN 总线系统的最大传输速率为 1Mbit/s，因此 CAN 总线只能用来传递控制信号。

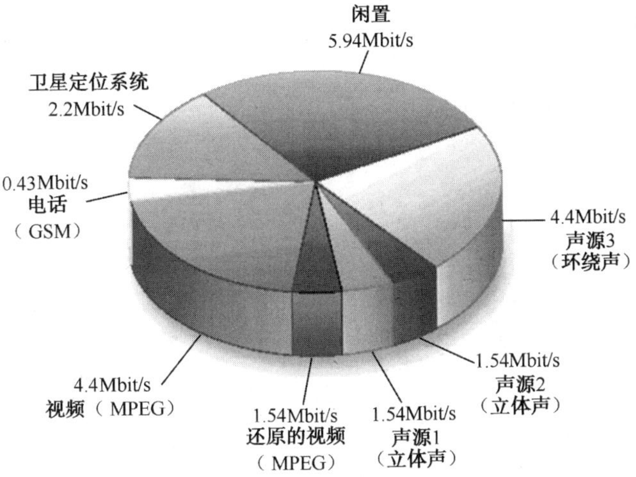

图 5-2　多媒体的传输速率

在 MOST 总线中，相关部件之间的数据交换是以数字方式来进行的。通过光波进行数据传递有导线少且质量轻的优点，另外传输速度也快得多，如图 5-4 所示。

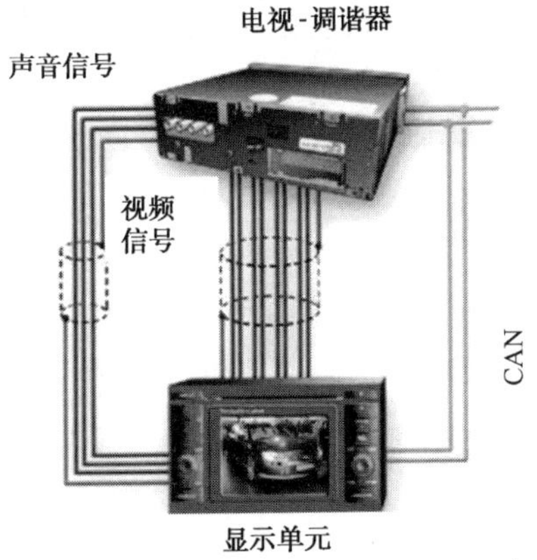

图 5-3　传统多媒体信号传输的解决方案

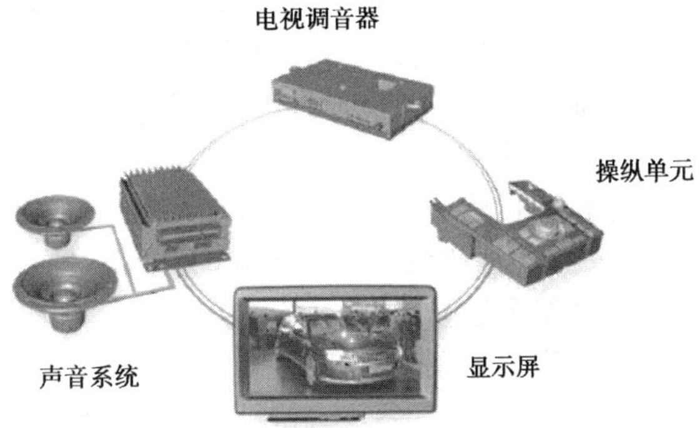

图 5-4　多媒体的 MOST 总线传输

2. MOST 总线的基本特征

MOST 总线网络具有以下基本特征：

（1）抗干扰

MOST 技术规范中提到，MOST 总线理想的物理媒体为光纤，采用光纤作为物理介质，能够在车内的噪声环境中传送高速率的数据，防止数据流遭受电气干扰，消除了数据产生干扰的任何风险，这种干扰在车内电子总线传输的信号中是不可避免的，尤其是在电动机车和其他安全成为关键的系统中。

（2）质量轻

利用光纤作为物理媒体，它比铜导线要轻许多，大大减少车辆总线电缆的重量。

（3）即插即用

MOST 网络支持 64 个节点，这个数量对日益增加的车载娱乐设备并不多，即插即用解决这个问题，插拔设备的时候，网络配置变化会自动被检测出来，系统重新计算节点的物理位置，进而重新配置网络的信道分配。

3. MOST 总线系统状态

（1）休眠模式

MOST 总线系统的休眠模式如图 5-5 所示。

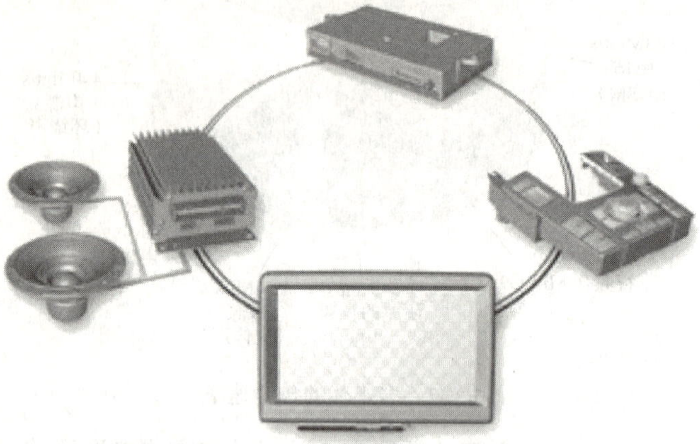

图 5-5　MOST 总线系统休眠模式

这时 MOST 总线内没有数据交换，所有装置处于待命状态，只能由系统管理器发出的光启动脉冲来激活，静态电流被降至最小值。睡眠模式的激活条件如下：

① 总线上的所有控制单元显示为准备就绪，可切换至睡眠模式；

② 其他总线系统没有通过网关向 MOST 提出工作要求；

③ 自诊断未被激活。

在上述条件下，MOST 总线系统可以通过下列方式切换至睡眠模式。

在启动蓄电池放电时，蓄电池管理器通过网关进行切换；

用故障诊断仪进行传输模式的切换。

（2）备用（待机）模式

MOST 总线系统的备用（待机）模式如图 5-6 所示。

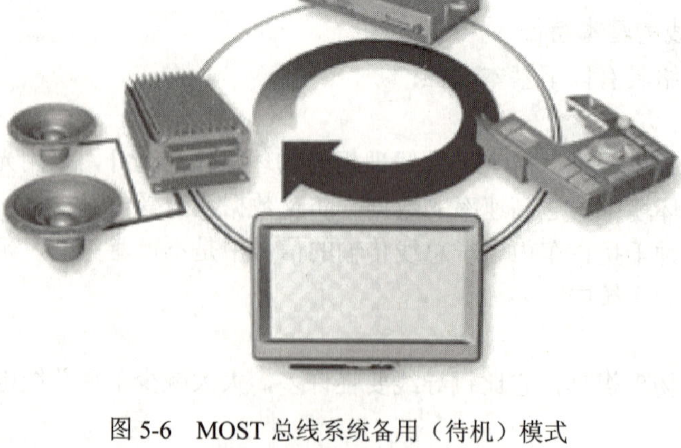

图 5-6　MOST 总线系统备用（待机）模式

MOST 总线在备用（待机）模式时无法为用户提供任何服务，给人的感觉就好像是系统已经关闭一样。这时 MOST 总线系统在后台运行，但所有的输出介质（如显示屏、音频放大器等）都不工作或切换至静音。这种模式在系统启动及持续运行条件下可以被激活。备用（待机）模式的激活方式如下：

① 由其他数据总线经由网关激活，例如：驾驶人侧车门打开/关闭时，点火开关接通；

② 可以由总线上的一个控制单元激活，例如：打入的电话。

（3）通电工作模式

MOST 总线系统的通电工作模式如图 5-7 所示。

控制单元完全激活，MOST 总线上有数据交换，用户可使用所有功能。MOST 总线处在备用（待机）模式下，可以通过以下方式激活通电工作模式：

① 由其他数据总线通过网关激活；

② 通过用户操作功能选择来激活，例如：通过多媒体操纵单元。

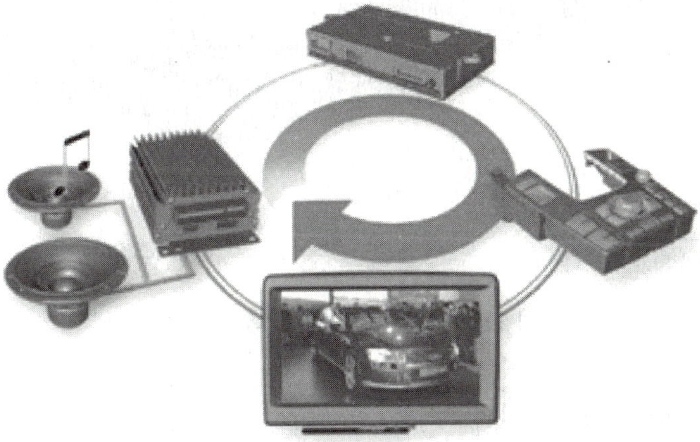

图 5-7　MOST 总线系统通电工作模式

二、MOST 总线组成和工作原理

MOST 网络的每一个控制单元内都装有一个光电转换器和一个电光转换器，MOST 环形总线的结构为 2 个控制单元之间以光学方式点对点连接，如图 5-8 所示。

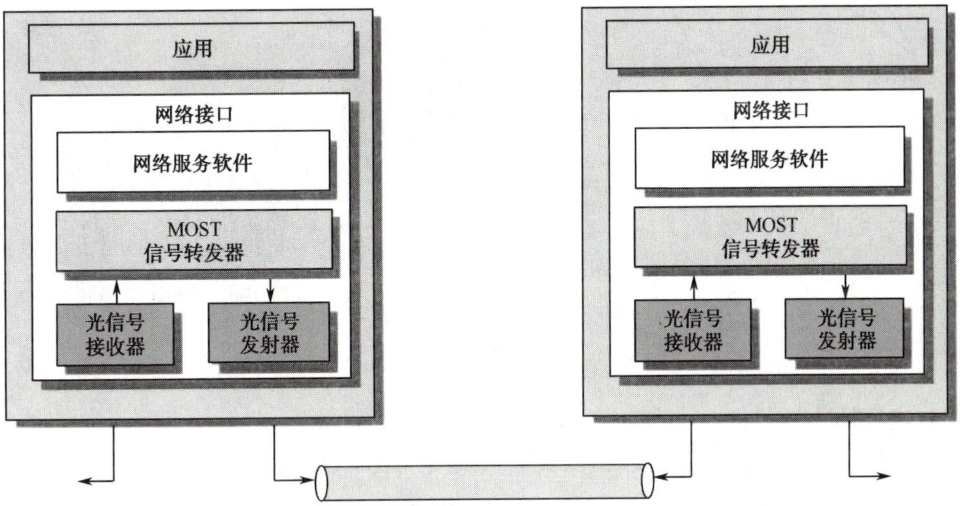

图 5-8　MOST 网络结构

1. 控制单元的结构

如图 5-9 所示，MOST 总线控制单元主要部件如下：

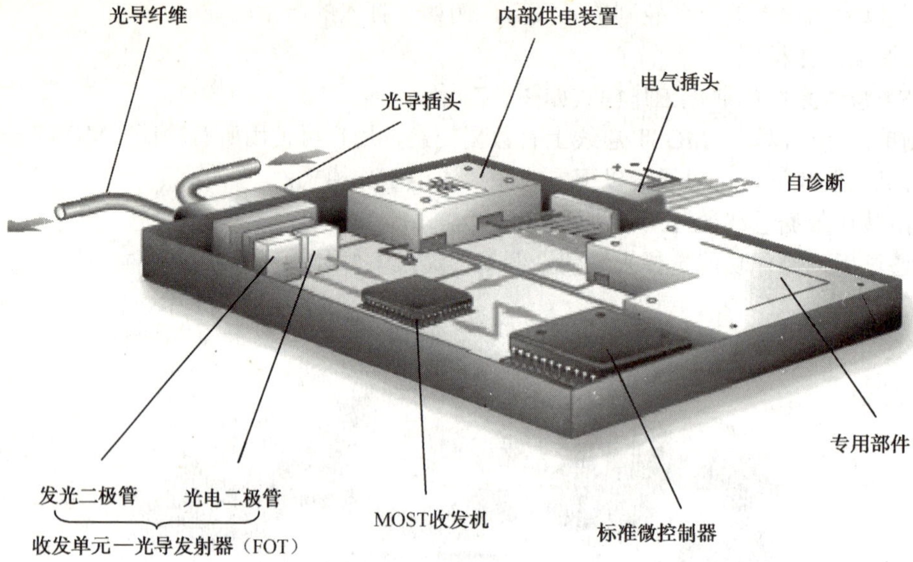

图 5-9 MOST 总线控制单元的结构

（1）光导纤维一光导插头

光信号通过由光导纤维和光导插头进入控制单元，或传往下一个总线用户，如图 5-10 所示。

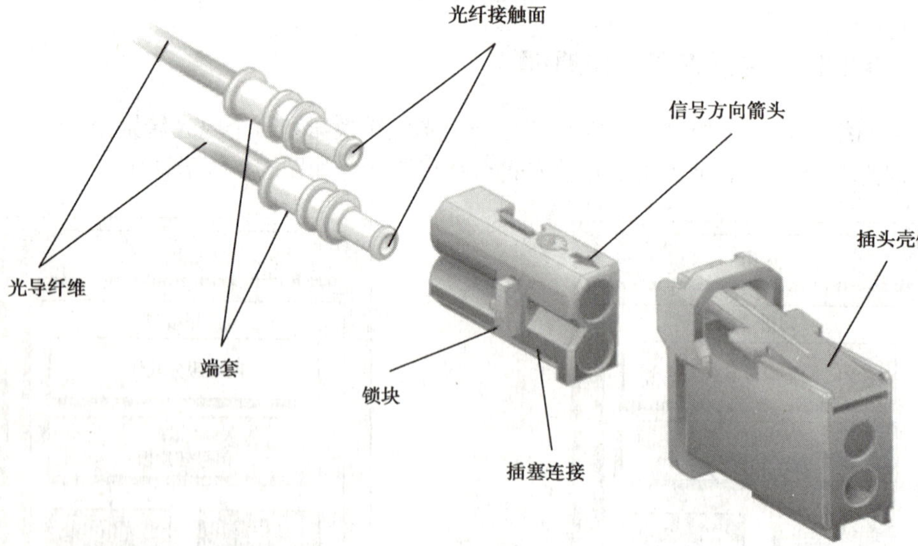

图 5-10 光纤插头结构

（2）电气插头

该插头用于供电、环断裂自诊断以及输入/输出信号，如图 5-11 所示。

（3）内部供电装置

由电气插头送入的电再由内部供电装置分送到各个部件。这样就可单独关闭控制单元内某一部件，从而降低了静态电流。

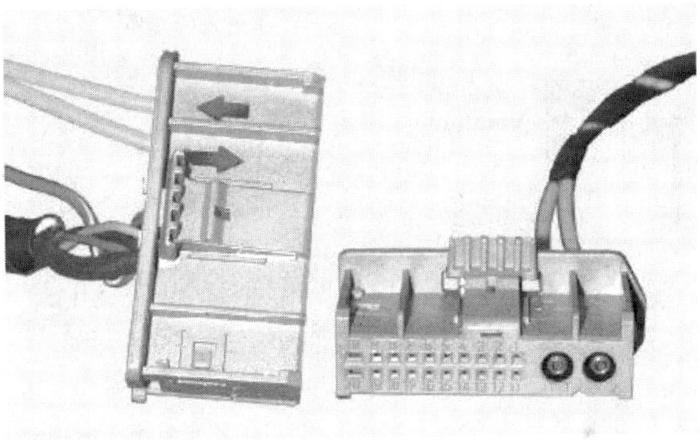

图 5-11　MOST 网络接口插头

（4）收发单元－光导发射器（FOT）

该装置由一个光电二极管和一个发光二极管构成。到达的光信号由光电二极管转换成电压信号后传至 MOST 收发机。发光二极管的作用是把 MOST 收发机的电压信号再转换成光信号。产生出的光波波长为 650nm，是可见红光。数据经光波调制后传送。调制后的光经由光导纤维传到下一个控制单元。

（5）MOST 收发机

MOST 收发机由发射机和接收机两个部件组成。发射机将要发送的信息作为电压信号传至光导发射器。接收机接收来自光导发射器的电压信号并将所需的数据传至控制单元内的“标准微控制器”（CPU）。其他控制单元不需要的信息由收发机来传送，而不是将数据传到 CPU 上，这些信息原封不动发至下一个控制单元。

（6）标准微控制器（CPU）

标准微控制器（CPU）是控制单元的核心元件，它的内部有一个微处理器，用于操纵控制单元的所有基本功能。

（7）专用部件

这些部件用于控制某些专用功能，例如 CD 播放机和收音机调谐器。

2．光电二极管

（1）结构（图 5-12）

光电二极管内有一个 P-N 结，光可以照射到这个 P-N 结上。

（2）作用

它的作用是将光波转换成电压信号。如果光或红外线辐射照到 P-N 结上，就会产生自由电子和空穴，从而形成一个穿越 P-N 结的电流。也就是说：作用到光电二极管上的光越强，流过光电二极管的电流就越大。这个过程称为光电效应。

光电二极管反向与一个电阻串联。如果由于照射光强度增大，流过光电二极管的电流增大，那么电阻上的压降也就增大了，于是光信号就被转换成电压信号了，如图 5-13 所示。

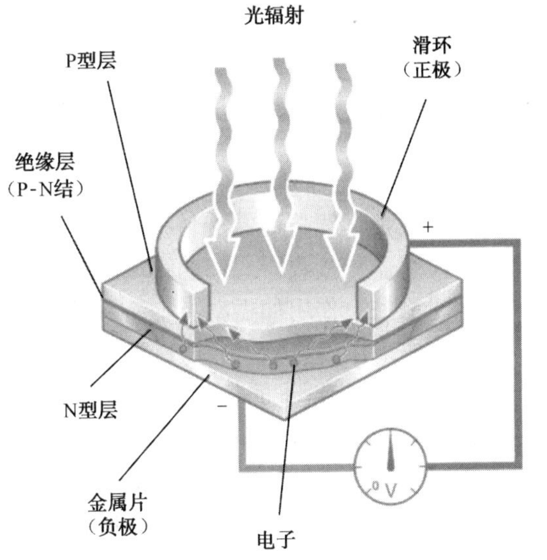

图 5-12　光电二极管结构

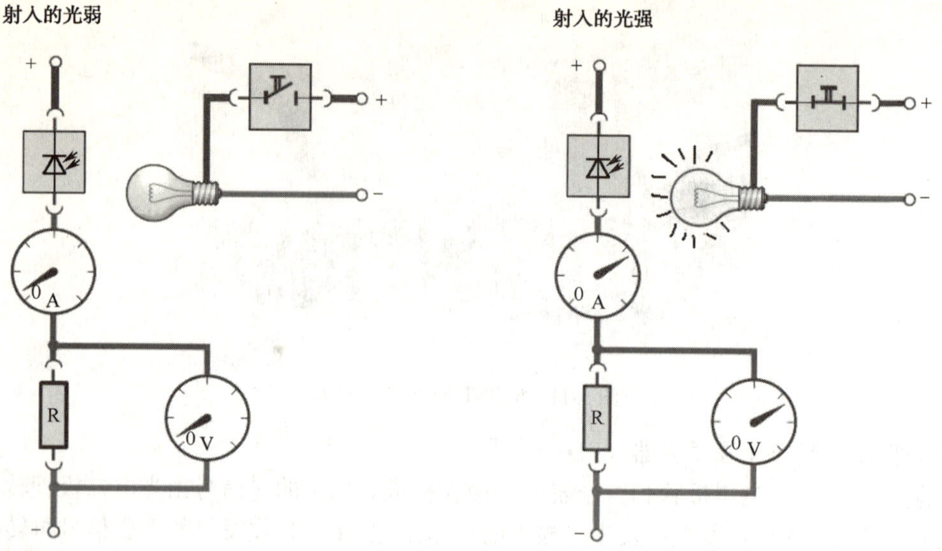

图 5-13　光电效应

3. 光导纤维

光导纤维的任务是将在某一控制单元发射器内产生的光波传送到另一控制单元的接收器，如图 5-14 所示。

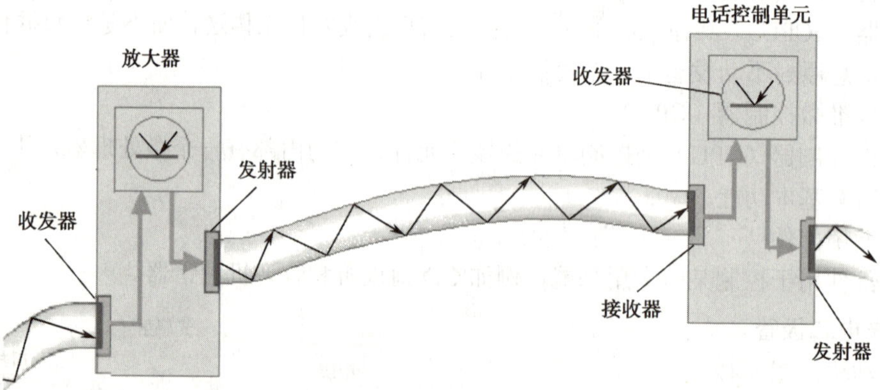

图 5-14　光导纤维内的光波传送

（1）使用光导纤维注意事项

① 光波是直线传播的，且不可弯曲，但光波在光导纤维内必须以弯曲的形式传播。

② 发射器与接收器之间的距离可以达到数米远。

③ 机械应力作用如振动、安装等不应损坏光导纤维。

④ 在车内温度剧烈变化时应能保证光导纤维的功能。

（2）车载光导纤维的特点

为了传送光信号，光导纤维应该具有下述特点：

① 光波在光导纤维中传送时的衰减应小。

② 光波应能通过弯曲的光导纤维来传送。

③ 光导纤维应是柔性的。

④ 在-40～85℃的温度范围内，光导纤维应能保证功能。

（3）光导纤维的结构

光导纤维由四层构成，如图 5-15 所示。纤芯是光导纤维的核心部分，用有机玻璃制成的光导线。纤芯内的光根据全反射原理几乎无损失地传导。透光的涂层是由氟聚合物制成，它包在纤芯周围，对全反射起关键作用。黑色包层是由尼龙制成，它用来防止外部光照射。彩色包层起到识别、保护及隔温作用。

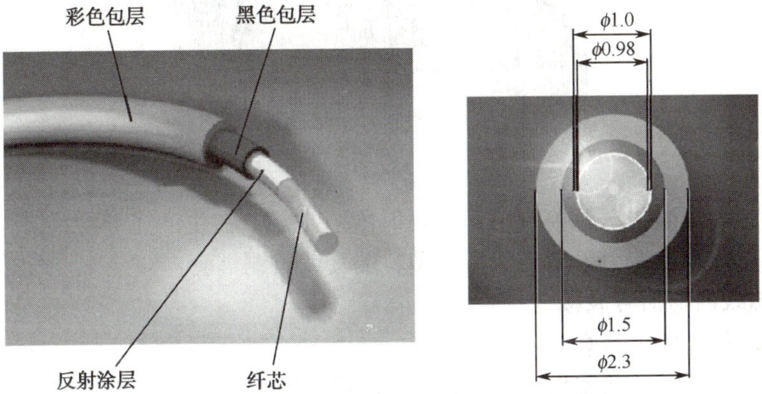

图 5-15　光导纤维的结构

（4）光波在光导纤维中的传送

① 在直的光导纤维中传送。光导纤维将一部分光波沿直线传送。绝大部分光波是按全反射原理在纤芯表面以之字形曲线传送，如图 5-16 所示。

② 在弯的光导纤维中传送。光波通过全反射在纤芯的涂层界面上反射，从而可以弯曲传送，如图 5-17 所示。

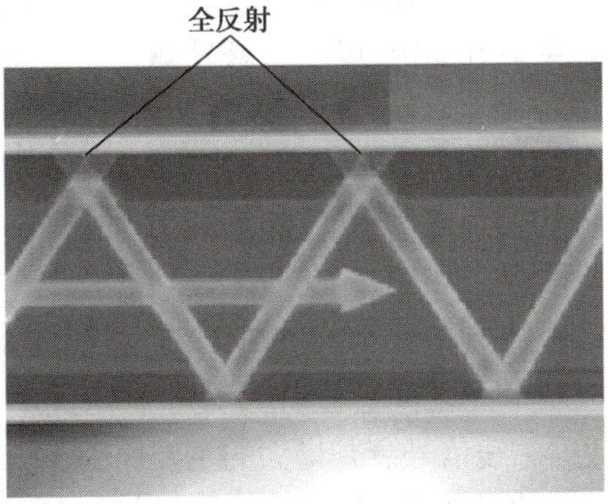

图 5-16　光波在直的光导纤维中传送

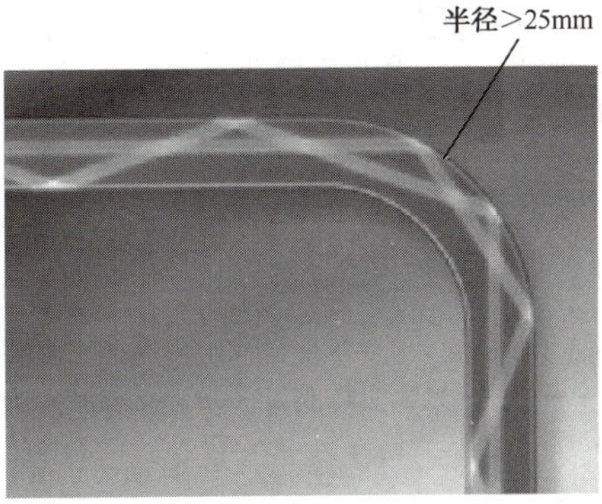

图 5-17　光波在弯的光导纤维中传送

③ 全反射。当一束光以小角度照射到折射率高的材料与折射率低的材料之间的界面时，那么光束就会被完全反射，这就叫做全反射，如图 5-18 所示。光导纤维中的纤芯是折射率高的材料，涂层是折射率低的材料，所以全反射发生在纤芯的内部。这个效应取决于从内部照射到界面的光波角度，如果该角度过陡，那么光波就会离开纤芯，从而造成较大损失。当光导纤维弯曲或弯折过度时就会出现这种情况。光导纤维的曲率半径不可小于 25mm。

（5）光纤端面

为了能使传输过程中的损失尽量小，光导纤维的端面应光滑、垂直、洁净，因此使用了一种专用的切削工具，但需要注意的是，切削面上的污垢和刮痕会加大传送损失（衰减）。

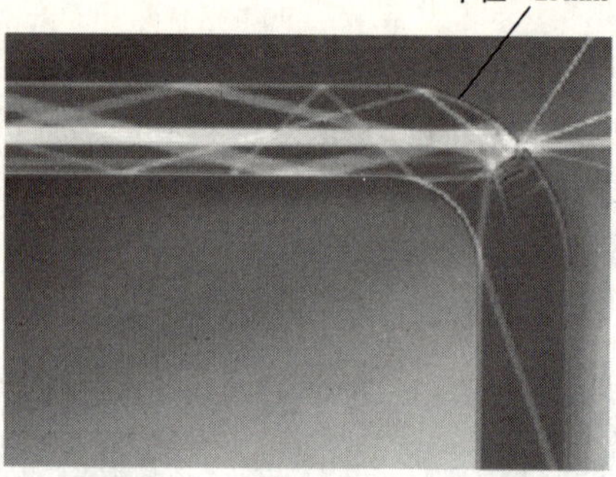

图 5-18　全反射

光通过纤芯的端面传送至控制单元的发射器/接收器。在生产光导纤维时，为了将光导纤维固定在插头壳体内，使用了激光焊接的塑料端套或黄铜端套。

4．光纤总线内的信号衰减

(1）光纤总线内的信号衰减

为了能对光导纤维的状态做出评价，就需要测量信号衰减的情况。如果在传输的过程中，光波的功率减小了，这种情况就称为衰减。衰减（A）用分贝（dB）来表示。分贝不是一个绝对值，它是两个值的比值。因此分贝也没有被定义成专门的物理量。例如：在确定声压和音量时也会用到分贝这个单位。在进行衰减测量时，这个值是对发射功率和接收功率的比值取对数后得出的。

衰耗常数（A）= 10×lg（发射功率/接收功率）

示例：　　　　10×lg（20W/10W）=3dB

这就是说：对于衰耗常数为 3dB 的光导纤维来说，光信号会衰减一半。由此可知：衰耗常数越大，信号传送的效果就越差。

如果有几个部件一同传送光信号，那么与串联的电气部件中的电阻相似，各个部件的衰耗常数应加起来成为一个总的衰耗常数，如图 5-19 所示。

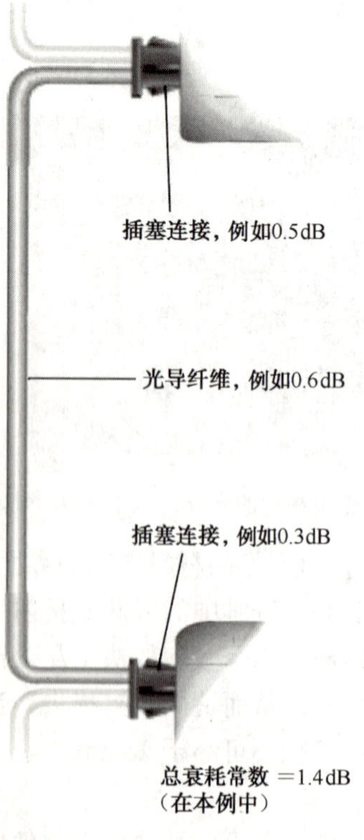

图 5-19　光纤总线内的信号衰减

注：由于每个控制单元都会在 MOST 总线内发送光波，所以两个控制单元之间总衰耗常数才有意义。

(2）光纤数据总线信号衰减增大的主要原因（图 5-20）

① 光导纤维的曲率半径过小。如果光导纤维弯曲（折叠）的半径小于 5mm，那么在纤芯的拐点处就会产生模糊（不透明，与折叠的有机玻璃相似)，这时必须更换光导纤维。

② 光导纤维的包层损坏。

③ 端面刮伤。

④ 端面脏污。

⑤ 端面错位（插头壳体碎裂)。

⑥ 端面未对正（角度不对)。

⑦ 光导纤维的端面与控制单元的接触面之间有空

隙（插头壳体碎裂或未定位）。

⑧ 端套变形。

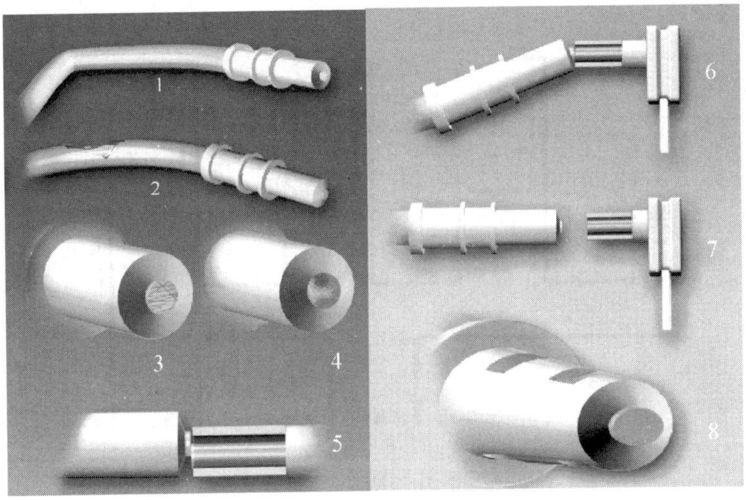

图 5-20　光纤数据总线信号衰减增大的主要原因

5. MOST 总线的环形结构

MOST 总线的环形结构如图 5-21 所示。

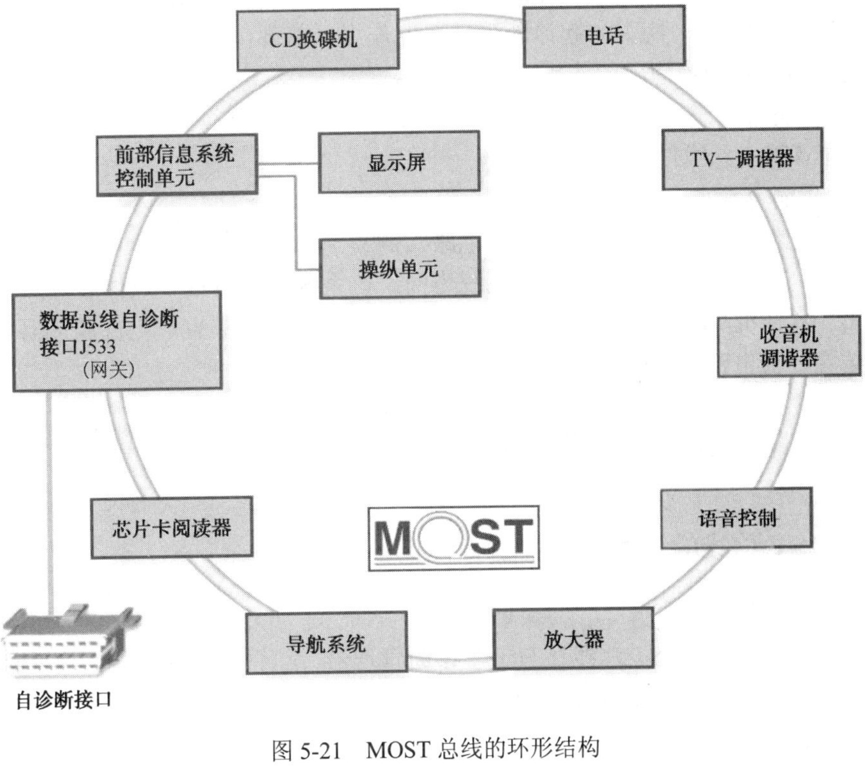

图 5-21　MOST 总线的环形结构

（1）环形结构

MOST 总线系统的一个重要特征就是它的环形结构。控制单元通过光导纤维沿环形方向将数据发送到下一个控制单元。这个过程一直在持续进行，直至首先发出数据的控制单元又接收到这些数据为止，这就形成了一个封闭环，例如奥迪 A6 2005 款 MMI（多媒体界面）basic plus 系统光纤回路如图 5-22 所示。通过数据总线自诊断接口和诊断 CAN 来对 MOST 总线进行诊断。

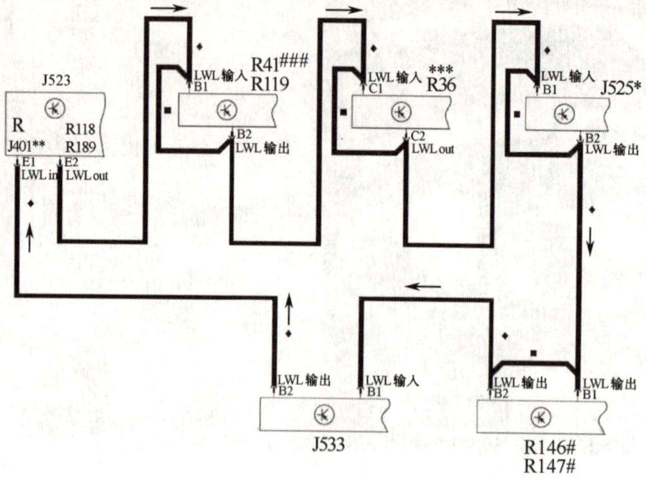

图 5-22 奥迪 A6 MMI basic plus 系统光纤回路

（2）系统管理器

系统管理器与诊断管理器一同负责 MOST 总线内的系统管理。在 03 年款的 AUDI A8 上，数据总线诊断接口 J533（网关）起诊断管理器的作用，前部信息系统控制单元 J523 执行系统管理器的功能。系统管理器的作用如下：

① 控制系统状态；

② 发送 MOST 总线信息；

③ 管理传输容量。

（3）基于光纤传输的车载多媒体系统电路实例

以奥迪 A6 2004 款 MMI basic plus 系统为例，该系统主要包括多媒体装置操纵单元、数字式收音机、收音机（K 箱）、导航系统、电话、移动电话适配装置、电视调谐器、媒体播放器等核心装置，其电路图见附录 B。

第二节 MOST 总线的检修与故障实例

一、MOST 总线的诊断

1. 诊断管理器

除系统管理器外，MOST 总线还有一个诊断管理器。该管理器执行环形中断诊断，并将 MOST 总线上的控制单元诊断数据传给诊断控制单元。在 AUDI A8 车上，数据总线诊断接口 J533 执行自诊断功能。

2. 系统故障

引发 MOST 系统发生故障的原因一般有以下几个方面：

（1）电源性故障

MOST 总线系统的核心部分是含有 IC 芯片的电控模块，其正常的工作电压在 10.5～15V。

若电源提供的工作电压偏离该值，则各电控模块便无法正常工作。

（2）传输链路的故障

传输链路出现故障时，一般都将导致光信号的衰减，故分析 MOST 总线的故障时，关键是确定光衰减的原因。

① 受热过度。E65 所采用的光纤，其设计的极限温度一般不超过 85℃，故在进行烤漆或焊接等高温作业时，因漆房或焊炬的温度过高，极易使光纤受损，应格外小心。

② 过度拉伸、弯曲与擦伤。一些技术人员在检查光纤的连接情况时，经常拉扯光纤，容易造成过度拉伸，使光纤的横断面变小，导致光衰减；另外，在铺设光纤时，应该十分小心，因为 MOST 的光纤允许的最大曲率半径仅为 50mm。若超过此值，光信号的衰减将成倍增长，从而引发通信错误。若光纤被擦伤，导致封装层损坏，会造成光逃逸，同样会影响信号的正常传输。

③ 脏物、油污的影响。众所周知，许多维修工人在检修汽车时，双手经常沾满灰尘与油污，如果此时不小心碰触到裸露的光纤末端，那么，脏物或油污便会吸收光，从而造成光衰减。

值得注意的是：光纤一旦损坏，一般只能维修一次，否则，光衰减将成倍增加。

（3）控制模块的故障

因为 MOST 总线采用环形网络结构，所以如系统中某一个控制模块出现故障，将会造成整个系统的通信中断，即所谓“环形断裂”。

（4）系统的软件故障

当系统的传输协议或软件程序属于低版本或有缺陷，也会使系统出现混乱而无法正常工作。

3．环形中断诊断

如果 MOST 总线上出现环形中断，如图 5-23 所示，那么就无法进行数据传递，产生的影响如下：

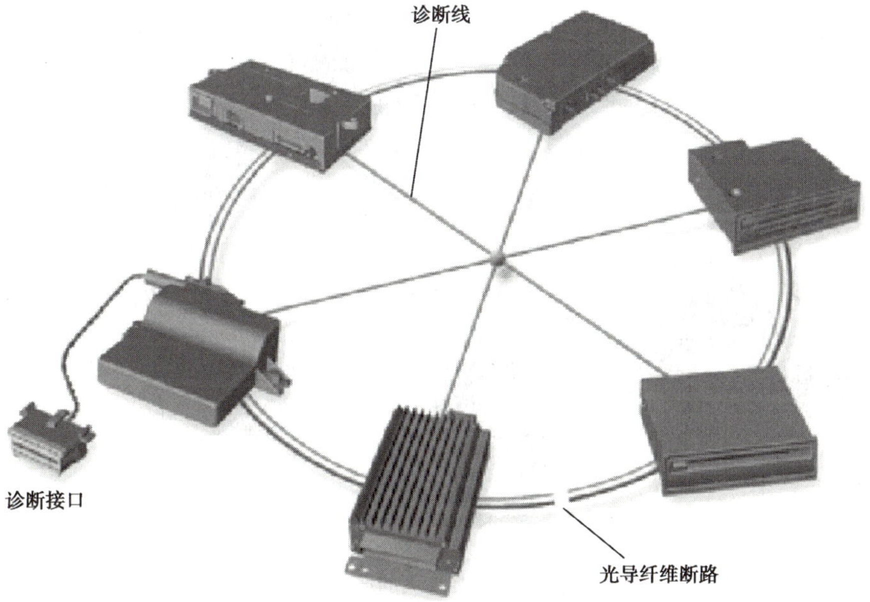

图 5-23　环形中断诊断

① 音频和视频播放终止；

② 通过多媒体操纵单元无法控制和调整；

③ 诊断管理器的故障存储器中存有故障“光纤数据总线断路”。

因此就使用诊断线来进行环形中断诊断。诊断线通过中央导线连接器与 MOST 总线上的各个控制单元相连。要想确定环形中断的具体位置，就必须进行环形中断诊断。

环形中断诊断开始后，诊断管理器通过诊断线向各控制单元发送一个脉冲。这个脉冲使得所有控制单元用光导发射器内的发射单元发出光信号。在此过程中，所有控制单元检查功能如下：自身的供电及其内部的电控功能；从环形总线上的前一个控制单元接收光信号。

MOST 总线上的控制单元在一定时间内会应答，这个时间的长短由控制单元软件来确定。环形中断诊断开始后到控制单元做出应答有一段时间间隔，诊断管理器根据这段时间的长短就可判断做出应答的控制单元状况。

环形中断诊断开始后，MOST 总线上的控制单元发送以下两种信息：控制单元电气方面正常，也就是说本控制单元的电控功能正常，如供电情况；控制单元光学方面正常，也就是说本控制单元的光电二极管接收到环形总线上位于其前面的控制单元发出的光信号。

诊断管理器通过这些信息就可识别：系统是否有电气故障；哪两个控制单元之间的光导数据传递中断了。

4. 信号衰减增大的环形中断诊断

环形中断诊断只能用于判定数据传递是否中断。诊断管理器的执行元件诊断还有一项功能，就是通过降低光功率来进行环形中断诊断，用于识别增大的信号衰减。通过降低光功率来进行环形中断诊断，其过程与环形中断诊断相同，如图 5-24 所示。但有一点是不同的：即控制单元接通光导发射器内的发光二极管时有 3dB 的衰减，也就是说光功率降低了一半。如果光导纤维信号衰减增大，那么到达接收器的光信号就会非常弱，接收器会报告“光学故障”，于是诊断管理器就可识别出故障点，并且在用检测仪查寻故障时会给出相应的故障信息。

图 5-24　信号衰减增大的环形中断诊断

5. 利用光学备用控制单元 VAS 6186 进行 MOST 总线测试

光学备用控制单元 VAS 6186 如图 5-25 所示，如果一个 MOST 总线控制单元被认为出现了故障，就可以在这个位置将 MOST 复述器连接上，如图 5-26 所示。如果 MOST 回路这时再次正常工作，那么故障就出在拔出来的控制单元上。

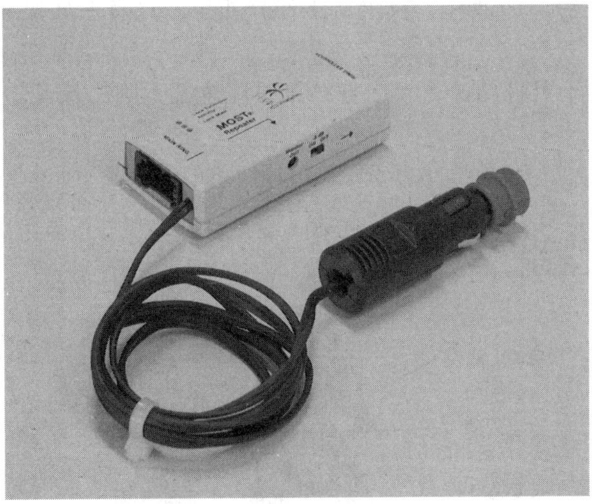

图 5-25　VAS 6186 实物图

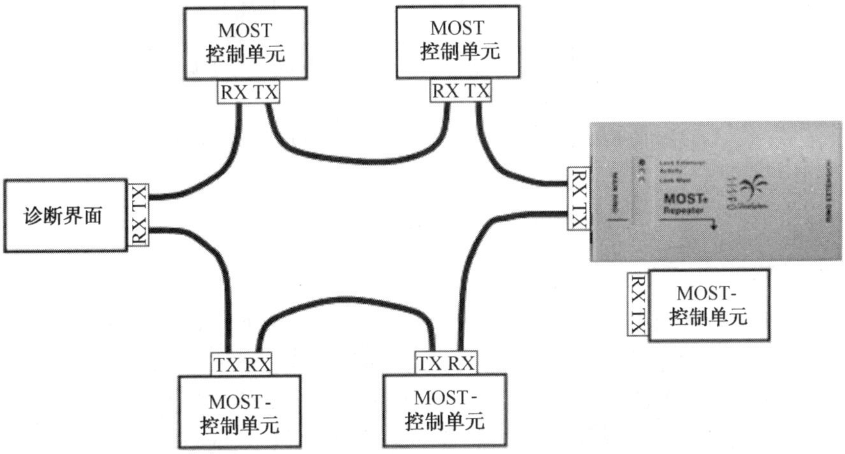

图 5-26　VAS 6186 进行 MOST 总线测试

二、光导纤维的维修

1. 光导纤维的维护

（1）光导纤维的防弯折装置

在铺设光导纤维时，安装了防弯折装置（波形管），用以保证最小 25mm 的曲率半径，如图 5-27 所示。

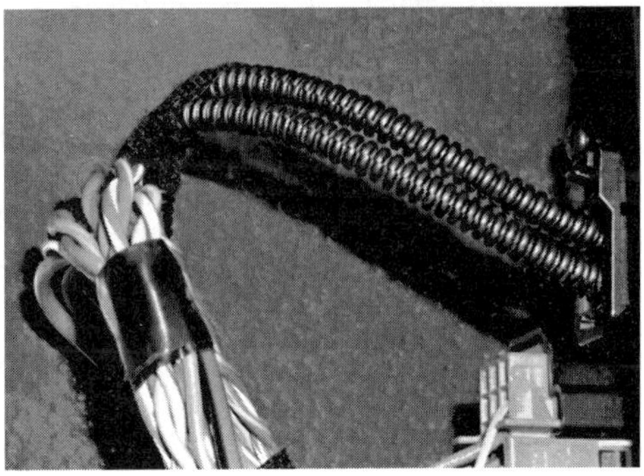

图 5-27　防折弯波形管

（2）不允许用下述方法维护光导纤维及其构件

① 热处理之类的维修方法，如钎焊、热粘结及焊接。

② 化学及机械方法，如粘贴、平接对接。

③ 两条光导纤维线绞合在一起，或者一根光导纤维与一根铜线绞合在一起。

④ 包层上打孔、切割、压缩变形等，另外装入车内时不可有物体压到包层。

⑤ 端面上不可脏污，如液体、灰尘、工作介质等。只有在插接和检测时才可小心地取下保护盖。

⑥ 在车内铺设时不可打结，更换光导纤维时注意其正确的长度。

2．光纤的维修

维修设备 VAS 6223，如图 5-28 所示。维修过程如下：

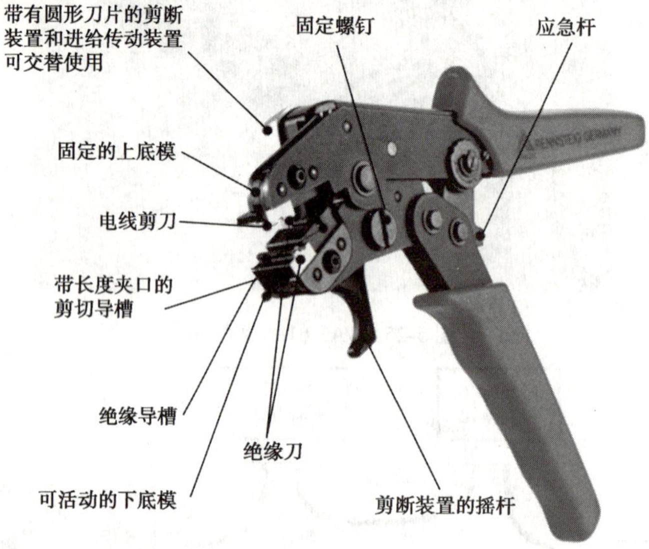

图 5-28　维修设备 VAS 6223

（1）光纤的粗剪切（图 5-29）

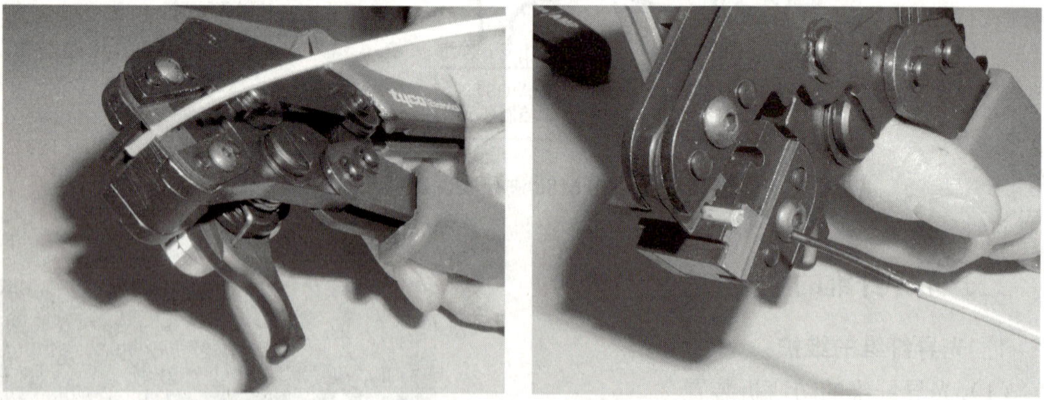

图 5-29　粗剪切

（2）光纤的精剪切

光纤的精剪切如图 5-30 所示，注意不要剪得太快，避免光纤的折断，剪切效果达到截面平滑，如图 5-31 所示。

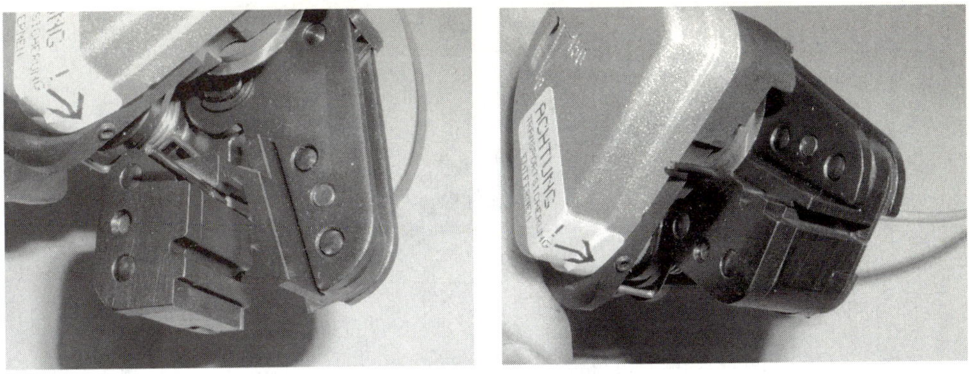

图 5-30　精简剪切

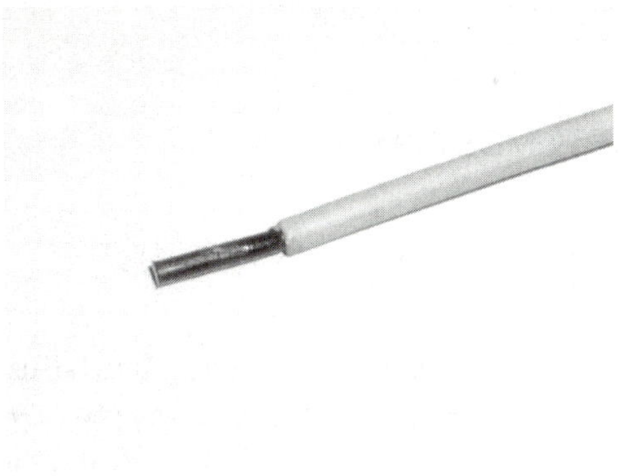

图 5-31　剪切效果

（3）安装铜制弯杆

给光纤安装铜制弯杆如图 5-32 所示，注意不要剪得太快，避免光纤的折断，剪切安装后效果如图 5-33 所示。

图 5-32　安装铜制弯杆

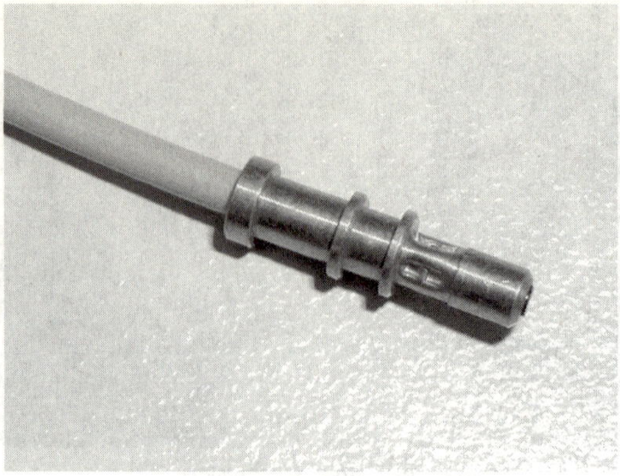

图 5-33　安装效果

三、故障实例

1. 控制单元内部损坏导致 MOST 总线故障

（1）故障现象

一辆奥迪 A6L 2.0T，行驶里程 1 万 km，MMI 无法打开。

（2）故障诊断

用 VAS　5052 诊断 J533 有光学断路故障，其他 MOST-Bus 控制单元无法到达。J533 负责 MOST-Bus 的故障诊断，在系统正常的情况下它通过光环传递每个控制单元的故障信息。若 MOST-Bus 系统有故障，J533 在故障诊断线路的帮助下进行环形断路故障诊断，如图 5-34 所示。

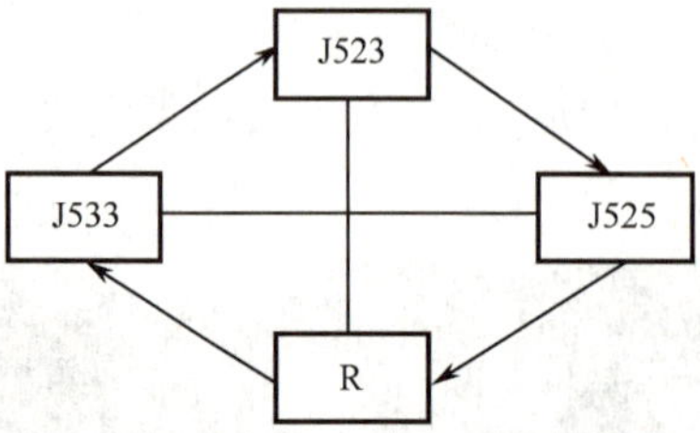

图 5-34　MOST-Bus 环形系统示意图

注：带箭头的线为光纤，直线为诊断线。

J533—网关；J523—MMI 操作和显示控制单元；J525—音响控制单元；R—收音机

J533 通过诊断线向其他控制单元发射一个脉冲信号，然后所有控制单元发出光信号并在此时检查：

① 它们的电源和内部电气功能；

② 是否接收到光信号。

每个控制单元在设定的时间进行应答，J533 根据应答的时间来识别是哪个控制单元发出了应答。

随后用 VAS　5052 进行引导型故障查询→功能和部件选择→车身→电气设备→有自诊断能力的系统→J533 回路断路诊断，结果为 J525 电气故障。然后拆下 J525，用 VAS　6186 代替 J525 接在光环中，MMI 可以打开。拆解 J525 发现有水迹造成控制单元内部损坏。J525

位于后备箱左侧，在贴后风挡膜时水流到了 J525 上，因而造成 MMI 无法打开。

（3）故障排除

更换控制单元 J525。

2．控制单元电路板腐蚀导致基于 MOST 总线的车载娱乐功能失效

（1）故障现象

一辆宝马 745Li 轿车，VIN 为 WBAGN63483DR13570，通过多功能转向盘、音频系统控制器或控制显示器中的菜单向导，播放收音机、CD 等车载娱乐功能均无响应，而控制显示器能正常显示与操作。

（2）故障诊断

连接 GT—1（Group Tester One）诊断仪进行全车扫描。扫描结果显示，MOST（Multimedia Oriented System Transport）多媒体传输系统（简称 MOST 系统）中的高保真功率放大器、CD 光盘转换匣、电话、天线放大/调谐器、导航及音频控制器等众多模块不能通信；同时 MOST 系统分析中存储有一个故障代码：MOST 环形结构断裂。执行故障代码清除功能，上述扫描结果均无法清除，这说明故障真实存在。

MOST 环形结构断裂，即 MOST 系统环形结构的网络通信存在断路现象。由于 MOST 系统网络通信采用的是环形结构，利用一种红色可见光信号在 MOST 总线（光缆）中进行单向的传输数据，当环形结构中某一环节出现故障造成通信断路，必然会导致该系统中众多的模块通信瘫痪。结合 GT—1 诊断仪检测的结果，应先从 MOST 环形结构断裂这一环节着手展开检修工作。

于是，从车内储物箱中取出串联在 MOST 总线上的 MOST 诊断接口，拔下环形连接器进行检查。通过目测发现，MOST 诊断接口没有传输数据的红色可见光信号输出。正常情况下，光信号的传输是从控制显示器依次到 CD 光盘转换匣、天线转换器、音频控制器、MOST 诊断接口、组合仪表，再回到控制显示器形成闭环。由此说明，MOST 系统的网络通信确实是处于一种断路的状态。

通常情况下，造成 MOST 系统网络通信断路故障的可能因素有：连接插头未正确插好；传输光缆损坏；至少有一个模块无工作电压；至少有一个模块有故障。为了进一步判定故障所在的区域，将 MOST 诊断接口的环形连接器插回，执行 GT—1 诊断仪辅助“检测计划功能”，进行 MOST 环形结构断裂诊断。根据 GT—1 诊断仪“检测计划功能”的步骤提示，将蓄电池接线断开 90s 之后再接回。此时 MOST 系统开始进行环形结构断裂的自诊断模式。等待 90s 后，诊断结果为“控制显示器存储的节点位置确定为 5”。根据环形结构断裂诊断原理，该诊断结果意思是指控制显示器是位于环形结构断裂（断路）区域之后的位置。其原理如下：当 MOST 系统处于环形结构断裂自诊断模式时，系统中的所有模块会同时向环形结构中它后面的模块发送光信号，每个模块都检查它的输入端上是否接收到光信号，在输入端上识别不到光信号的模块将在其存储器中存储节点位置 0，此模块之后的第 1 个模块，会相应存储节点位置 1，再之后的模块会相应存储节点位置 2，以此类推。若配置有多媒体转换器或导航模块，该模块存储节点位置则相应跳数 2 个。

由上述原理可知，环形结构断裂区域应位于存储节点位置 0 的模块和它前面的模块之间。那么要确定环形结构断裂区域，则必须先要确定存储节点位置 0 的模块。而要确定存储节点位置 0 的模块，还需视该车 MOST 系统中模块的实际配置情况而定。由于 MOST 系统中的模块大多为选装配置，为了弄清楚该车 MOST 系统的实际配置情况，查看 GT—I 诊断仪对全

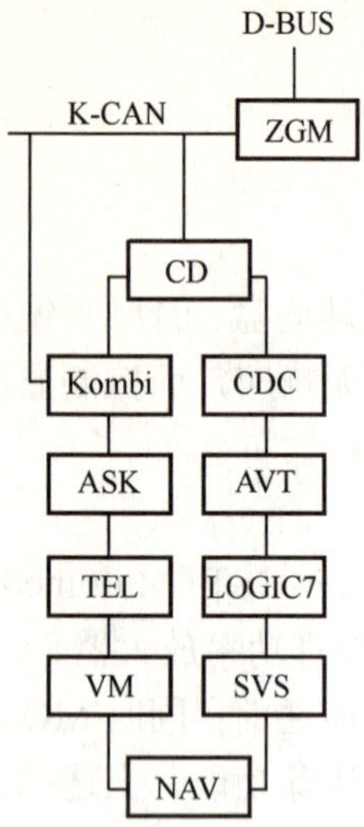

图 5-35　MOST 的网络结构

车模块扫描的显示。该车 MOST 系统的模块配置显示有：控制显示器、CD 光盘转换匣、天线转换器、高保真功率放大器、语音处理器、导航模块、电话模块、音频控制器、组合仪表。根据 MOST 系统线路图中所有模块的连接布局，结合 GT—I 诊断仪中 MOST 系统的模块配置显示，该车 MOST 系统的实际配置框架应如图 5-35 所示。

① CD（Control Display 控制显示器）。CD 是整个 MOST 总线系统的主控单元，它由安装在中控台的多功能显示器和安装在中央扶手的控制器组成。CD 通过光纤与其他 MOST 总线组件通信，同时也作为一个网关（接口）与 K-CAN 总线进行通信。另外，通过控制器可以激活 MOST 的服务模式，即可查阅到整个 MOST 总线中所有组件的列表，这包括以下信息：分类号、硬件编号、设码索引、诊断索引、系列号、生产日期、制造商代号、信息目录版本、软件版本和操作系统版本。CD 有时以“MMI”的缩写出现。

② Kombi（Instrument Cluster：组合仪表）。E65 采用了第四代液晶仪表总成，它集成了强大的行车计算机、检查控制和多达 20 项的测试功能。基于安全方面的考虑，Kombi 还连接于 K-CAN 总线。当 MOST 总线失效时，Kombi 仍能为行车提供诸如报警信号灯、车速等信息显示。

③ ASC（Audio System Controller 音频系统控制器）。在 E65 上首次应用了 ASK，它安装在中控台中。ASK 作为音频系统的主控单元，负责把车辆中的所有音频信号进行集中处理，并进行分配。

④ TEL（Telephone 电话模块）。电话属于选装件，在 E65 上可选装一部安装在中控台的 GSM 电话和用于后座区的串联电话，该电话最大的发射功率为 8W。TEL 有时以“Telefon”的形式出现。

⑤ VM（Video Module 视频模块）。E65 采用宝马专为多媒体环境而设计的第五代视频模块。该模块能够完成以下功能：1）接收电视信号；2）电视台列表；3）接收电视文字广播；4）转换电视信号；5）作为视频信号的控制中心。VM 有时以“TV Tuner”的形式出现。

⑥ NS（Navigation System 导航控制模块）。NAV 是 Mk-3 的改进版（Mk-3 之前曾应用在 E38 轿车上），它能提供车辆导航控制、报文（短信）服务以及宝马在线服务等功能。NAV 属于选装系统。

⑦ VPS（Voice Processing System 语音输入处理系统）。SVS 是连接使用者与整个 MOST 总线系统的纽带，即实现了真正的人机对话。该系统是对多功能显示器的补充，使用时必须借助车载电话的话筒作为输入端，从而提高车辆操作控制的方便性，但有关安全驾驶方面的操作不受 SVS 的控制。SVS 也属于选装系统。TEL，VM，NAV 与 SVS 均安装在行李箱的左后侧。

⑧ LOGIC7（TOP HiFi Amplifier 高保真功率放大器）。LOGIC7 杜比环绕高保真专业音响系统利用 13 个扬声器，高质量地再现所有音频格式，能最大程度地降低重低音失真以及改进环绕音响效果。它由七个中音扬声器（安装在左右两侧的前后门、后搁物架和前仪表板中央）、四个高音扬声器（安装在左右两侧的前后门）和两个位于中央的低音扬声器（安装在前排座椅下面）组成。

⑨ AAT（Antenna Amplifier/Tuner 天线放大器/调谐器）。为确保系统信号的接收效果，

E65 配置了两套天线放大器，两套天线放大器以同轴电缆进行连接，安装在 C 柱后面的左右两侧。AVT 有时以“AmFm Tuner”的形式出现。

⑩ CDC（Compact Disk Changer 光盘转换器）。E65 配置了一个六碟光盘转换器，它安装在靠副驾驶员座位侧的中控台饰板后面。CDC 能够提供如下的功能：正常播放；快进和快退；音乐轨道的搜索；浏览；随机播放；显示光盘序号；CDC 有时以“CD Changer”的形式出现。

K-CAN 是控制诸如空调、防盗、灯光等系统的一种总线设备，其传输速率为 100Kbit/s。

ZGM 是一种接口，它连接在不同的总线系统之间，起着数据和信息中转站的作用，即允许不同的总线系统以不同的传输速率进行不同类型的数据交换，从而使不同的总线系统的信息共享成为可能。

通过 D-BUS，利用宝马专用检测计算机可以检测到包括 MOST 总线在内的电控系统的运行以及故障存储情况，D-BUS 的传输速率为 115Kbit/s。

根据上述 MOST 系统的配置框架，再结合控制显示器存储的节点位置为 5，按照环形结构断裂诊断原理则可推算得出：组合仪表存储的节点位置应为 4、音频控制器存储的节点位置应为 3、电话模块存储的节点位置应为 2、导航模块存储的节点位置应为 0。若按此推算的结果。那么环形结构断裂区域则应位于导航模块与它之前的语音处理器之间。为了进一步核实上述推算分析，对安装在行李箱左后方的导航模块、语音处理器及它们之间的连接元件进行检查。

检查发现，MOST 总线中的红色可见光信号发送到语音处理器后，语音处理器却没有红色可见光信号发送到其后面的导航模块。而在 MOST 系统中，为了连接 MOST 总线的数据传输，系统中的每个模块内都有一组光信号发射组件（发射器）和接收组件（接收器）。在正常情况下，每个模块通过接收组件接收到其前面模块的光信号，经过处理后，会紧接着通过发射组件发送给其后面的模块。由此说明，是语音处理器内部的光信号传输存在故障而导致 MOST 系统环形结构的通信中断。同时，这也证明了上述推算分析与该检查结果是相符的。

接着检测语音处理器线路供电电压和接地，均正常。取出语音处理器，拆开其外壳，发现电路板上有明显的受潮腐蚀痕迹，并且部分电源供给电路的接点已被腐蚀而脱焊。

（3）故障排除

进行清洁除蚀及焊接修复处理。除蚀和修复作业完毕后，将语音处理器装车，并测试其工作状况。结果语音处理器可正常接收与发送传输数据的红色可见光信号，与此同时，各项车载娱乐功能也自动恢复正常。利用 GT-1 再次进行全车扫描，MOST 系统的所有模块均恢复了正常通信，并且无任何当前故障代码存储。至此，故障排除。由此可见，该车载娱乐功能失效是由语音处理器硬件故障导致的。

附录A　宝来轿车舒适系统电路图

舒适系统

- 车外后视镜（可加热并调节）
- 防盗报警装置
- 前后玻璃升降器
- 行李箱盖开启装置
- 车内灯
- 行李箱照明
- 滑动车顶
- 中央门锁（有遥控功能）

自2002年1月起

继电器及熔丝、多孔插头布置见“安装位置”

继电器盘上面的13孔附加继电器支架上的继电器位置

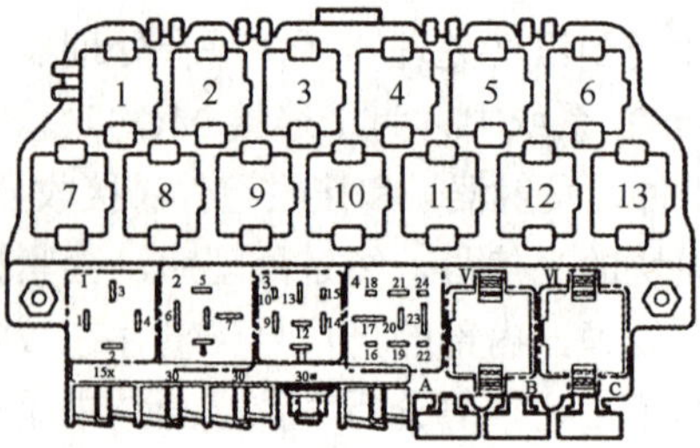

97-14163

熔丝颜色

30A-绿色
25A-白色
20A-黄色
15A-蓝色
10A-红色
7.5A-棕色
5A-米色
3A-紫色

驾驶人车门控制单元，驾驶人车门玻璃升降器，车内锁开关，玻璃升降器开关，后车门玻璃升降器联锁开关

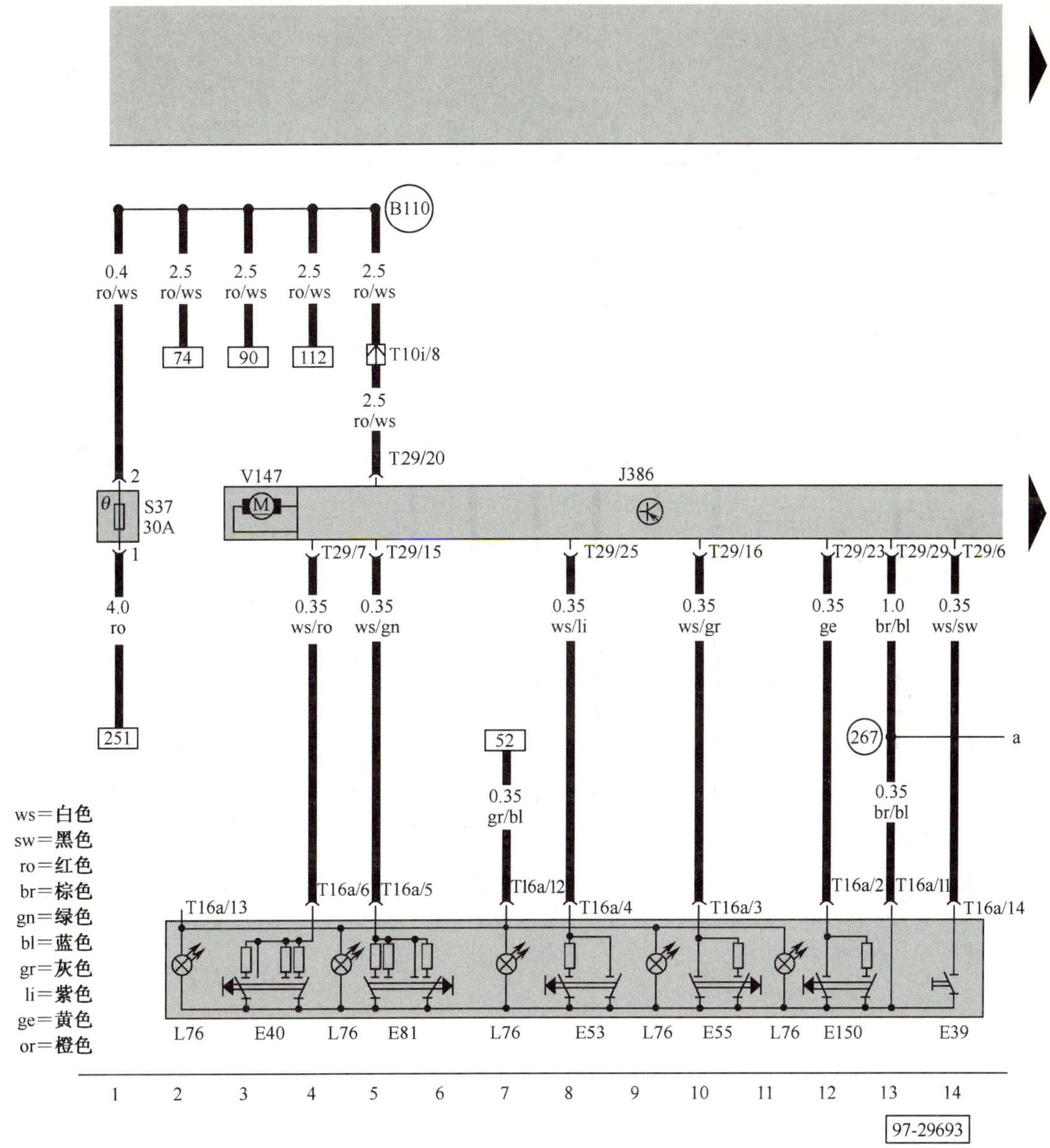

E39—后车门玻璃升降器联锁开关
E40—左前玻璃升降开关
E53—左后玻璃升降开关，驾驶人
E55—右后玻璃升降开关，驾驶人
E81—右前玻璃升降开关，驾驶人
E150—车内锁开关，驾驶人一侧
J386—驾驶人一侧车门控制单元
L76—开关照明
S37—玻璃升降器熔丝，在附加继电器支架上
T10i—插头，10孔，黑色，左侧A柱分线器
T16a—插头，16孔
T29—插头，29孔
V147—玻璃升降器电动机，驾驶人一侧
(267)—接地连接-2-，在驾驶人车门线束内
(B110)—连接（30，玻璃升降器）在驾驶人车门线束内

驾驶人车门控制单元，驾驶人一侧中央门锁，中央门锁指示灯，左车门警报灯

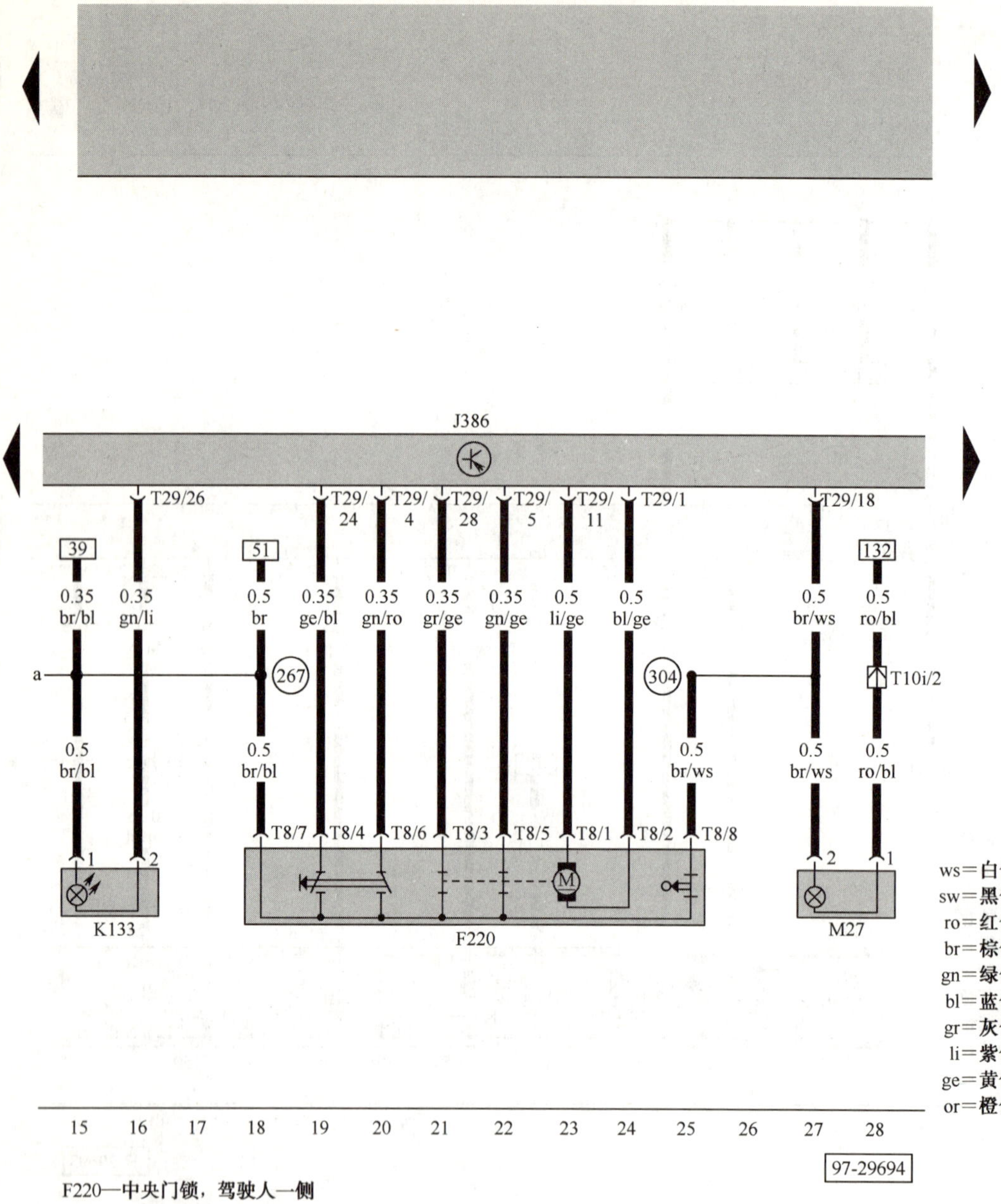

ws=白色
sw=黑色
ro=红色
br=棕色
gn=绿色
bl=蓝色
gr=灰色
li=紫色
ge=黄色
or=橙色

F220—中央门锁，驾驶人一侧
J386—车门控制单元，驾驶人一侧
K133—中央门锁-SAFE-指示灯
M27—左车门警报灯
T8—插头，8孔
T29—插头，29孔
T10i—插头，10孔，黑色，左侧A柱分线器
(267)—接地连接-2-，驾驶人车门线束内
(304)—接地连接-3-，驾驶人车门线束内

驾驶人车门控制单元，后视镜调节开关，车外后视镜加热开关，后视镜折起开关

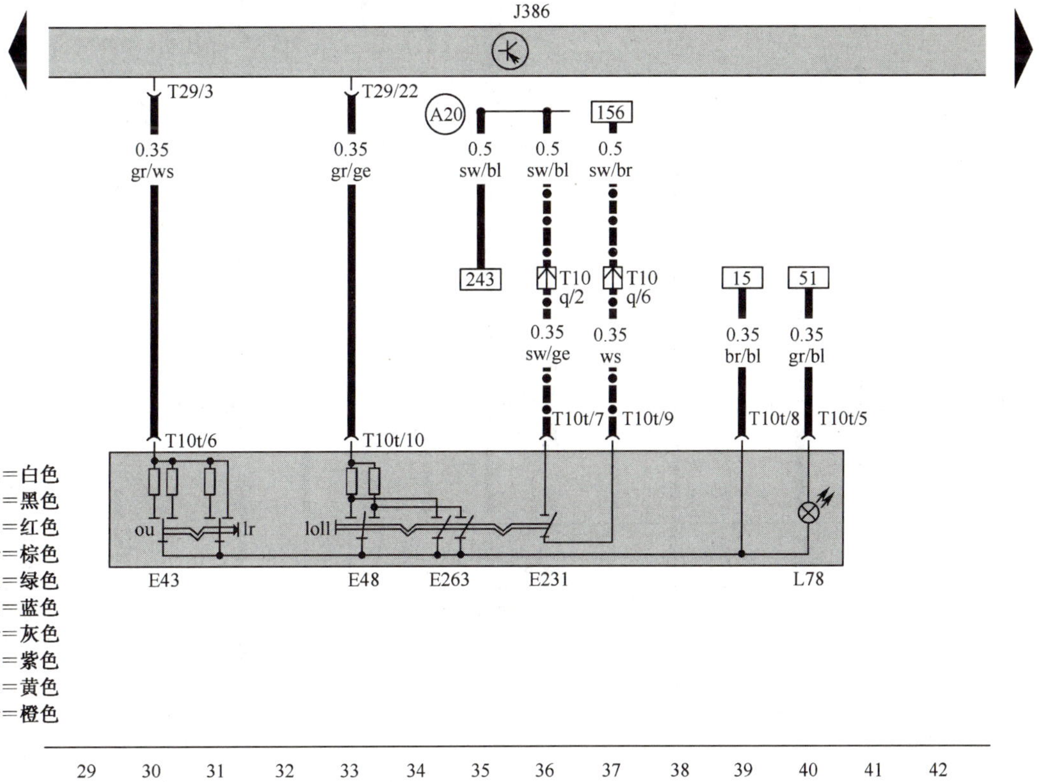

ws=白色
sw=黑色
ro=红色
br=棕色
gn=绿色
bl=蓝色
gr=灰色
li=紫色
ge=黄色
or=橙色

97-29695

E43—后视镜调节开关
E48—后视镜调节转换开关
E231—车外后视镜加热开关
E263—后视镜折起开关
J386—车门控制单元，驾驶人一侧
L78—后视镜调节开关照明
T10q—插头，10孔，蓝色，左侧A柱分线器
T10t—插头，10孔
T29—插头，29孔
(A20)—连接（15a），在仪表板线束内
■●■ —仅指有单独后视镜加热装置的车

驾驶人一侧车门控制单元，驾驶人车门电动调节后视镜

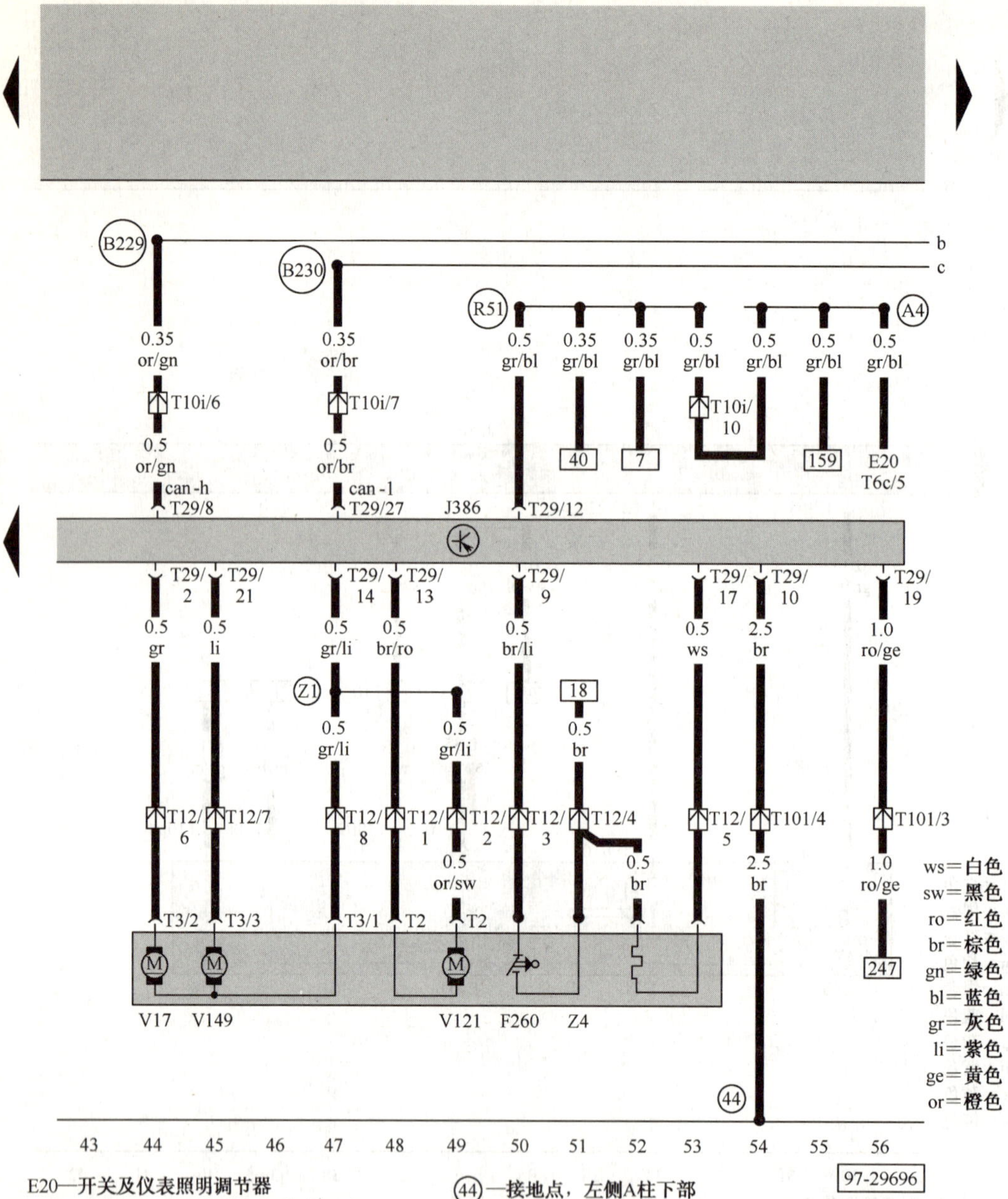

E20—开关及仪表照明调节器
F260—驾驶人一侧后视镜折起接触开关**
J386—车门控制单元，驾驶人一侧
T2—插头，2孔
T3—插头，3孔
T6c—插头，6孔
T10i—插头，10孔，黑色，左侧A柱分线器
T12—插头，12孔，在驾驶人车门内
T29—插头，29孔
V17—后视镜调节电动机（驾驶人）
V121—后视镜折起电动机（副驾驶人）**
V149—后视镜调节电动机，驾驶人一侧
Z4—加热式外后视镜，驾驶人一侧

(44)—接地点，左侧A柱下部
(A4)—正极连接（58b），在仪表板线束内
(B229)—连接（High-Bus），在车内线束内
(B230)—连接（Low-Bus），在车内线束内
(R51)—连接（58b），在车内线束内，驾驶人一侧
(Z1)—连接-1-，在后视镜调节及加热线束内
**—后视镜折起功能只在某些出口车上才有

副驾驶人车门控制单元，副驾驶人车门玻璃升降器，副驾驶人一侧中央门锁

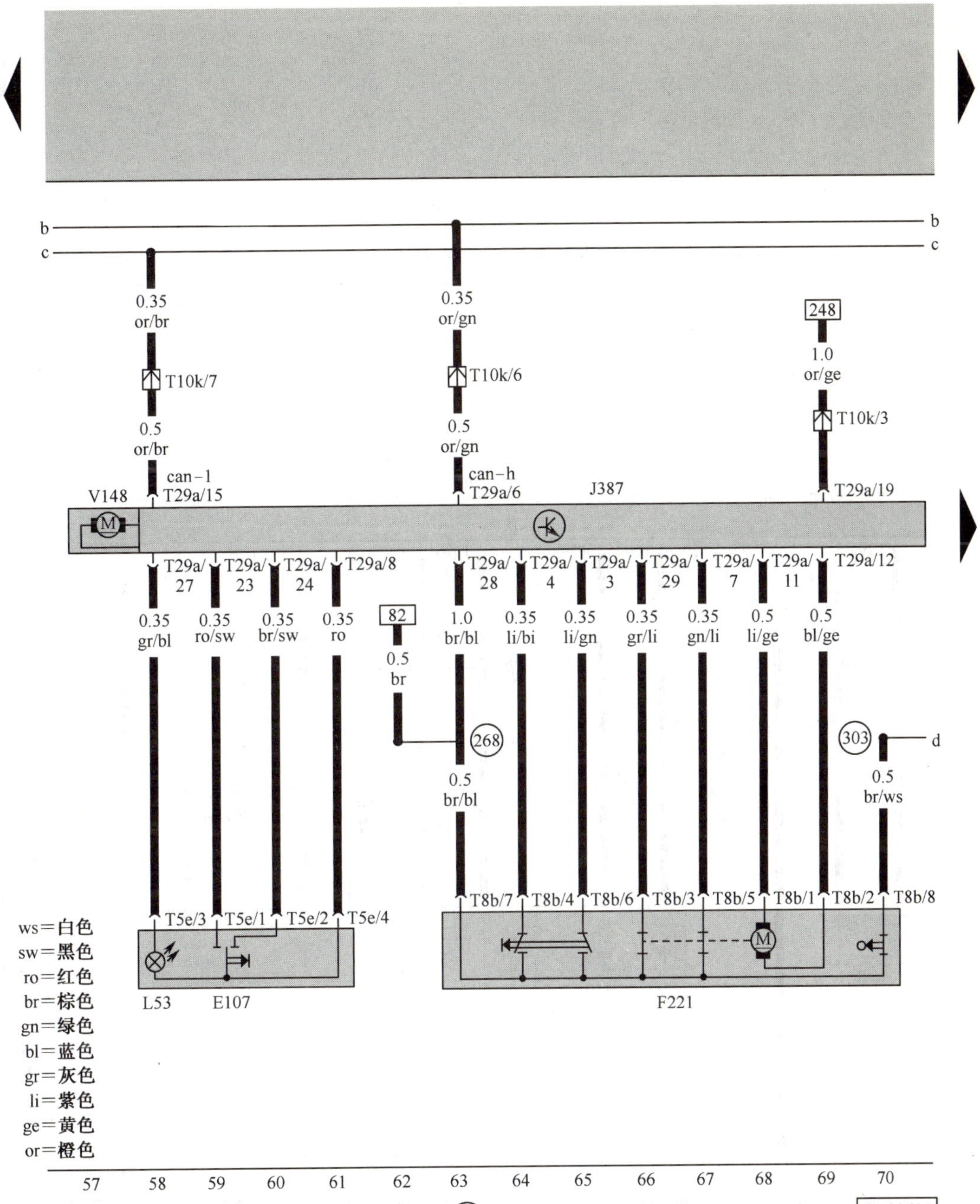

E107—玻璃升降开关，在副驾驶人车门内
F221—中央门锁（副驾驶人一侧）
J387—车门控制单元，副驾驶人一侧
L53—玻璃升降开关照明灯
T5e—插头，5孔
T8b—插头，8孔
T10k—插头，10孔，黑色，右侧A柱分线器
T29a—插头，29孔
V148—玻璃升降电动机，副驾驶人一侧

(268)—插头-2-，在副驾驶人车门线束内
(303)—插头-3-，在副驾驶人车门线束内

副驾驶人车门控制单元，副驾驶人车门外后视镜（电动调节），右车门警报灯

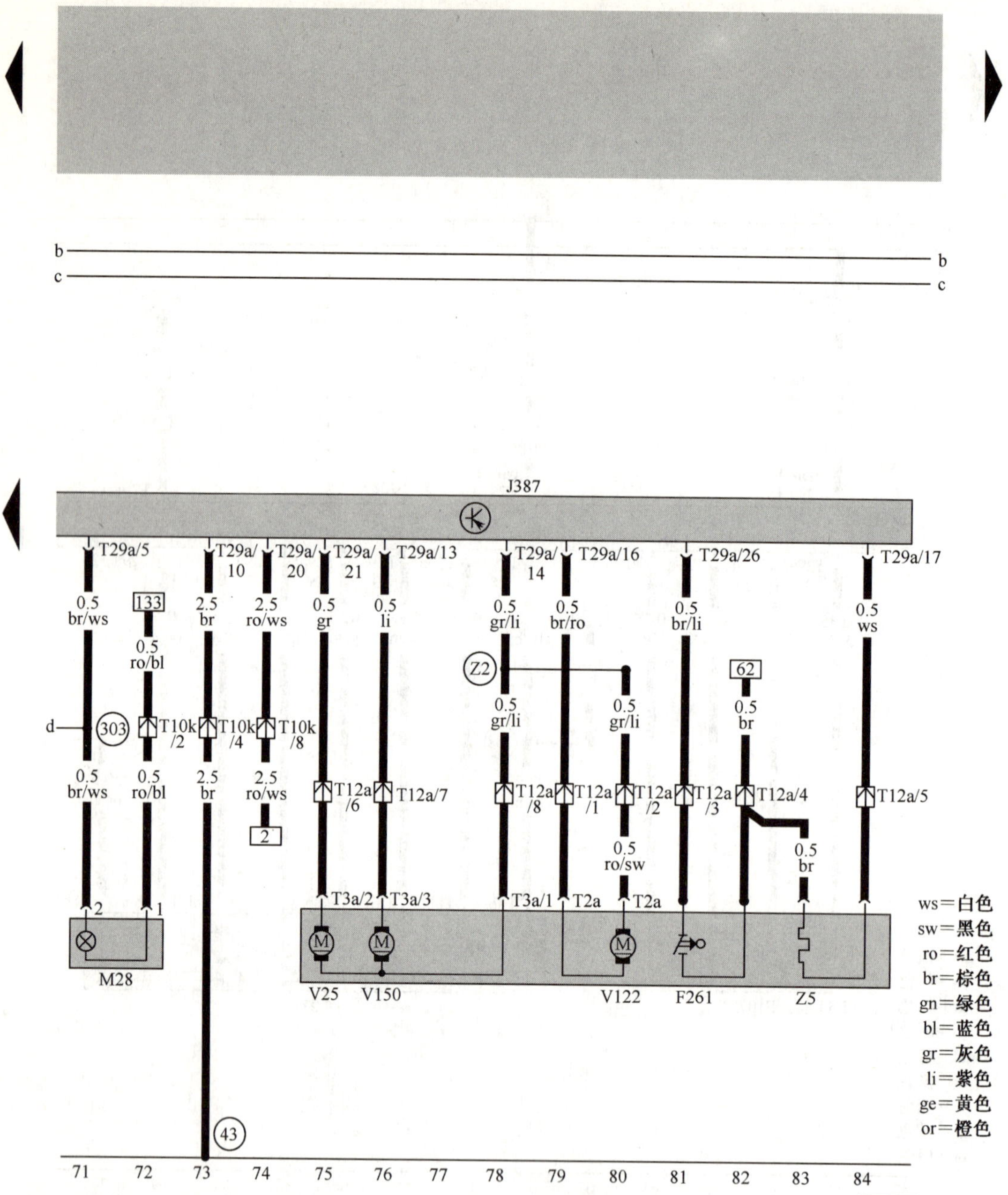

F261—副驾驶人外后视镜折起接触开关**
J387—车门控制单元，副驾驶人一侧
M28—右车门警报灯
T2a—插头，2孔
T3a—插头，3孔
T10k—插头，10孔，黑色，右侧A柱分线器
T12a—插头，12孔，在副驾驶人车门内
T29a—插头，29孔
V25—后视镜调节电动机（副驾驶人一侧）
V122—后视镜折起电动机（副驾驶人一侧）
V150—后视镜调节电动机（副驾驶人一侧）
Z5—加热式外后视镜，副驾驶人一侧
(43)—接地点，右侧A柱下部
(303)—接地连接-3-，在副驾驶人车门线束内
(Z2)—连接-2-，在后视镜调节线束内
**—仅用于出口车的可折起式后视镜

97-29698

左后车门控制单元，左后车门玻璃升降器，左后门中央门锁

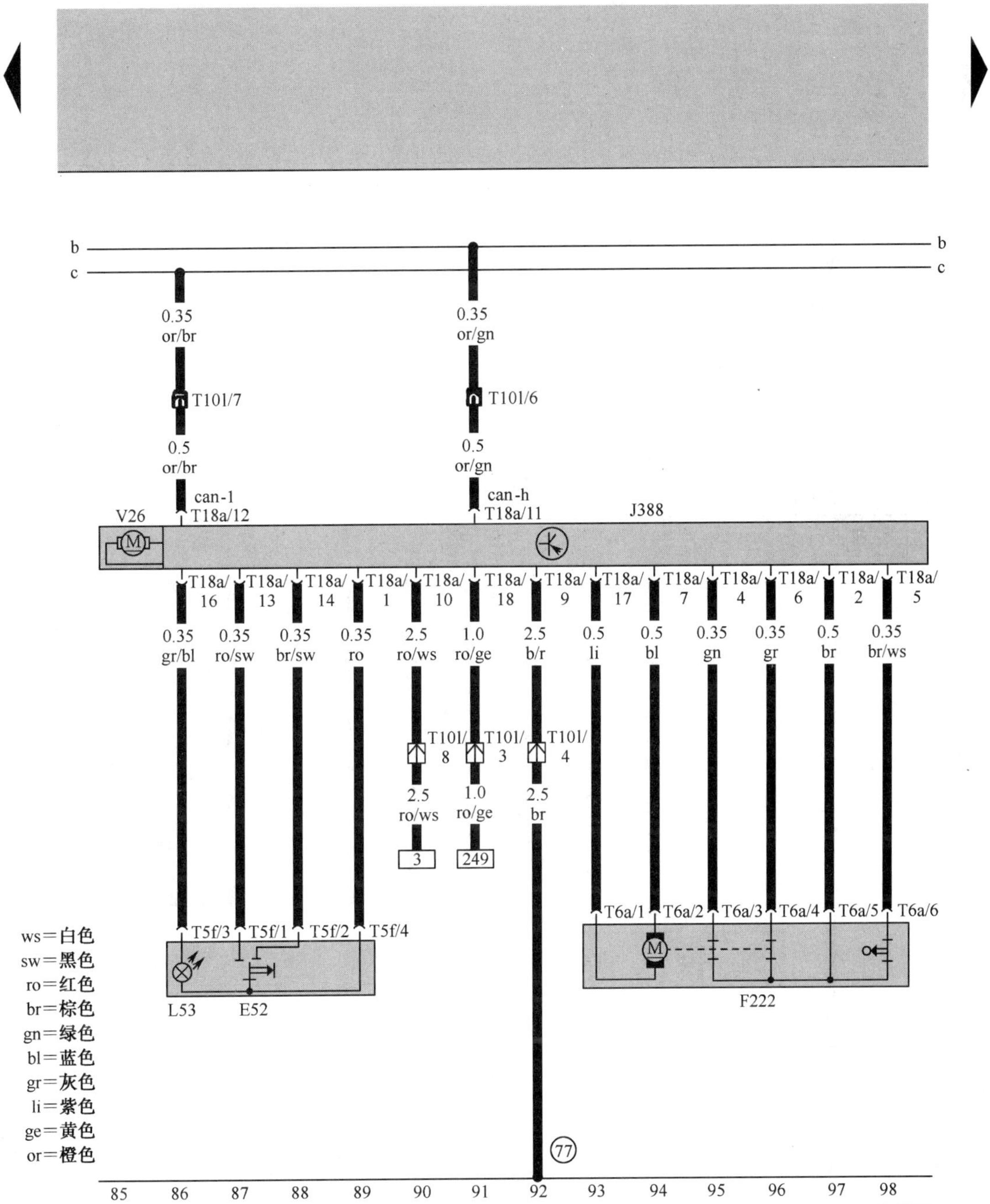

97-29699

E52—左后车门玻璃升降开关（在车门内）
F222—左后车门中央门锁
J388—车门控制单元，左后车门
L53—玻璃升降开关照明灯泡
L5f—插头，5孔
T6a—插头，6孔
T10l—插头，10孔，黑色，左侧B柱分线器
T18a—插头，18孔

V26—左后玻璃升降电动机
(77)—接地点，左侧B柱下部

右后车门控制单元，右后车门玻璃升降器，右后门中央门锁

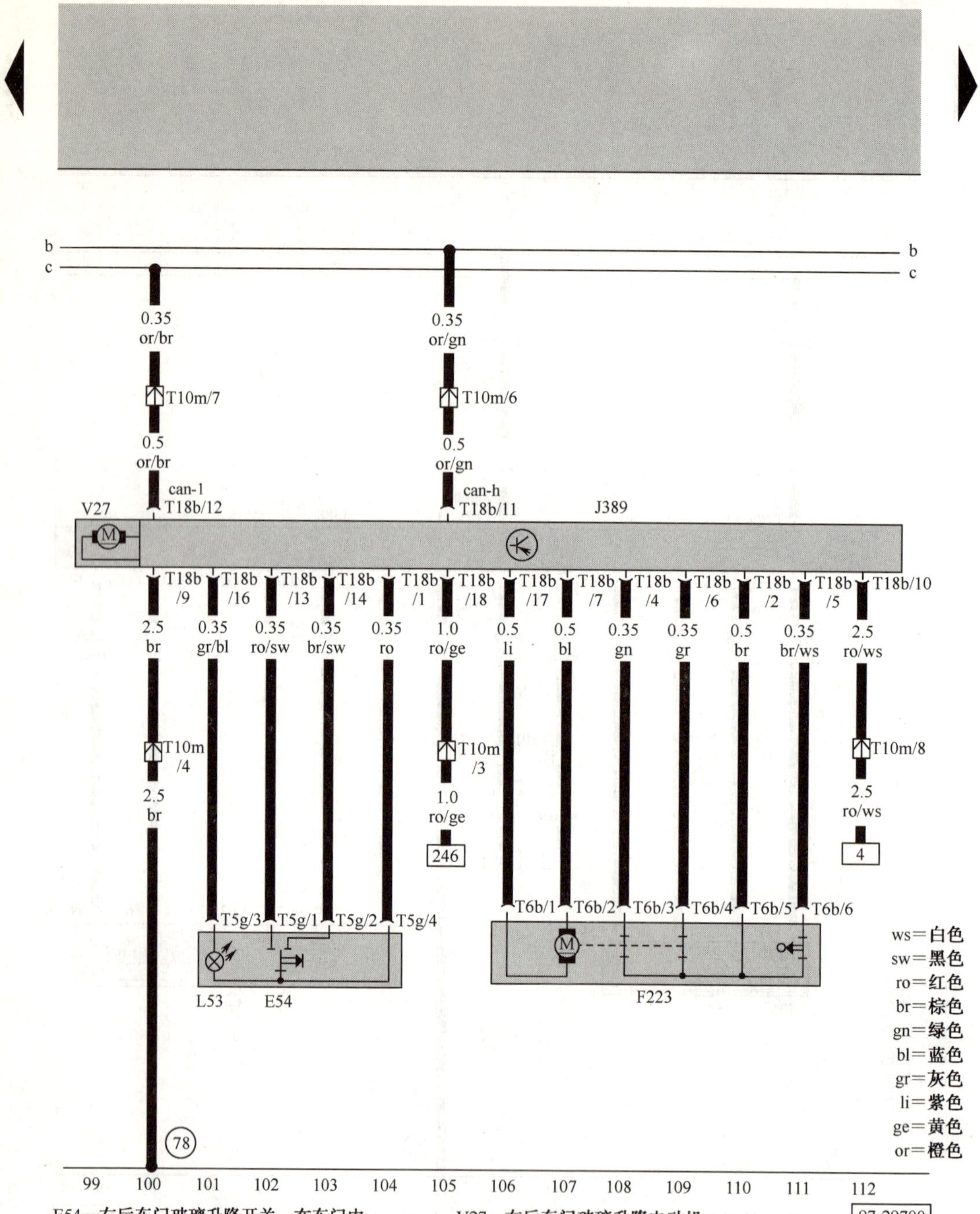

E54—右后车门玻璃升降开关，在车门内
F223—右后车门中央门锁
J389—车门控制单元，右后
L53—玻璃升降开关照明灯泡
T5g—插头，5孔
T6b—插头，6孔
T10m—插头，10孔，黑色，右侧B柱分线器
T18b—插头，18孔
V27—右后车门玻璃升降电动机
(78)—接地点，右侧B柱下部

前部车内灯，前、后阅读灯，驾驶人及副驾驶人化妆镜（有照明）

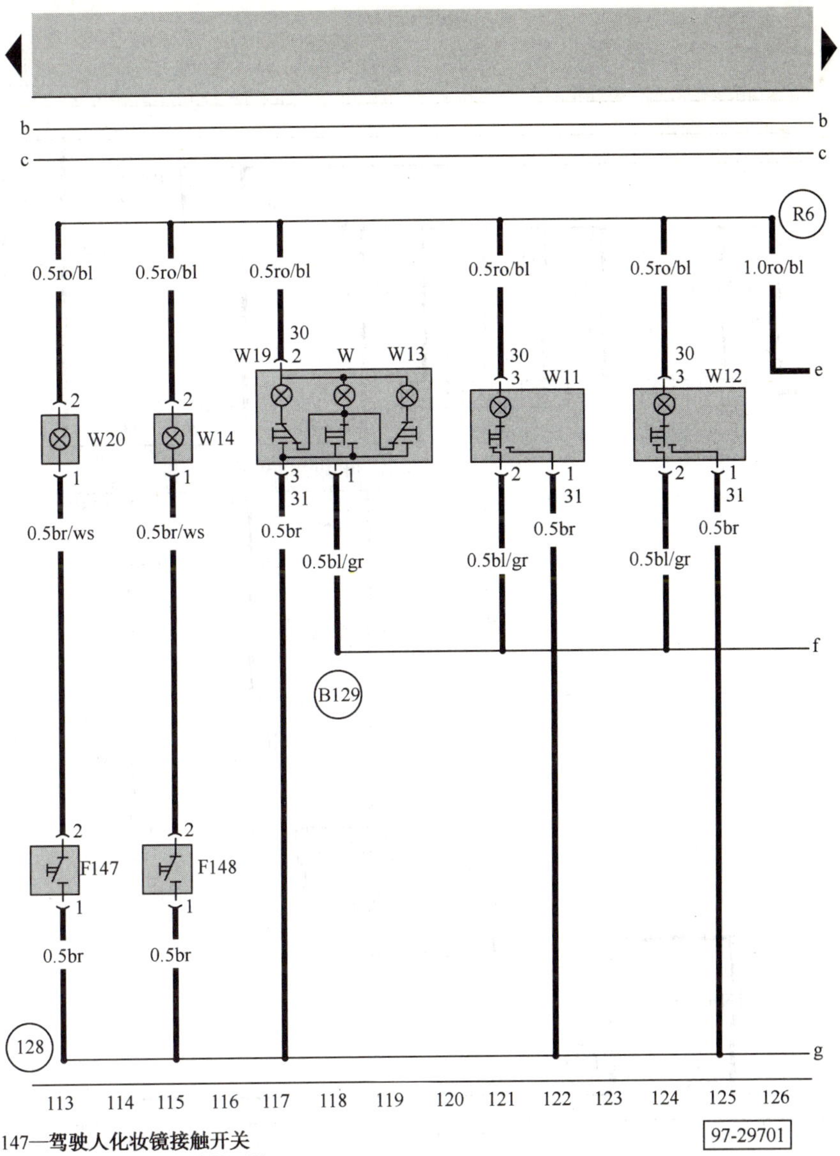

ws＝白色
sw＝黑色
ro＝红色
br＝棕色
gn＝绿色
bl＝蓝色
gr＝灰色
li＝紫色
ge＝黄色
or＝橙色

F147—驾驶人化妆镜接触开关
F148—副驾驶人化妆镜接触开关
W—前部车内灯
W11—左后阅读灯
W12—右后阅读灯
W13—副驾驶人阅读灯
W14—副驾驶人化妆镜（有照明）
W19—驾驶人阅读灯
W20—驾驶人化妆镜（有照明）
(128)—接地连接-1-，在车内灯线束内
(B129)—连接（车内灯，31），在车内灯线束内
(R6)—正极连接-1-，在车内灯线束内

舒适系统中央控制单元

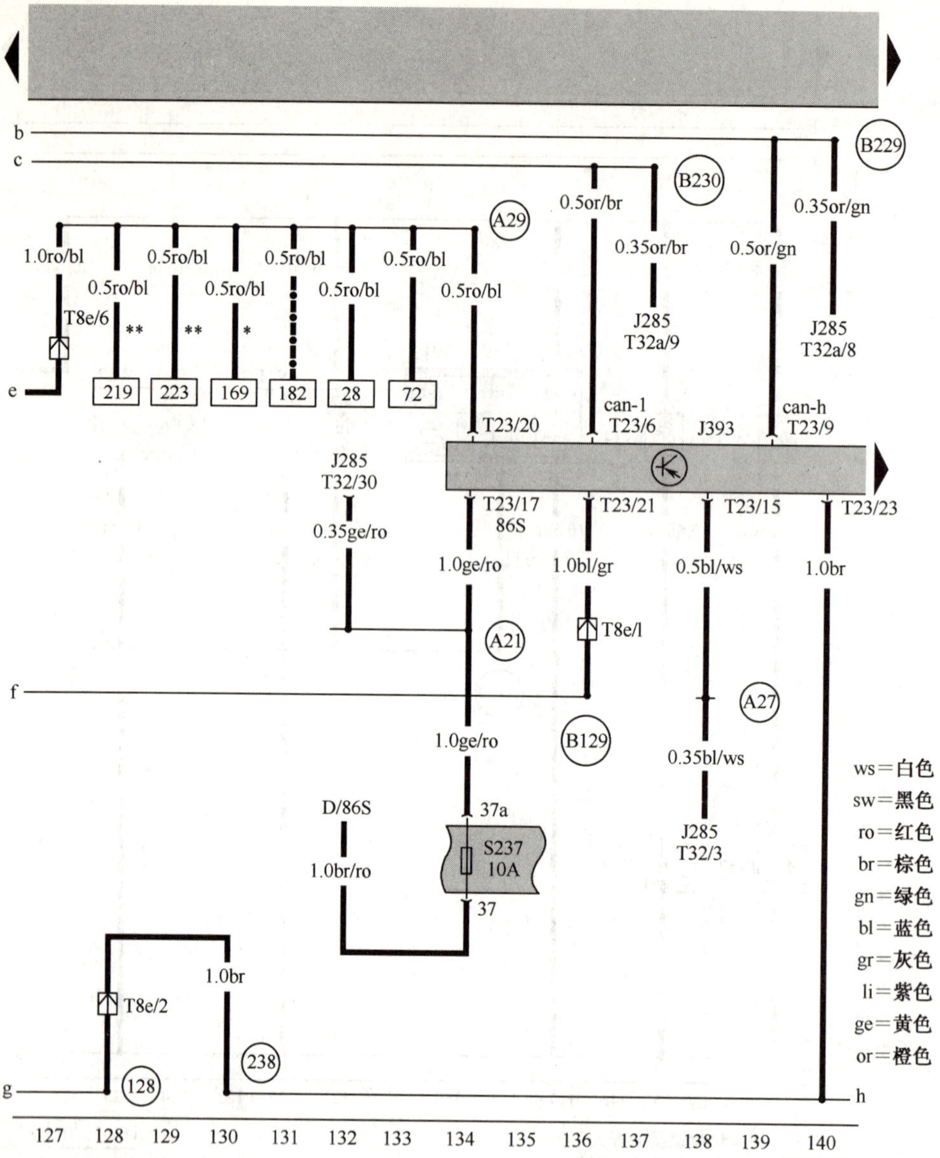

D—点火开关

J285—带显示器的控制单元，在组合仪表内

J393—舒适系统中央控制单元，在仪表板左后部

S237—熔丝支架上37号熔丝

T8e—插头，8孔，在仪表板左后部

T23—插头，23孔

T32—插头，32孔，蓝色

T32a—插头，32孔，绿色

(128)—接地连接-1-，在车内灯线束内

(238)—接地连接-1-，在车内灯线束内

(A21)—连接（86S），在仪表板线束内

(A27)—连接（车速信号），在仪表板线束内

(A29)—连接（车内灯），在仪表板线束内

(B129)—连接（车内灯，31），在车内线束内

(B229)—连接（High-Bus），在车内线束内

(B230)—连接（Low-Bus），在车内线束内

*—仅指Bora车

**—仅指Golf Variant/Bora Variant车

■●■—仅指Golf车

舒适系统中央控制单元，滑动车顶控制单元，滑动车顶调节器

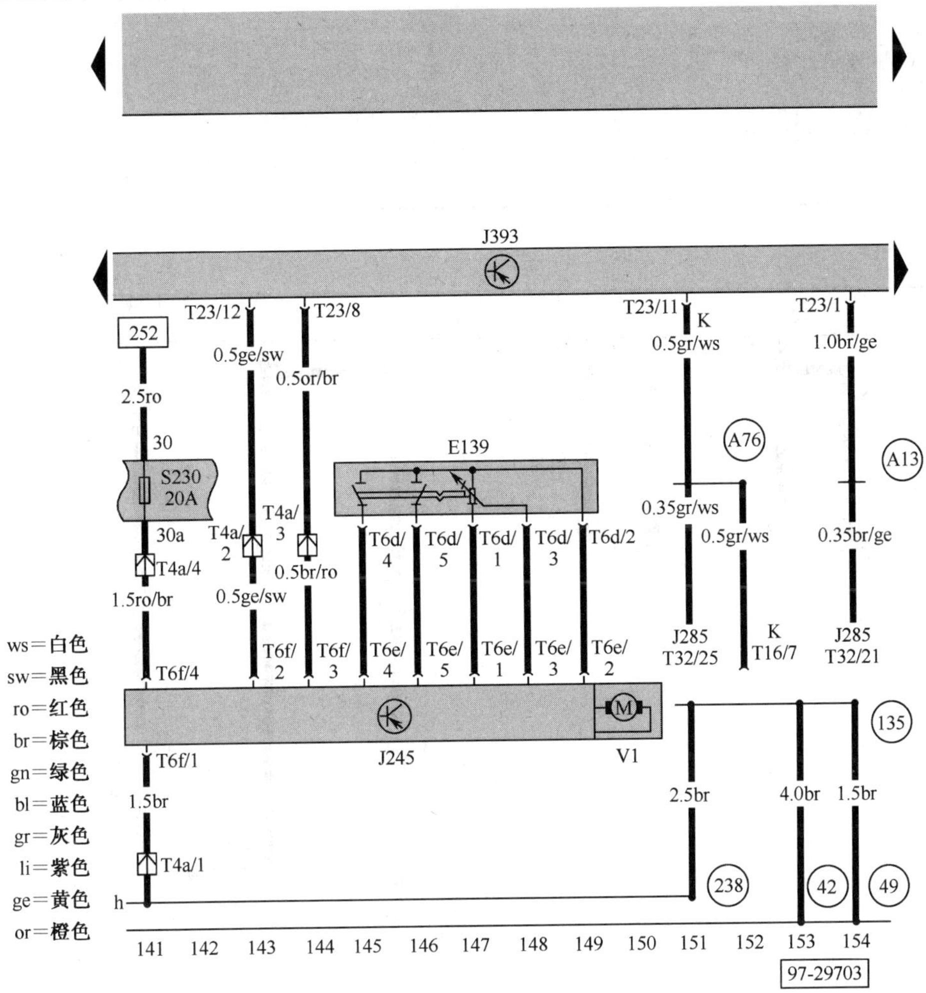

E139—滑动车顶调节器
J245—滑动车顶控制单元
J285—带显示器的控制单元，在组合仪表内
J393—舒适系统中央控制单元，在仪表板左后
S230—熔丝支架上30号熔丝
T4a—插头，4孔，在仪表板左右
T6d—插头，6孔
T6e—插头，6孔
T6f—插头，6孔
T16—插头，16孔，在仪表板中部，自诊断接口
T23—插头，23孔
T32—插头，32孔，蓝色
V1—滑动车顶电动机

(42) —接地点，在转向柱旁

(49) —接地点，在转向柱上

(135) —接地连接-2-，在仪表板线束内

(238) —接地连接-1-，在车内线束内

(A13) —连接（车门接触开关），在车内线束内

(A76) —连接（自诊断K线），在仪表板线束内

舒适系统中央控制单元，行李箱盖中央门锁电机，行李箱盖遥控电机继电器

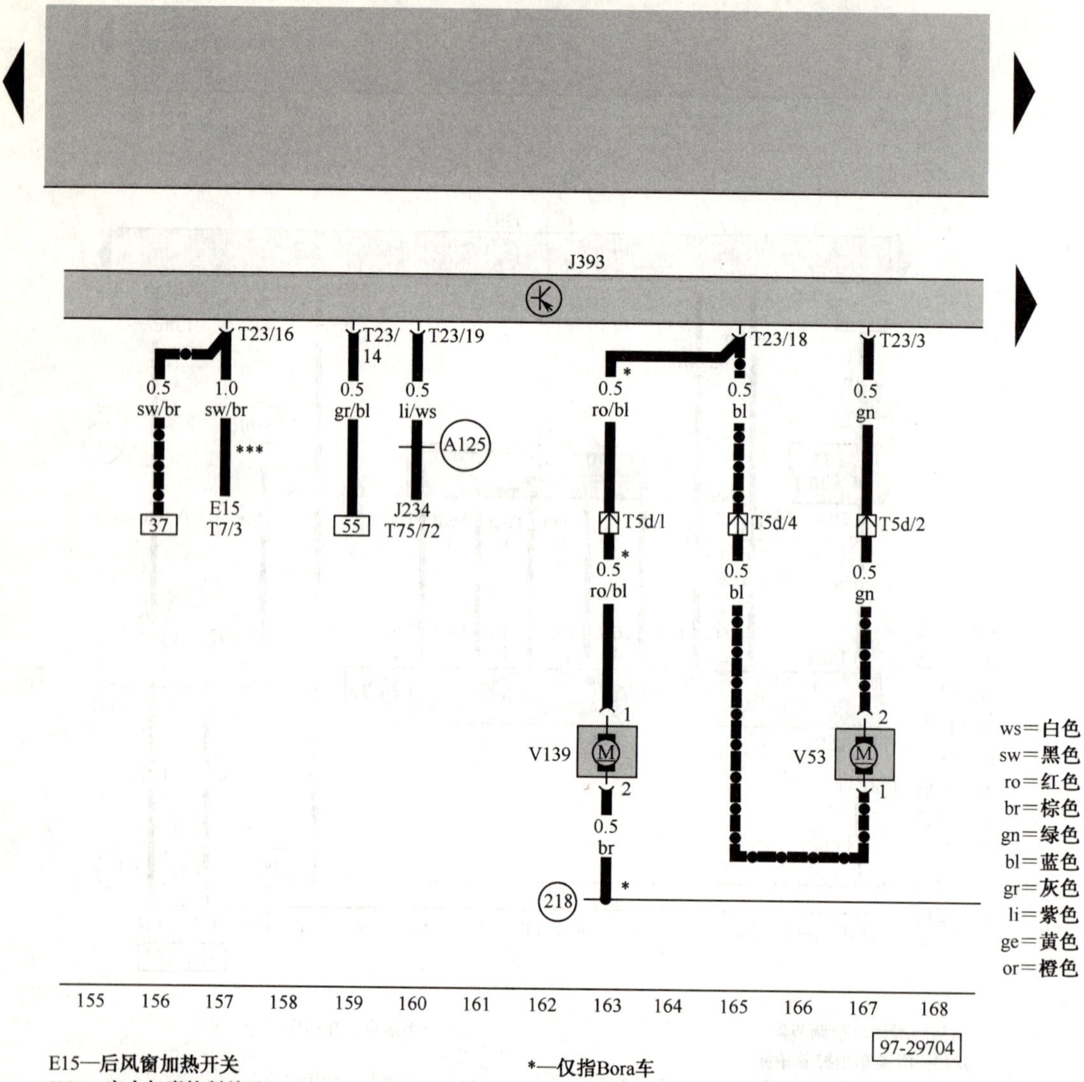

E15—后风窗加热开关
J234—安全气囊控制单元
J393—舒适系统中央控制单元，在仪表板左后部
T5d—插头，5孔，棕色，左侧C柱分线器
T7—插头，7孔
T23—插头，23孔
T75—插头，75孔
V53—行李箱盖中央门锁电动机
V139—行李箱盖开启电机*

(218) —接地连接-1-，在行李箱盖线束内

(A125) —连接（撞车信号），在仪表板线束内

*—仅指Bora车

■●■ —仅指Golf车

—Variant车行李箱盖开启装置⇒Nr.25/16

***—不用于有单独后视镜加热装置的车

舒适系统中央控制单元，行李箱照明（仅指Golf/Bora）

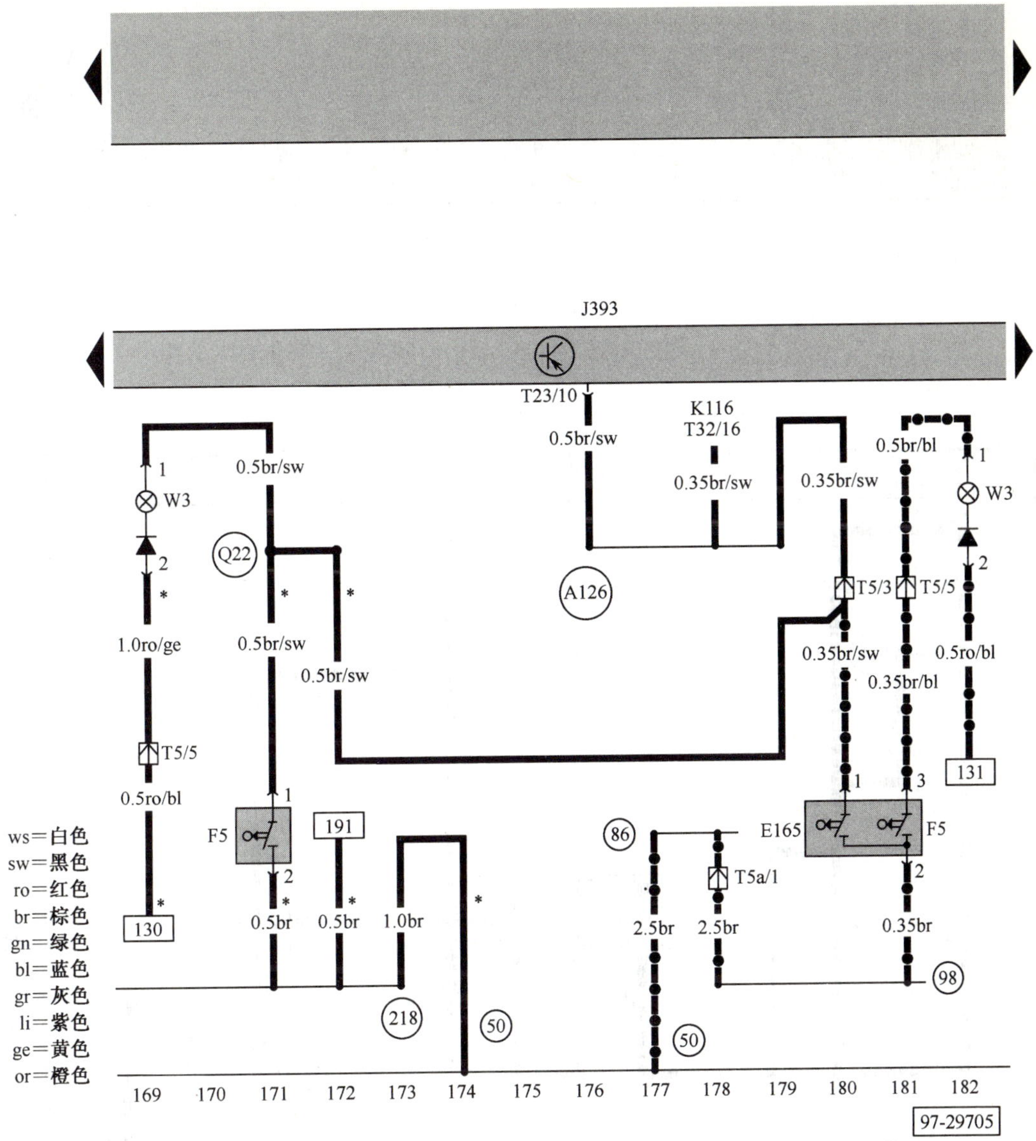

E165—行李箱盖开启开关

F5—行李箱照明开关

J393—舒适系统中央控制单元（在仪表板左后）

K116—行李箱盖打开指示灯控制

T5—插头，5孔，黑色，左侧C柱分线器

T5a—插头，5孔，粉色，左侧C柱分线器

T23—插头，23孔

T32—插头，32孔，蓝色

W3—行李箱灯

(50) —接地点，行李箱左侧

(86) —接地连接-1-，在后部线束内

(98) —接地连接，在行李箱盖线束内

(218) —接地连接-1-，在行李箱盖线束内

(A126) —连接（接触开关在行李箱盖内），在仪表板线束内

(Q22) —连接-1-，在行李箱盖线束内

*—仅指Bora车

■●■ —仅指Golf车

—Variant车行李箱照明 ⇒ Nr.24/17

舒适系统中央控制单元，开启按钮（行李箱盖把手），行李箱盖开启装置锁止开关

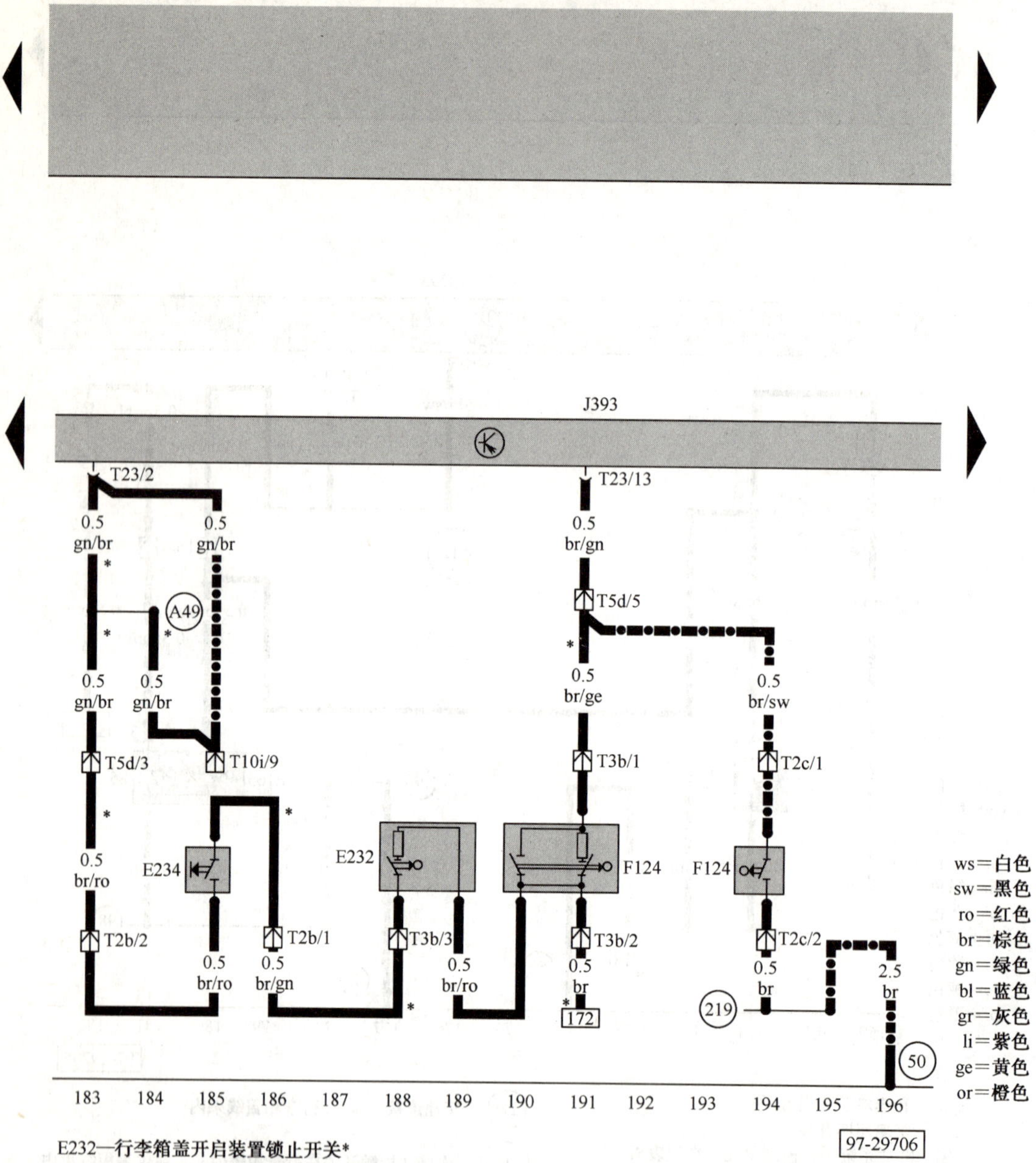

E232—行李箱盖开启装置锁止开关*

E234—开启按钮，行李箱盖把手*

F124—行李箱/防盗警报装置/中央门锁接触开关

J393—舒适系统中央控制单元，在仪表板左后

T2b—插头，2孔，在行李箱盖内

T2c—插头，2孔，在行李箱盖内

T3b—插头，3孔，在行李箱盖内

T5d—插头，5孔，棕色，左侧C柱分线器

T10i—插头，10孔，黑色，左侧A柱分线器

T23—插头，23孔

(50)—接地点，行李箱左侧

(219)—接地连接-2-，在行李箱盖线束内

(A49)—连接-1-，在仪表板线束内

*—仅指Bora车

▀●▀—仅指Golf车

—Variant车行李箱盖开启装置⇒Nr.24/16

舒适系统中央控制单元，行李箱盖开启电机，开启按钮（行李箱盖把手）

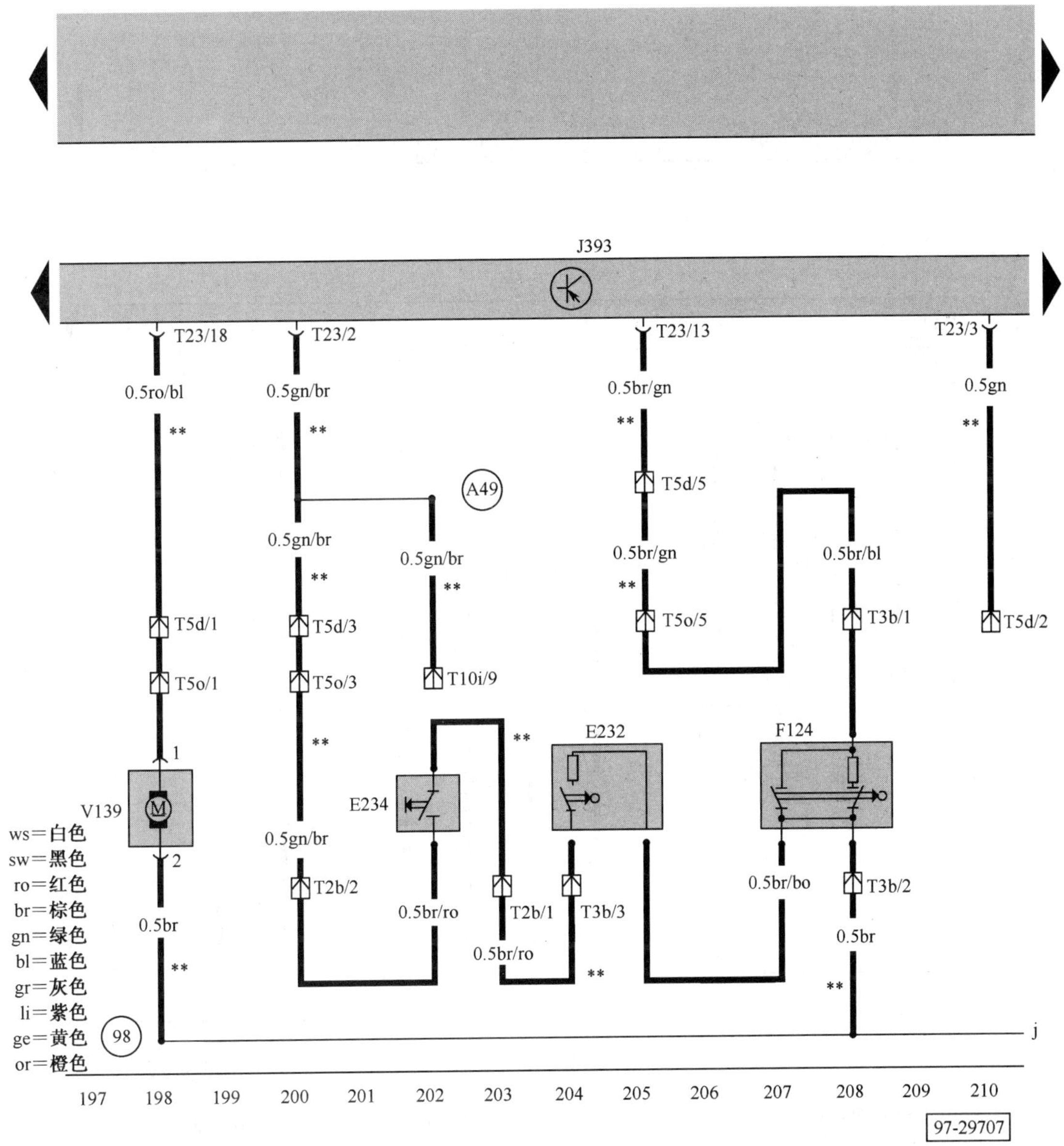

E232—行李箱盖开启锁止开关**
E234—开启按钮，行李箱盖把手**
F124—行李箱/防盗警报装置/中央门锁接触开关
J393—舒适系统中央控制单元，在仪表板左后部
T2b—插头，2孔，在行李箱盖内
T3b—插头，3孔，在行李箱盖内
T5d—插头，5孔，棕色，右侧D柱分线器
T5o—插头，5孔，棕色，在行李箱盖内
T10i—插头，10孔，黑色，左侧A柱分线器
T23—插头，23孔
V139—行李箱盖开启电机
(98)—接地连接，在行李箱盖线束内

(A49)—连接-1-，在仪表板线束内

**—仅指Golf Variant/Bora Variant车

—Limousine车行李箱盖开启装置

⇒Nr.24/13及Nr.24/15

舒适系统中央控制单元，行李箱照明（仅指Golf Variant/Bora Variant）

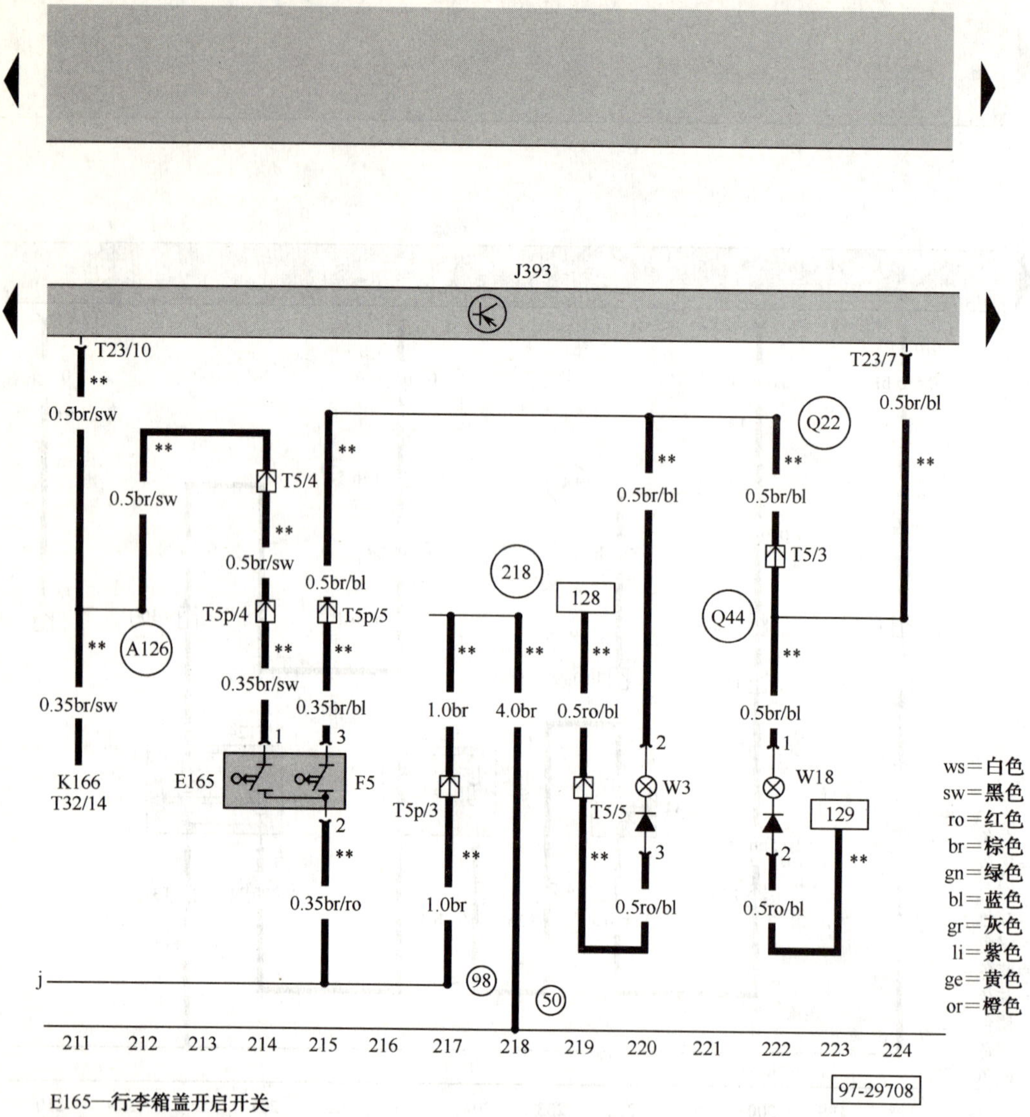

E165—行李箱盖开启开关

F5—行李箱照明开关

J393—舒适系统中央控制单元，在仪表板左后部

K166—行李箱盖打开指示灯

T5—插头，5孔，黑色，左侧D柱分线器

T5p—插头，5孔，黑色，在行李箱盖内

T23—插头，23孔

T32—插头，32孔，蓝色

W3—行李箱灯

W18—行李箱灯（左侧）

(50) —接地点，行李箱左侧

(98) —接地连接，在行李箱盖线束内

(218) —接地连接-1-，在行李箱盖线束内

(A126) —连接（行李箱盖内接触开关），在仪表板线束内

(Q22) —连接-1-，在行李箱盖线束内

(Q44) —连接-2-，在行李箱盖线束内

**—仅指Golf Variant/Bora Variant

—Limousine车行李箱照明

⇒Nr.24/4

舒适系统中央控制单元，防盗警报装置喇叭，中央门锁及防盗报警天线，发动机舱盖接触开关

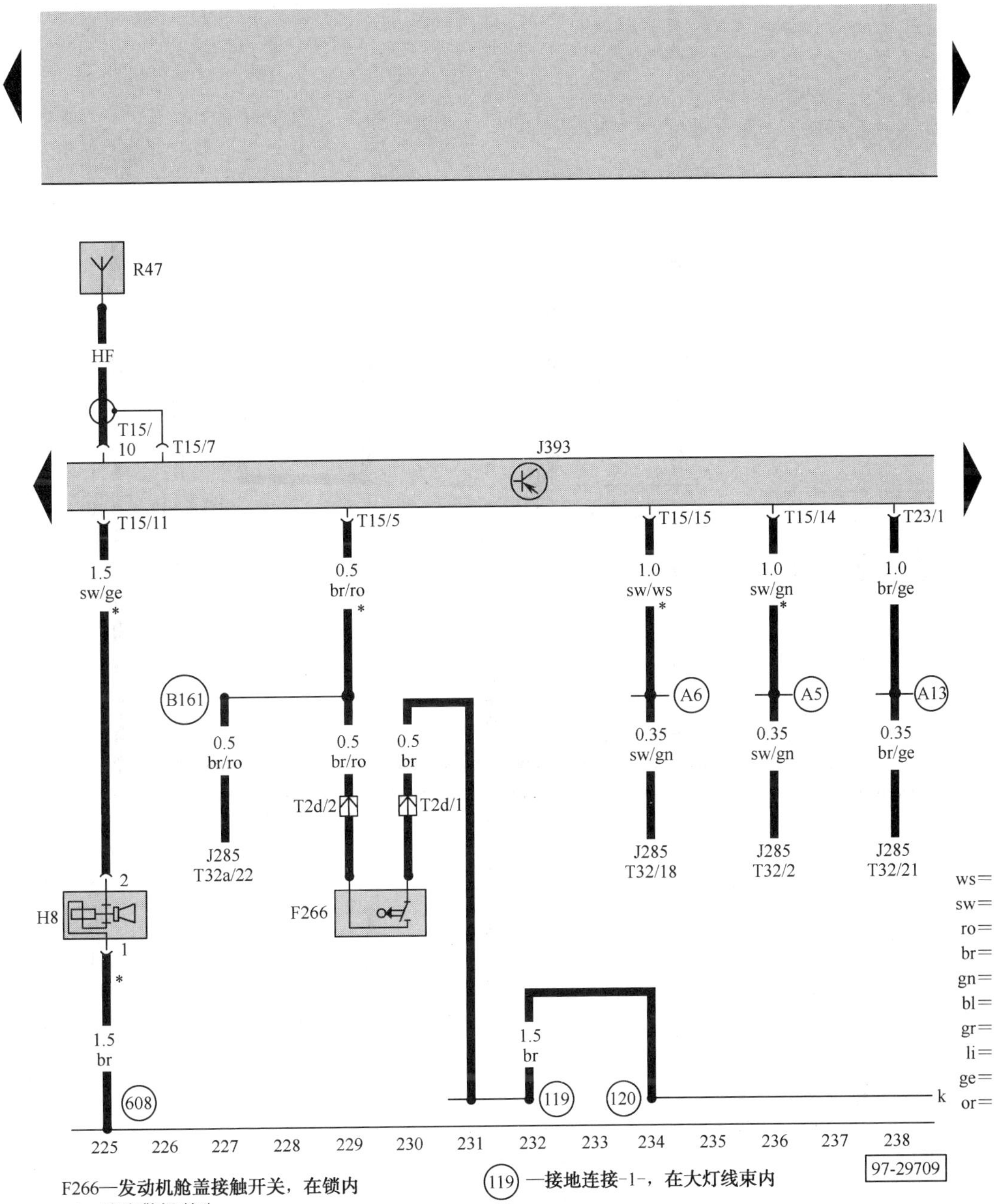

ws=白色
sw=黑色
ro=红色
br=棕色
gn=绿色
bl=蓝色
gr=灰色
li=紫色
ge=黄色
or=橙色

F266—发动机舱盖接触开关，在锁内
H8—防盗警报喇叭
J285—带显示器的控制单元，在组合仪表内
J393—舒适系统中央控制单元，在仪表板左后
R47—中央门锁及防盗警报天线
T2d—插头，2孔，右大灯附近
T15—插头，15孔
T23—插头，23孔
T32—插头，32孔，蓝色
T32a—插头，32孔，绿色

(119)—接地连接-1-，在大灯线束内
(120)—接地连接-2-，在大灯线束内
(608)—接地点，在流水槽中部
(A5)—正极连接（右转向灯），在仪表板线束内
(A6)—正极连接（左转向灯），在仪表板线束内
(A13)—连接（车门接触开关），在仪表板线束内
(B161)—连接（防盗警报装置），在车内线束内
*—仅指有防盗警报装置的车

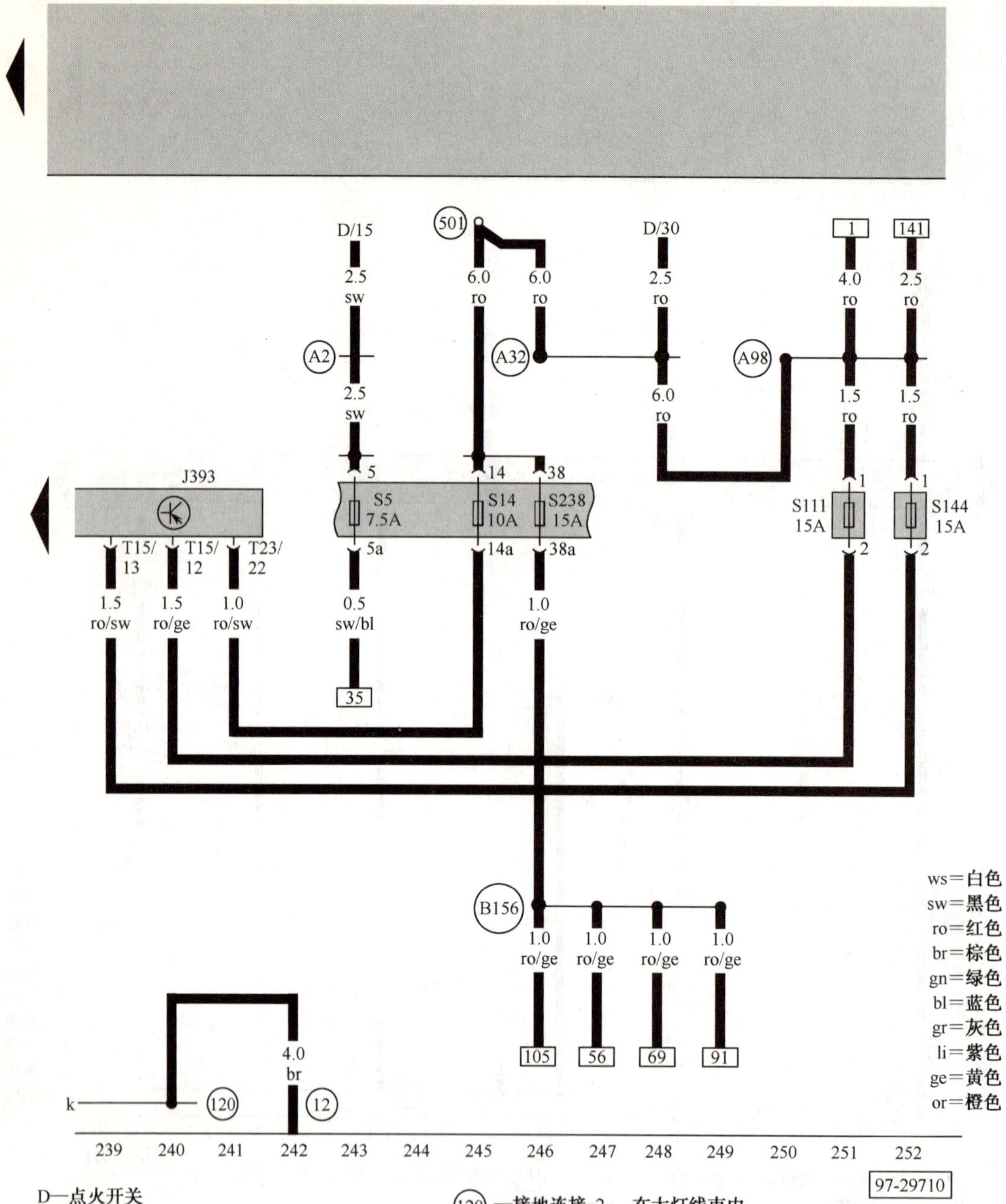

D—点火开关

J393—舒适系统中央控制单元，在仪表板左后

S5—熔丝支架上5号熔丝

S14—熔支架上14号熔丝

S111—防盗警报熔丝

S144—中央门锁/防盗警熔丝

S238—熔丝支架上38号熔丝

T15—插头，15孔

T23—插头，23孔

(12)—接地点，在发动机舱左侧

(120)—接地连接-2-，在大灯线束内

(501)—螺栓连接-2-（30），在继电器盘上

(A2)—正极连接（15），在仪表板线束内

(A32)—正极连接（30），在仪表板线束内

(A98)—正极连接-4-（30），在仪表板线束内

(B156)—正极连接（30a），在车内线束内

附录B 2004 款奥迪 A6 轿车 MMI 系统电路

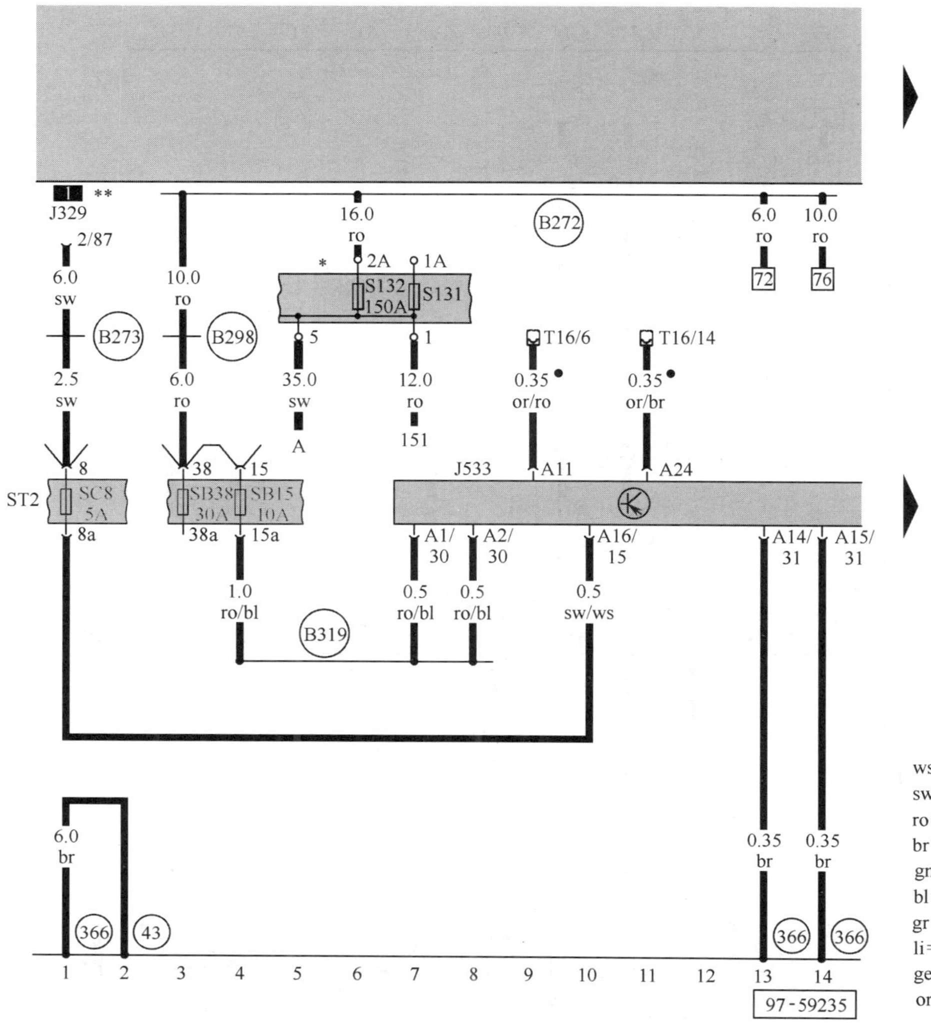

ws＝白色
sw＝黑色
ro＝红色
br＝棕色
gn＝绿色
bl＝蓝色
gr＝灰色
li＝淡紫色
ge＝黄色
or＝橙色

数据总线诊断接口、熔丝

A—蓄电池
J329—总线端15供电继电器
J533—数据总线诊断接口
S131—熔断式熔丝1
S132—熔断式熔丝2
SB15—熔丝架上的熔丝15
SB38—熔丝架上的熔丝38
SC8—熔丝架上的熔丝8
T16—16芯插头连接，自诊断接口

(43) —右A柱下部接地点
(366) —主导线束中的接地连接1
(B272) —主导线束中的正极连接（30）
(B273) —主导线束中的正极连接（15）
(B298) —主导线束中的正极连接2（30）
(B319) —主导线束中的正极连接5（30a）

• —CAN总线（数据导线）
* —行李箱右侧的熔丝架和继电器座
** —驾驶人侧杂物箱后面的9座继电器托架

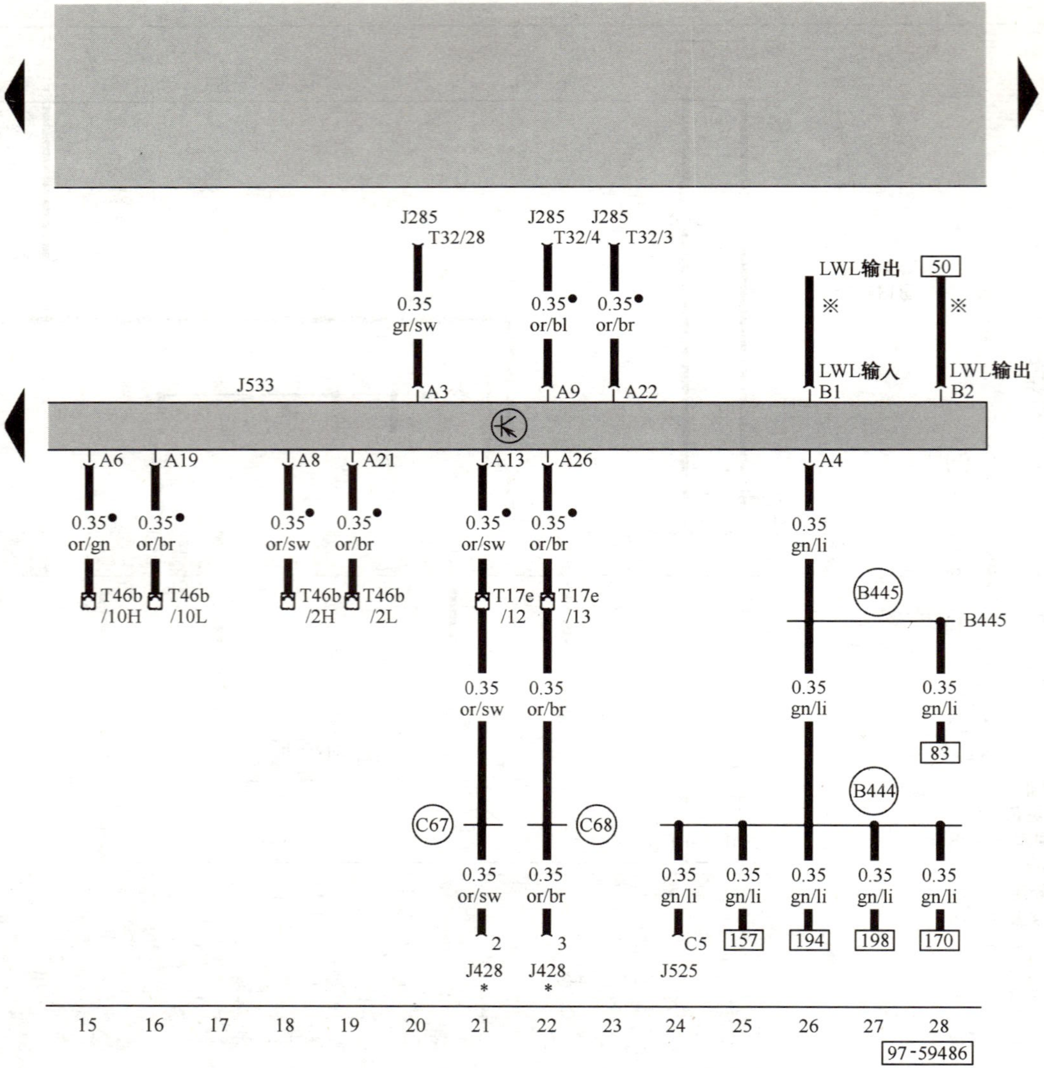

数据总线诊断接口

J285—组合仪表中带显示单元的控制单元
J428—车距控制单元
J525—数字式声音处理系统控制单元
J533—数据总线诊断接口
T17e—17芯红色插头连接，左侧A柱接线板
T32—32芯蓝色插头连接，在组合仪表上
T46b—46芯插头连接，右侧CAN分离插头

(B444)—主导线束（环形结构断裂诊断）中的连接1（诊断）
(B445)—主导线束（环形结构断裂诊断）中的连接2（诊断）
(C67)—大灯导线束中的连接（CAN总线，高速）
(C68)—大灯导线束中的连接（CAN总线，低速）

• —CAN总线（数据导线）
* —带车距控制装置的汽车
※ —LWL光缆，见信息娱乐系统数据总线（Most Ring）电路图

ws=白色
sw=黑色
ro=红色
br=棕色
gn=绿色
bl=蓝色
gr=灰色
li=淡紫色
ge=黄色
or=橙色

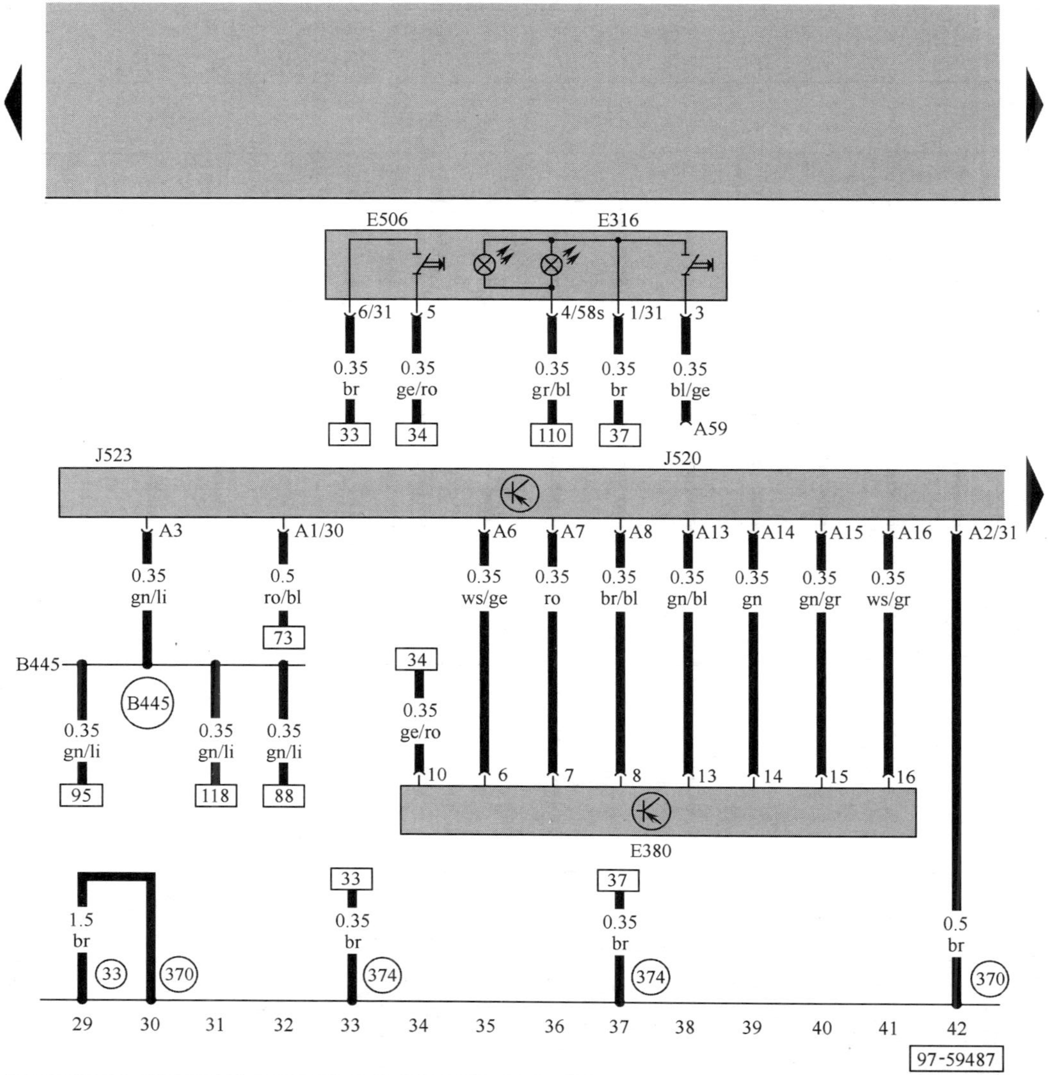

前部信息显示和操作单元的控制单元、多媒体装置操作单元、手套箱按钮、显示单元按钮

E316—手套箱按钮
E380—多媒体装置操纵单元
E506—显示单元按钮
J520—车载电网控制单元2
J523—前部信息显示和操作单元控制单元

(33)—接地点，仪表板右后侧
(370)—主导线束中的接地连接5
(374)—主导线束中的接地连接9
(B445)—主导线束（环形结构断裂诊断）中的连接2（诊断）

ws=白色
sw=黑色
ro=红色
br=棕色
gn=绿色
bl=蓝色
gr=灰色
li=淡紫色
ge=黄色
or=橙色

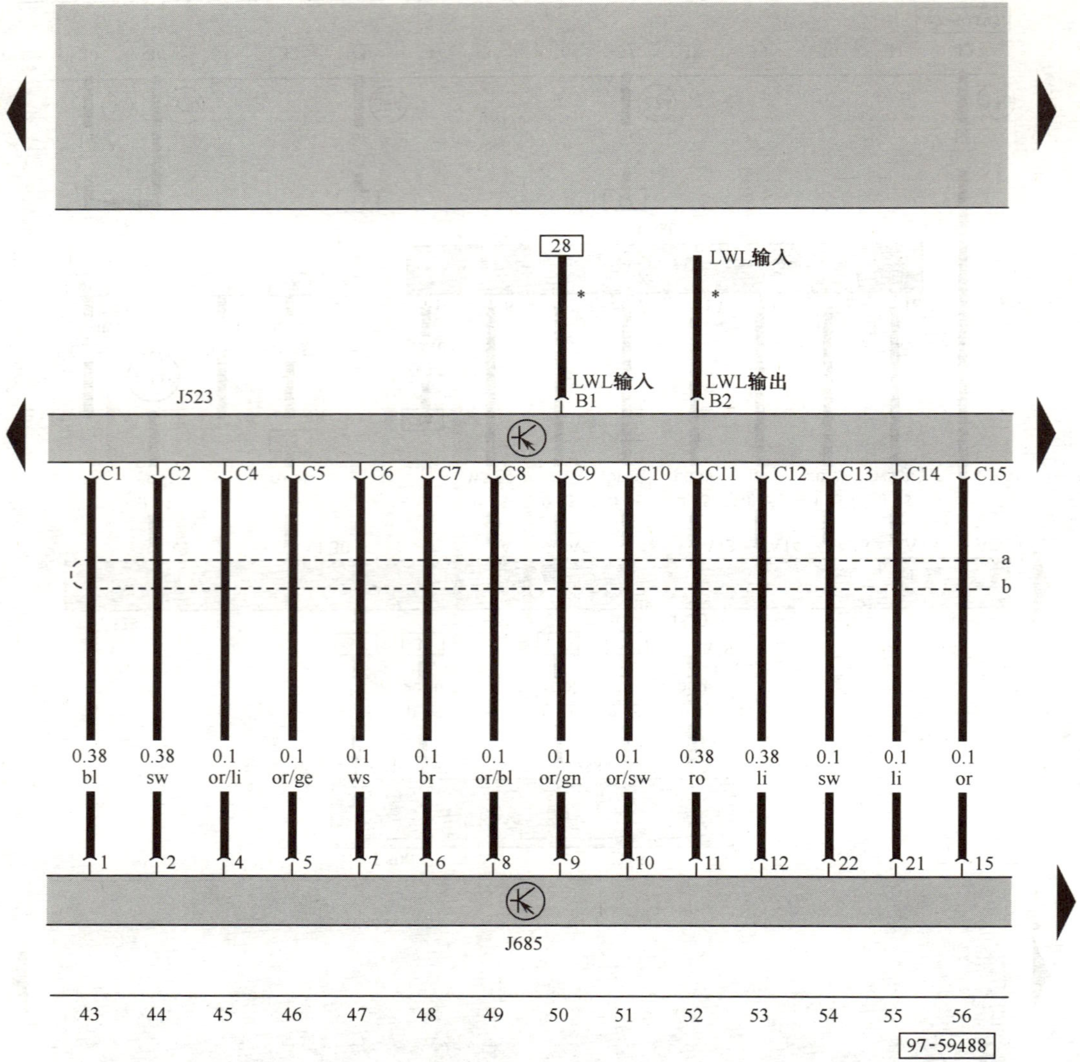

前部信息显示和操纵单元的控制单元、前部信息显示和操纵单元控制单元的显示单元

J523—前部信息显示和操作单元的控制单元

J685—用于前部信息显示和操作单元控制单元的显示单元

* —LWL光缆，见信息娱乐系统数据总线（Most Ring）电路图

ws=白色
sw=黑色
ro=红色
br=棕色
gn=绿色
bl=蓝色
gr=灰色
li=淡紫色
ge=黄色
or=橙色

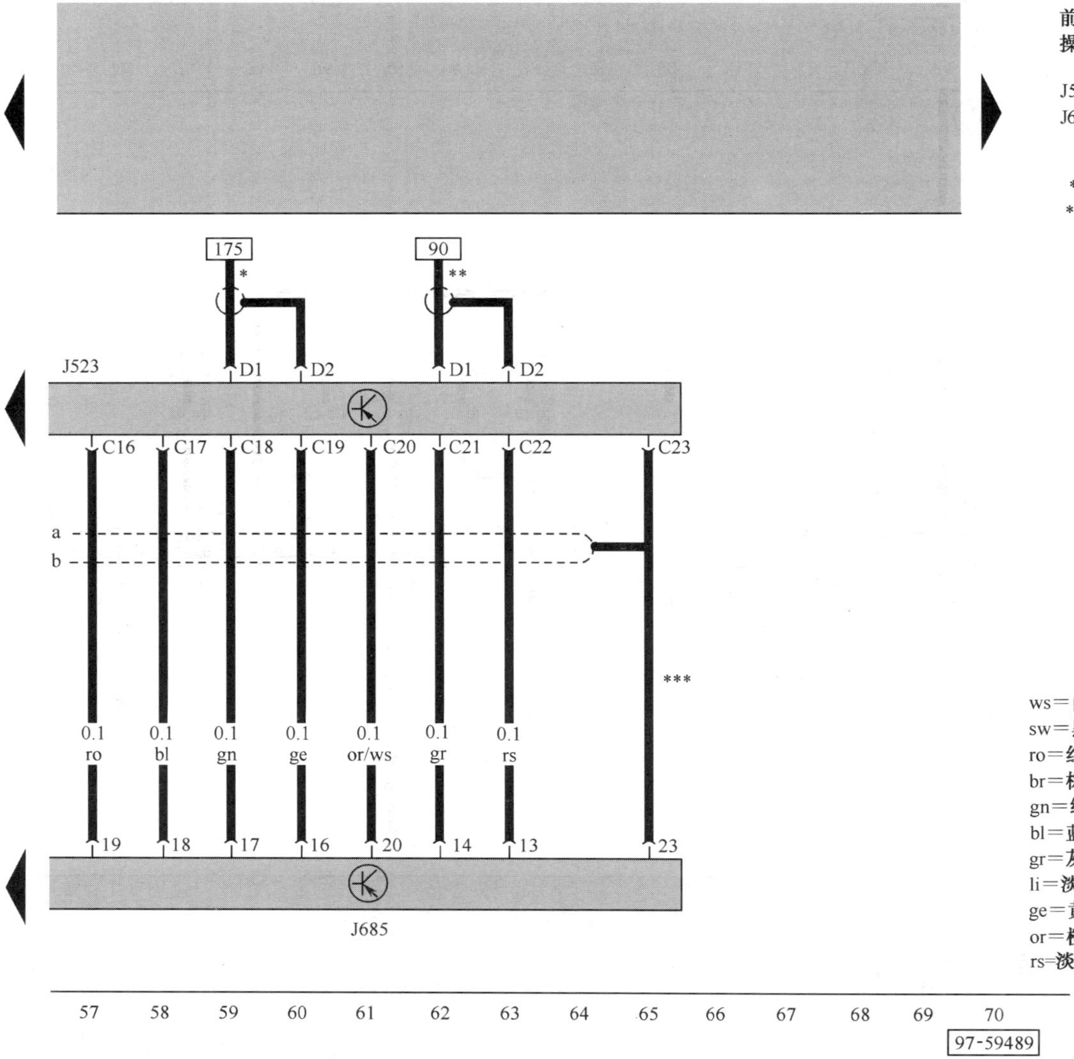

前部信息显示和操纵单元的控制单元、前部信息显示和操纵单元控制单元的显示单元

J523—前部信息显示和操作单元的控制单元
J685—用于前部信息显示和操作单元控制单元的显示单元

* —不带DVD播放器的汽车
** —带DVD播放器的汽车
***—插头外壳上的屏蔽

ws＝白色
sw＝黑色
ro＝红色
br＝棕色
gn＝绿色
bl＝蓝色
gr＝灰色
li＝淡紫色
ge＝黄色
or＝橙色
rs=淡红色

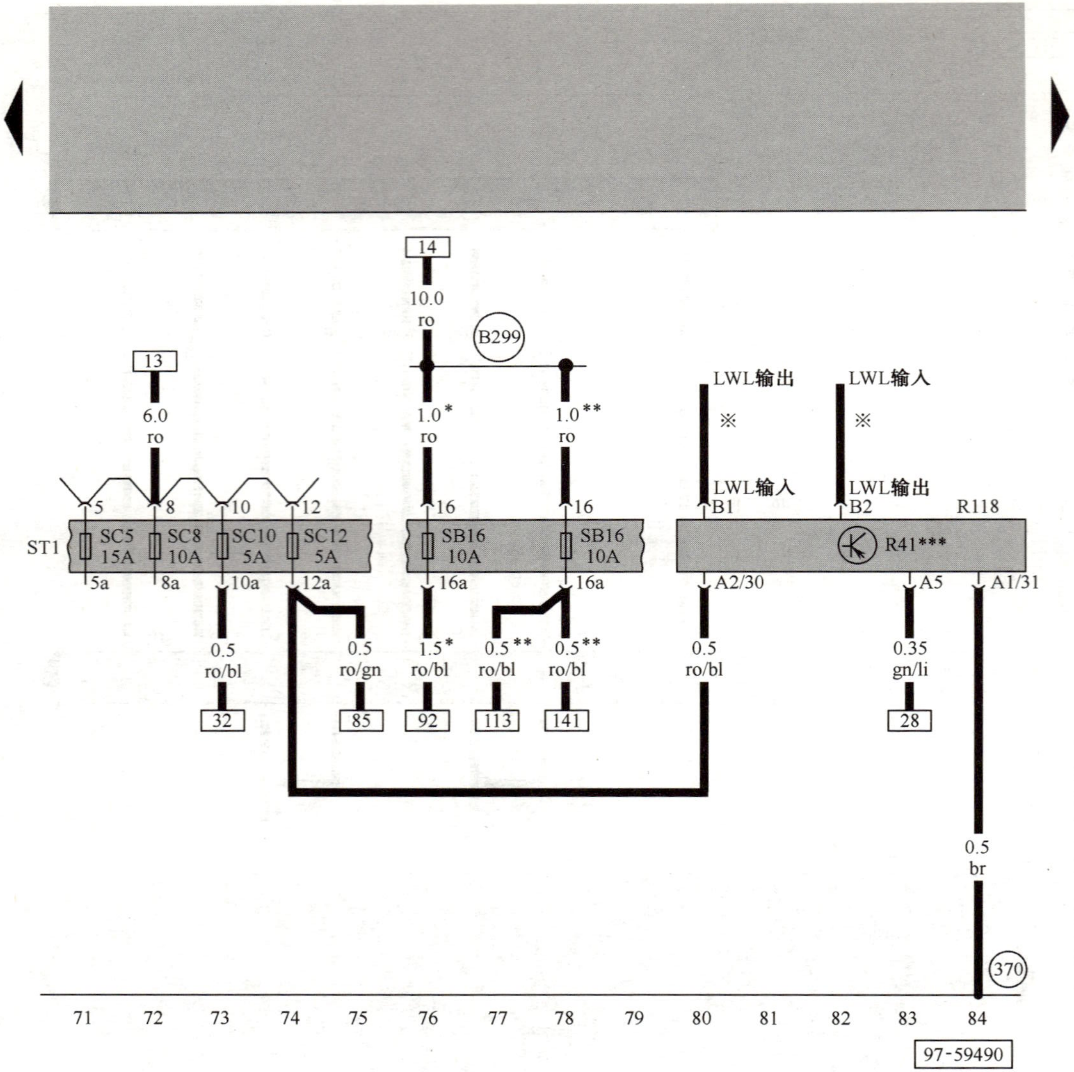

位置1媒体播放机、熔丝

R41—CD转换盒
R118—位置1媒体播放机
SB16—熔丝架上的熔丝16
SC5—熔丝架上的熔丝2
SC8—熔丝架上的熔丝8
SC10—熔丝架上的熔丝10
SC12—熔丝架上的熔丝12

(370)—主导线束中的接地连接5

(B299)—主导线束中的正极连接3（30）

- ● —CAN总线（数据导线）
- * —带电话装置的汽车
- ** —带移动电话适配装置的汽车
- *** —带CD转换盒的汽车
- ※ —LWL光缆，见信息娱乐系统数据总线（Most Ring）电路图

ws＝白色
sw＝黑色
ro＝红色
br＝棕色
gn＝绿色
bl＝蓝色
gr＝灰色
li＝淡紫色
ge＝黄色
or＝橙色
rs=淡红色

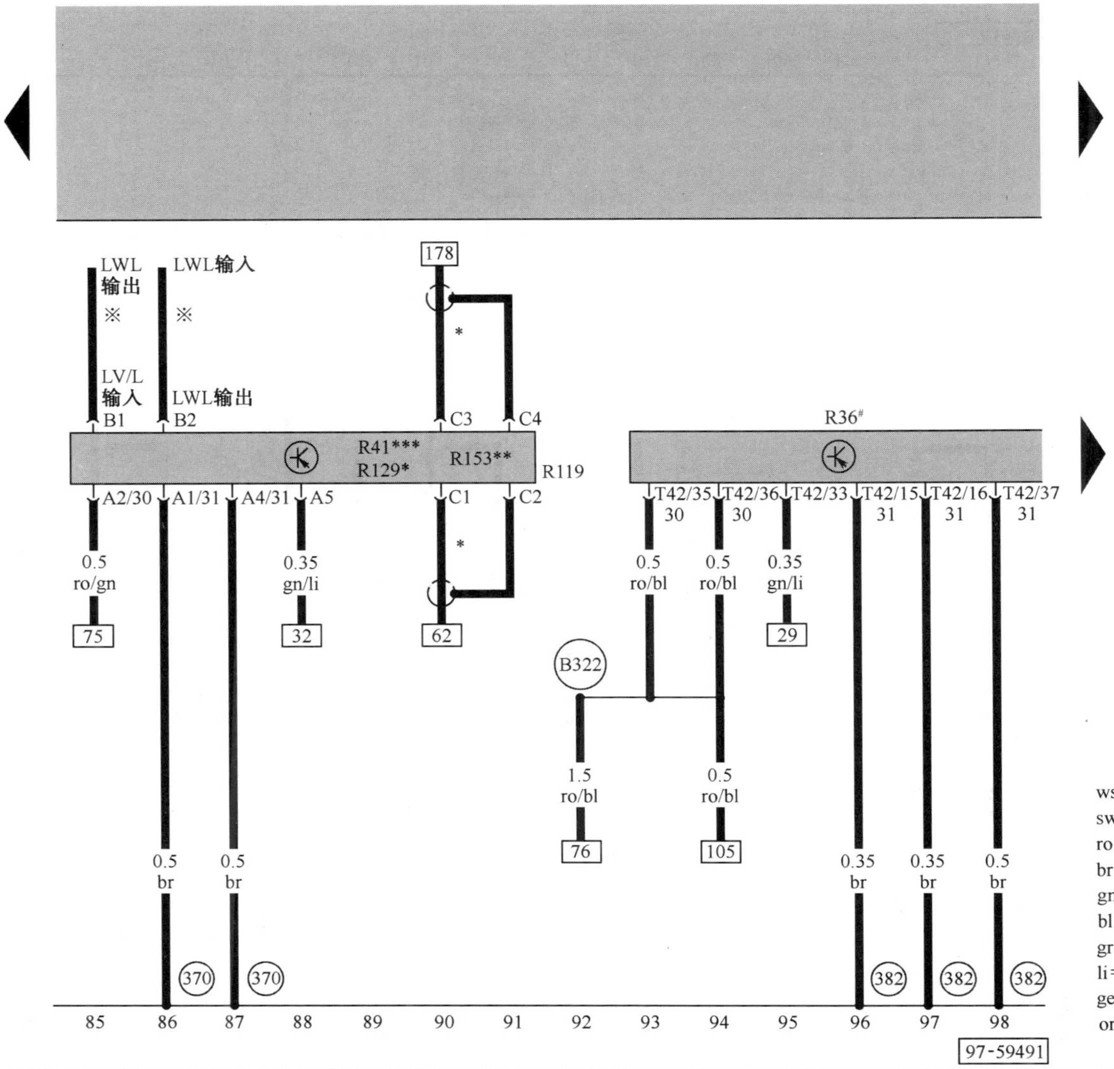

电话的发送接收器、DVD播放器

R36—电话的发射接收器
R41—CD转换盒
R119—位置2 媒体播放机
R129—摄像机、DVD播放器
R153—Mini Disk（迷你光盘）驱动器
T42—42芯插头连接，在电话的发射接收器上

(370)—主导线束中的接地连接5

(382)—主导线束中的接为连接17

(B322)—主导线束中的正极连接8（30a）

* —带DVD播放器的汽车
** —带Mini Disk（迷你光盘）驱动器的汽车
*** —带CD转换盒的汽车
\# —带电话的汽车
※ —LWL光缆，见信息娱乐系统数据总线（Most Ring）电路图

ws＝白色
sw＝黑色
ro＝红色
br＝棕色
gn＝绿色
bl＝蓝色
gr＝灰色
li＝淡紫色
ge＝黄色
or＝橙色

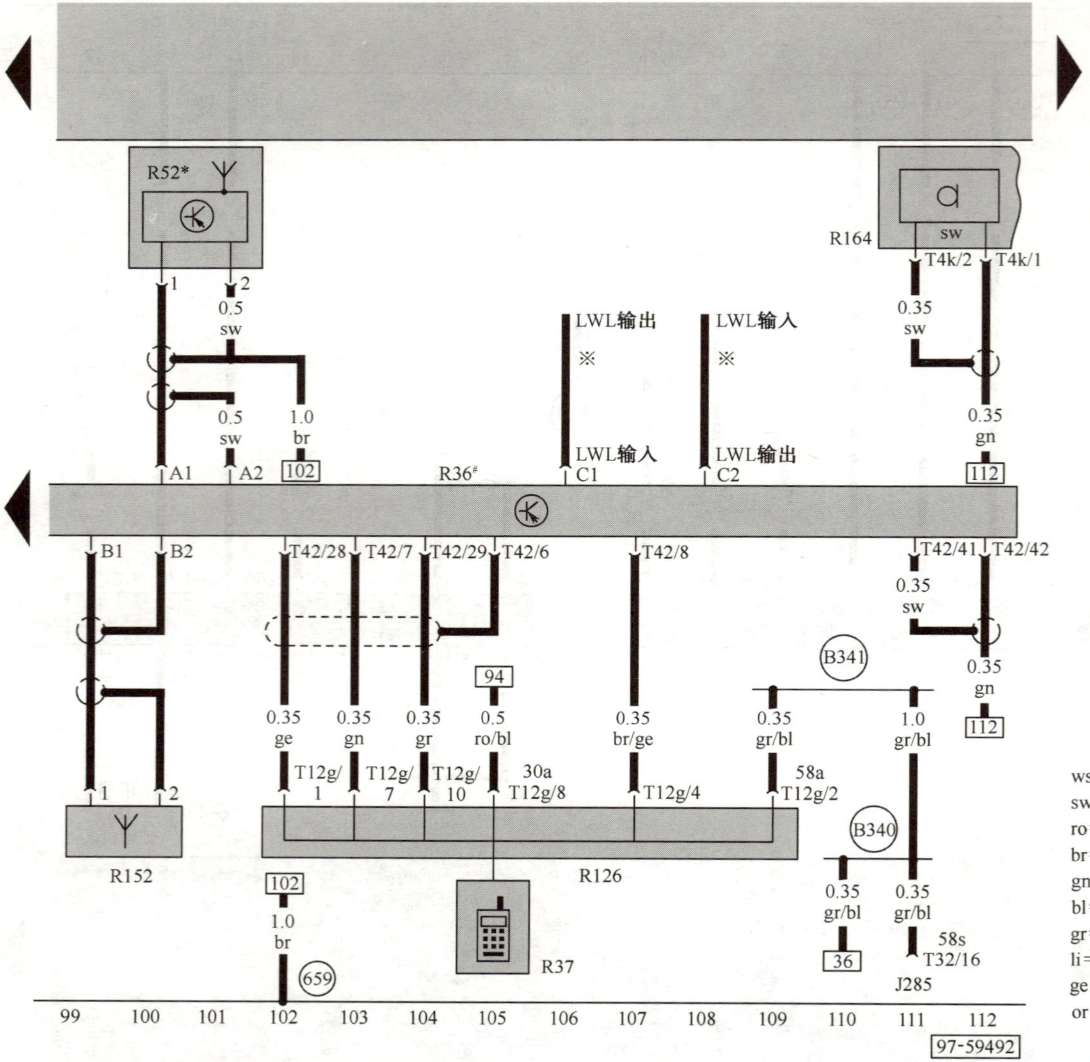

电话的发送接收器、蓝牙天线、电话手持话机、用于收音机、电话、导航系统的天线

J285—组合仪表中带显示单元的控制单元
R36—电话的发射接收器
R37—电话手持话机
R52—收音机、电话、导航系统的天线
R126—电话固定支架
R152—蓝牙天线
R164—前车顶模块中的话筒单元
T4k—4芯黑色插头连接，车顶模块话筒连接端
T12g—12芯插头连接，在电话手持话机上
T32—32芯蓝色插头连接，在组合仪表上
T42—42芯插头连接，在电话的发射接收器上

(659) —后窗玻璃右侧附近的接地点1
(B340) —主导线束中的连接1（58s）
(B341) —主导线束中的连接2（58s）

* —车顶天线
\# —带电话的汽车
※ —LWL光缆，见信息娱乐系统数据总线（Most Ring）电路图

ws＝白色
sw＝黑色
ro＝红色
br＝棕色
gn＝绿色
bl＝蓝色
gr＝灰色
li＝淡紫色
ge＝黄色
or＝橙色

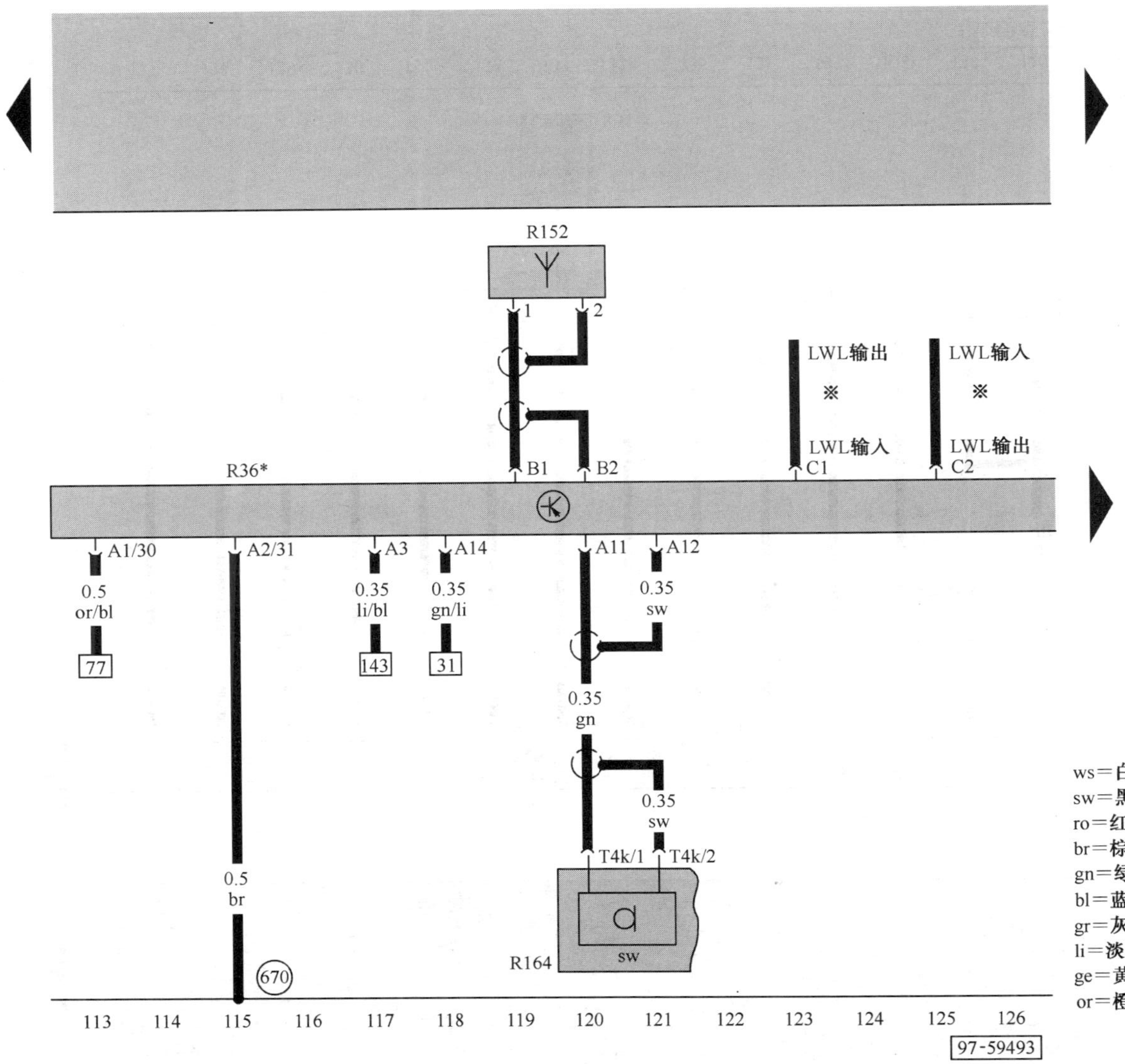

电话的发送接收器、蓝牙天线

R36—电话的发射接收器
R152—蓝牙天线
R164—前车顶模块中的话筒单元
T4k—4芯黑色插头连接，车顶模块话筒接端

(670)—左侧A柱接地点2

* —带移动电话适配装置的汽车
※ —LWL光缆，见信息娱乐系统数据总线（Most Ring）电路图

ws=白色
sw=黑色
ro=红色
br=棕色
gn=绿色
bl=蓝色
gr=灰色
li=淡紫色
ge=黄色
or=橙色

电话的发送接收器、移动电话

R36—电话的发射接收器
R54—移动电话
R126—电话固定支架
T12f—12芯插头连接，在移动电话上

* —带移动电话适配装置的汽车

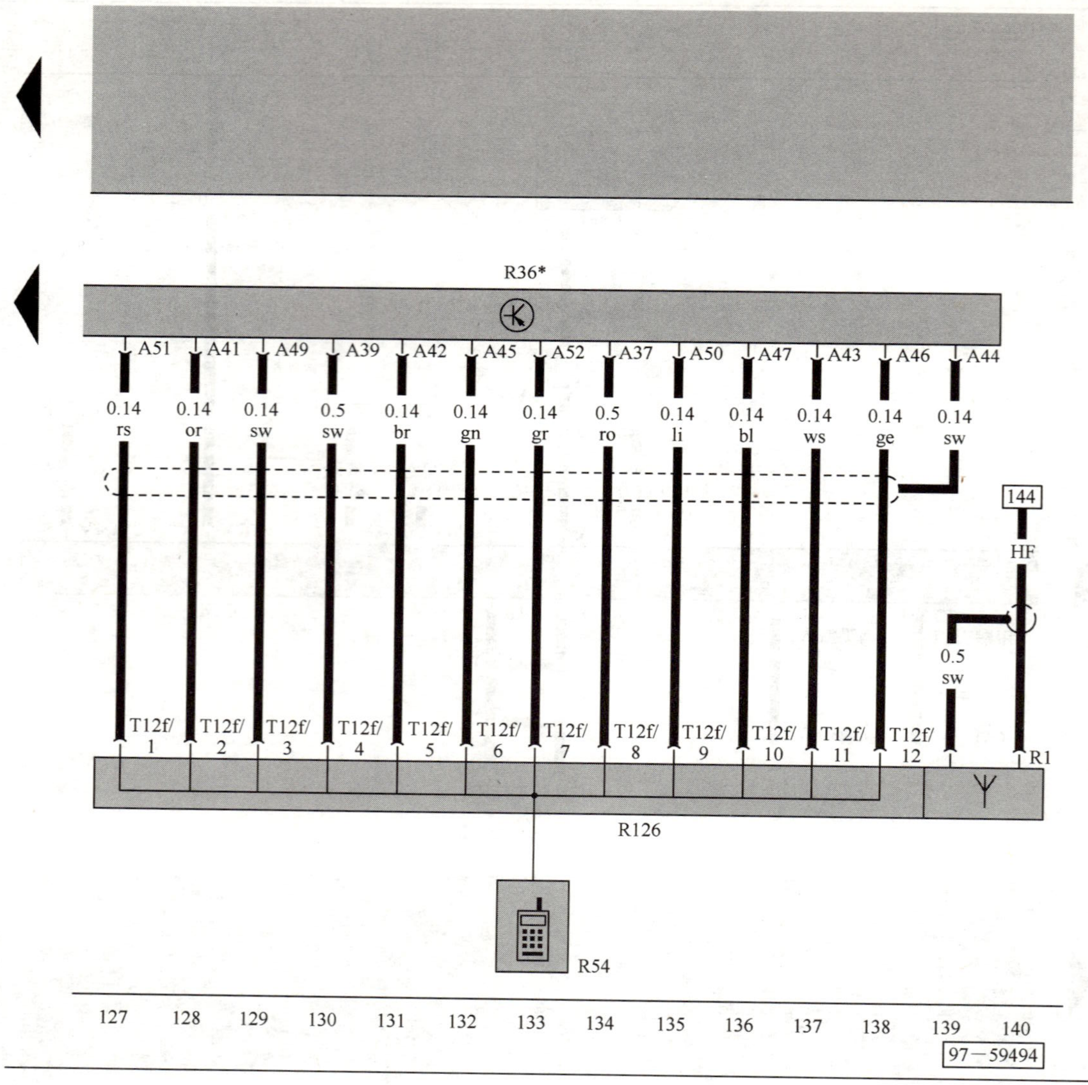

ws=白色
sw=黑色
ro=红色
br=棕色
gn=绿色
bl=蓝色
gr=灰色
li=淡紫色
ge=黄色
or=橙色

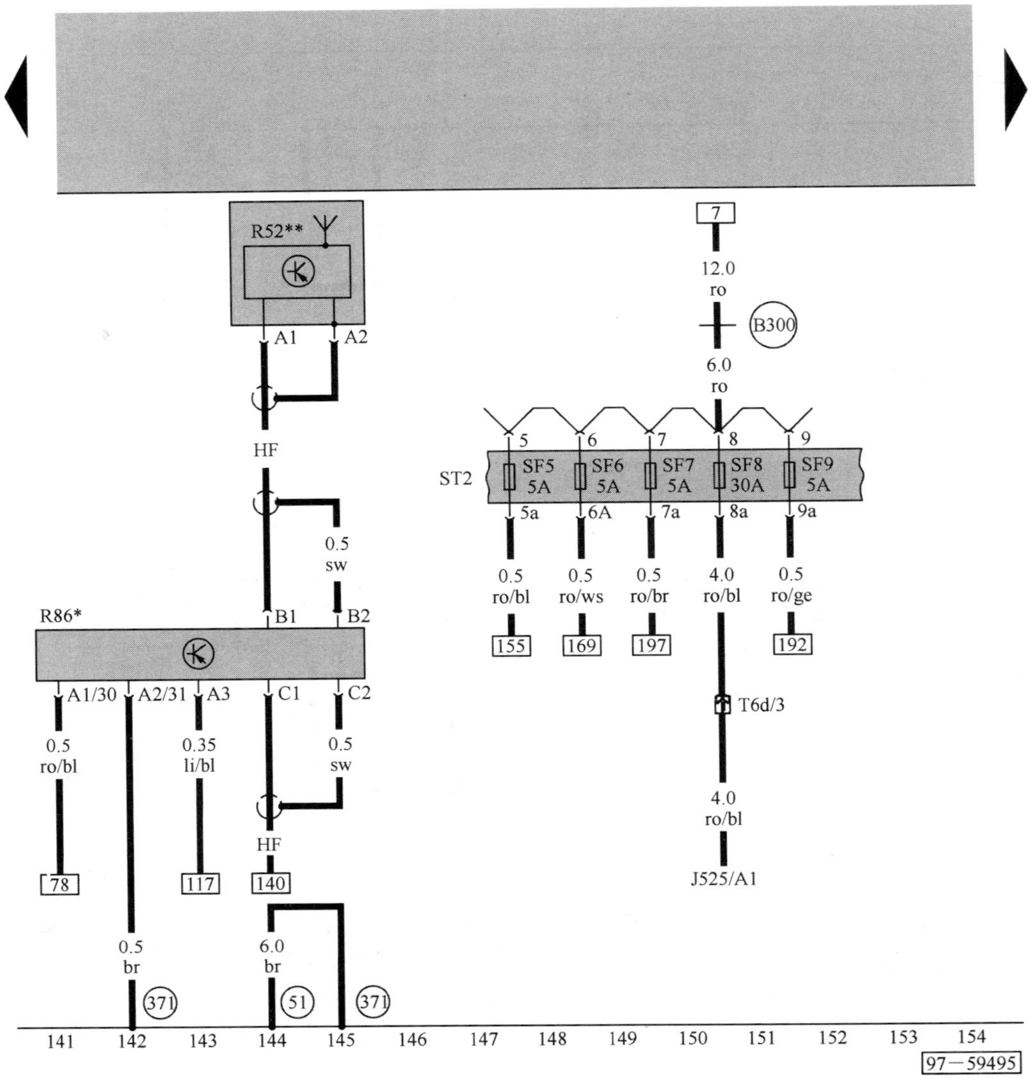

移动电话功率放大器、用于收音机、电话、导航系统的天线、熔丝

J525—数字式声音处理系统控制单元
R52—收音机、电话、导航系统的天线
R86—移动电话功率放大器
SF5—熔丝架上的熔丝5
SF6—熔丝架上的熔丝6
SF7—熔丝架上的熔丝7
SF8—熔丝架上的熔丝8
SF9—熔丝架上的熔丝9
T6d—6芯黑色插头连接，在行李箱内左侧

(51)—行李箱右侧的接地点
(371)—主导线束中的接地连接6
(B300)—主导线束中的下极连接4（30）

* —带移动电话甜酸装置的汽车
**—车顶天线

ws=白色
sw=黑色
ro=红色
br=棕色
gn=绿色
bl=蓝色
gr=灰色
li=淡紫色
ge=黄色
or=橙色

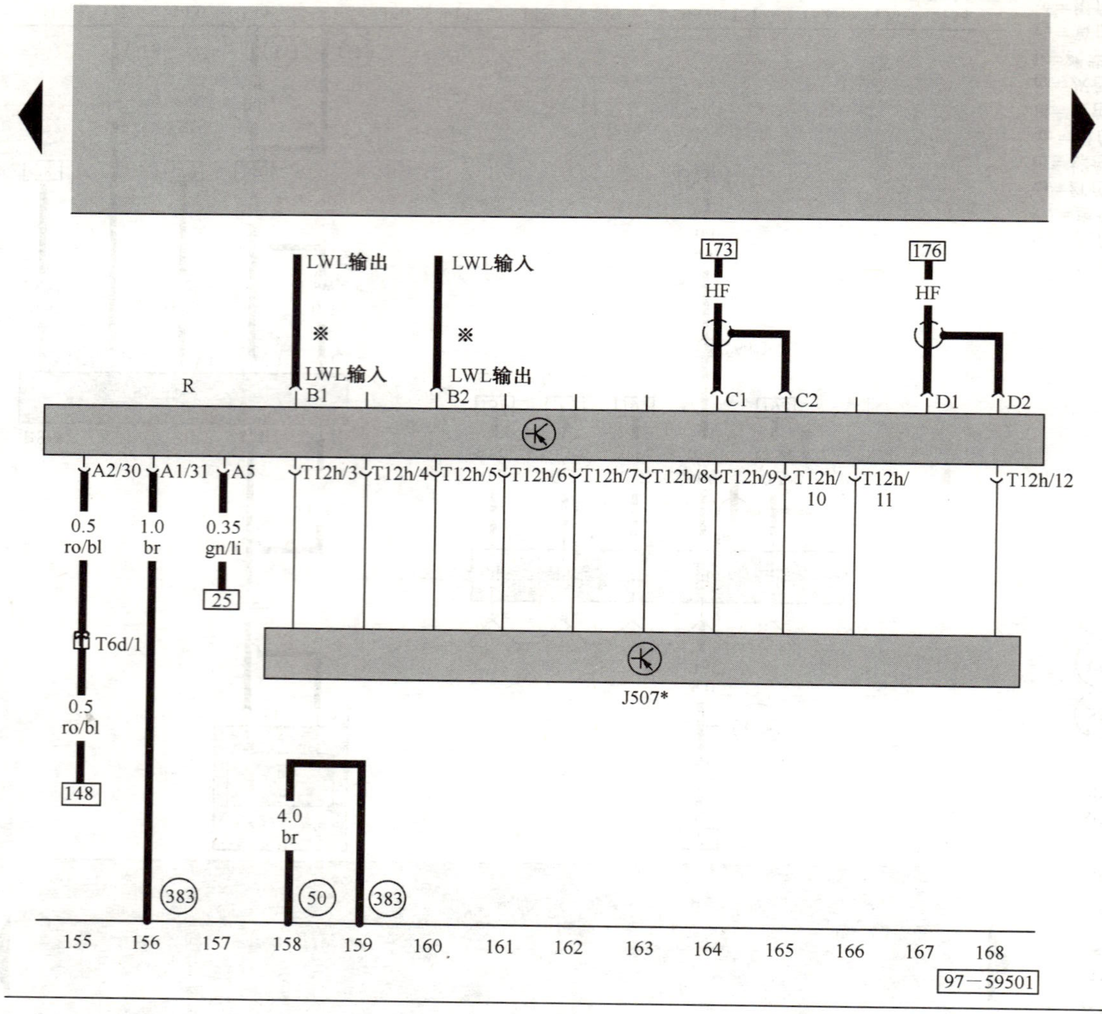

收音机、语音输入控制单元

J507—语音输入控制单元
R—收音机
T6d—6芯黑色插头连接，在行李箱内左侧
T12h—12芯插头连接，在收音机上（冷藏箱）

(50)—行李箱左侧接地点
(383)—主导线束的接地连接18
* —带语音操纵功能
※ —LWL光缆，见信息娱乐系统数据总线（Most Ring）电路图

ws=白色
sw=黑色
ro=红色
br=棕色
gn=绿色
bl=蓝色
gr=灰色
li=淡紫色
ge=黄色
or=橙色

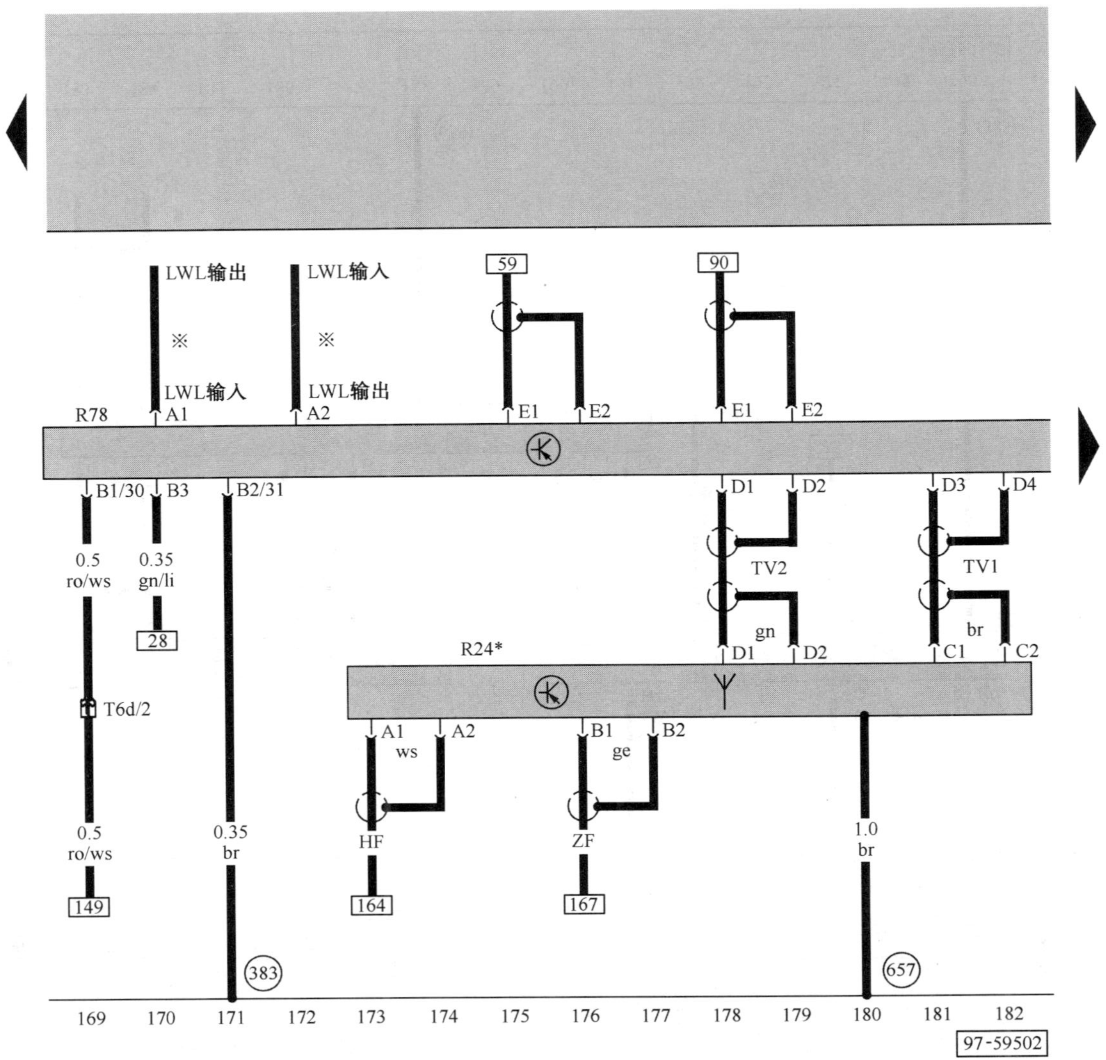

电视调谐器、天线放大器

R24—天线放大器
R78—电视调谐器
T6d—6芯黑色插头连接，在行李箱内左侧

(383)—主导线束中的接地连接18

(657)—后窗玻璃左侧附近的接地点1

* —在后窗玻璃左上部
※ —LWL光缆，见信息娱乐系统数据总线（Most Ring）电路图

ws=白色
sw=黑色
ro=红色
br=棕色
gn=绿色
bl=蓝色
gr=灰色
li=淡紫色
ge=黄色
or=橙色

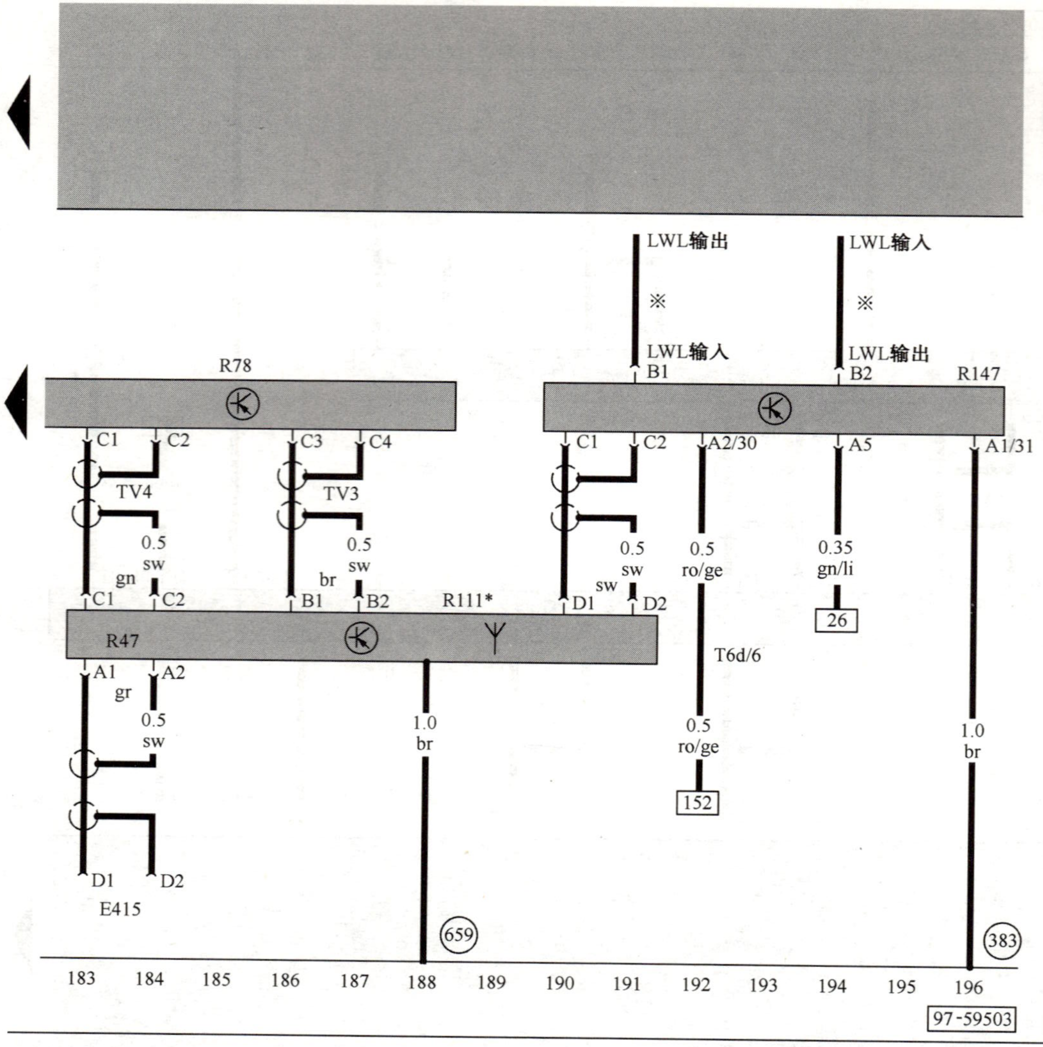

数字式收音机、天线放大器2

E415—进入及起动许可开关
R47—中内门锁和防盗报警装置天线
R78—电视调查谐器
R111—天线放大器2
R147—数字式收音机
T6d—6芯黑色插头连接，在行李箱内左侧

(383)—主导线束中的接地连接18

(659)—后窗玻璃左侧附近的接地点1

* —在后窗玻璃左上部
※ —LWL光缆，见信息娱乐系统数据总线（Most Ring）电路图

ws=白色
sw=黑色
ro=红色
br=棕色
gn=绿色
bl=蓝色
gr=灰色
li=淡紫色
ge=黄色
or=橙色

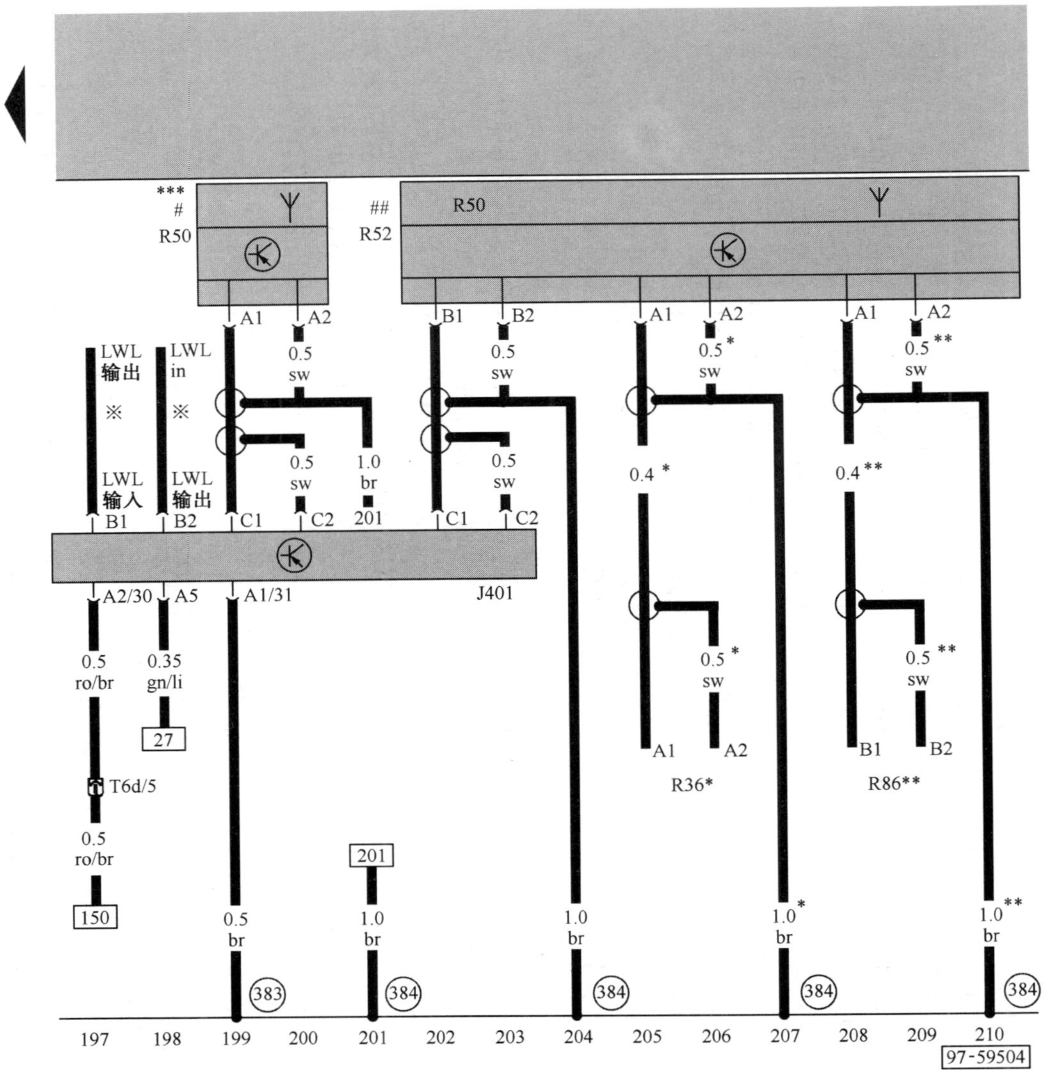

带CD驱动器的导航系统控制单元、导航系统GPS的天线、用于收音机、电话、导航系统的天线

J401—带CD光盘驱动器的导航系统控制单元
R36—电话的发射接收器
R50—导航系统GPS的天线
R52—收音机、电话、导航系统的天线
R86—移动电话功率放大器

(383) —主导线束中的接地连接18

(384) —主导线束中的接地连接19

* —带电话装置的汽车
** —带移动电话适配装置的汽车
*** —不带电话的汽车
\# —在车顶内饰下面
\## —在顶天线
※ —LWL光缆，见信息娱乐系统数据总线（Most Ring）电路图

ws=白色
sw=黑色
ro=红色
br=棕色
gn=绿色
bl=蓝色
gr=灰色
li=淡紫色
ge=黄色
or=橙色

参考文献

[1] 付晓光．单片机原理与实用技术（修订本）．北京：清华大学出版社，2008.

[2] 马家辰，孙玉德，张颖．MCS-51 单片机原理及接口技术（修订版）．北京：哈尔滨工业大学出版社，2001.

[3] 张毅刚．新编 MCS-51 单片机应用设计．北京：哈尔滨工业大学出版社，2008.

[4] 艾运阶．MCS-51 单片机项目教程．北京：北京理工大学出版社，2012.

[5] 杨宝玉．汽车电脑．北京：人民交通出版社，2004.

[6] 候树梅．汽车单片机及局域网技术．北京：高等教育出版社，2004.

[7] 金雷．汽车电脑维修．北京：中国人民大学出版社，2010.

[8] 祁栋玉．汽车发动机电脑控制系统故障与维修．北京：机械工业出版社，2011.

[9] 刘立．导航启用时声音时有时无．汽车维修技师．2009（12）.

[10] 封友国．宝马 745Li 车载娱乐功能失效．汽车维护与修理．2009.9.

[11] 张宏彬．宝马 E65 MOST 总线光纤传输技术及其故障分析．客车技术与研究，2008（3）.

[12] 曲直．奔驰 S350 COMAND 中央液晶显示屏不显示．汽车维修技师．2007（12）.

[13] 任良峰．2008 款奥迪 A8 后备箱盖电动开启和关闭功能缺失．汽车维修技师．2009（2）.

[14] 李明诚．大众车系电控系统匹配的原理与方法．汽车维修与保养，2011 年 7 月.

[15] 陆建平．奥迪 Q5 车天窗打不开．汽车维护与修理．2010.10.

[16] 李明诚．汽车电控系统休眠模式的检修要领．汽车维修与保养，2010 年 8 月.

[17] 曹守军．波罗车电动车窗不能升降．汽车维护与修理，2010.2.

[18] 杨维俊．怎样维修汽车车载网络系统．北京：机械工业出版社，2006.

[19] 李东江，张大成．汽车车载网络系统（CAN-BUS）原理与检修．北京：机械工业出版社，2005.

[20] 南金瑞，刘波澜．汽车单片机及车载总线技术．北京：北京理工大学出版社，2005.

[21] 陆耀迪．宝来轿车实用维修手册．北京：机械工业出版社，2006.

[22] 廖向阳．车载网络系统检修（第二版）．北京：人民交通出版社，2011.6.

[23] 朱建风，李国忠．常见车系 CAN-BUS 原理与检修．北京：机械工业出版社，2006.

[24] 李东江，张大成．大众/奥迪车系故障诊断与排除技巧．北京：机械工业出版社，2007.

[25] 李玉茂．宝来、捷达轿车故障实例与分析．北京：机械工业出版社，2008.

[26] 谭本忠．大众车系维修经验集锦．北京：机械工业出版社，2007.

[27] 奥迪 A8 轿车维修手册，2005.

[28] 车载自诊断系统的部件监控及认证试验流程，北京：武汉理工大学硕士学位论文 2006.11.

[29] 李明诚．车载电脑编码的认知与实践．汽车维修与保养，2011 年 8 月.

[30] 李明诚．关于故障诊断仪操作的分类及其应用．汽车维修与保养，2012 年 10 月.

[31] 杨波．2009 款上海通用新君威玻璃升降的奇特故障.汽车维修技师．2010（8）.

[32] 张建伟．奔驰 ML320 越野车空调无暖风．汽车维修技师．2009（4）.